Margaret Atwood
Moralische Unordnung

PIPER

Zu diesem Buch

In ihrem Roman führt uns Margaret Atwood mitten hinein in ihr eigenes Leben: Sie erzählt die Geschichte von Nell, schildert deren kluge, lebenstüchtige, aber kühle Mutter, den Vater, einen Insektenforscher, und die viel jüngere, kapriziöse und psychisch labile Schwester. Als Nell das Elternhaus verlässt, verdient sie ihr erstes Geld als freie Lektorin. Sie lernt den Mann ihres Lebens, Tig, kennen, der aber noch mit Oona verheiratet ist und zwei Söhne hat. Von dieser Ehe kann Tig sich nur sehr langsam lösen, bis Oona Tig und Nell schließlich zusammenbringt, dann jedoch nicht aushält, was sie angerichtet hat. Ein großartiges Buch, in dem die stilistische Virtuosität, die Leichtigkeit, der Witz und die Ironie Atwoods wie Scheinwerfer auf ihre eigene Geschichte gerichtet sind.

Margaret Atwood, geboren 1939 in Ottawa, gehört zu den bedeutendsten Erzählerinnen unserer Zeit. Ihr »Report der Magd« wurde zum Kultbuch einer ganzen Generation. Bis heute stellt sie immer wieder ihr waches politisches Gespür unter Beweis, ihre Hellhörigkeit für gefährliche Entwicklungen und Strömungen. Sie wurde vielfach ausgezeichnet, unter anderem mit dem renommierten Man Booker Prize, dem Nelly-Sachs-Preis, dem Pen-Pinter-Preis sowie dem Friedenspreis des Deutschen Buchhandels. Margaret Atwood lebt in Toronto.

Margaret Atwood

Moralische Unordnung

Roman

Übersetzung aus dem kanadischen Englisch
von Malte Friedrich

PIPER

Mehr über unsere Autoren und Bücher:
www.piper.de

Von Margaret Atwood liegen im Piper Verlag vor:
Lady Orakel
Der Salzgarten
Der Report der Magd
Katzenauge
Tipps für die Wildnis
Gute Knochen
Alias Grace
Der blinde Mörder
Oryx und Crake
Moralische Unordnung
Das Zelt
Payback
Das Jahr der Flut
Die Geschichte von Zeb

Ungekürzte Taschenbuchausgabe
ISBN 978-3-492-31349-0
September 2017

Titel der kanadischen Originalausgabe:
»Moral Disorder«, McClelland & Stewart Inc., Toronto 2006

Umschlaggestaltung: zero-media.net, München
Umschlagabbildung: Corbis
Satz: Greiner & Reichel, Köln
Gesetzt aus der MonoBasker Mix
Druck und Bindung: CPI books GmbH, Leck
Printed in the EU

Für meine Familie

Inhalt

DIE SCHLECHTEN NACHRICHTEN

Es ist Morgen. Die Nacht erst einmal überstanden. Zeit für die schlechten Nachrichten. Ich stelle mir die schlechten Nachrichten als riesenhaften Vogel vor, mit Krähenflügeln und dem Gesicht meiner Lehrerin in der vierten Klasse samt dünnem Haarknoten, schlechten Zähnen, ewig gerunzelter Stirn, verkniffenem Mund und dem ganzen Rest. Dieser Vogel segelt im Schutz der Dunkelheit um die Welt, freudig überbringt er schlimme Neuigkeiten, er trägt einen Korb mit faulen Eiern, und bei Sonnenaufgang weiß er genau, wo er die fallen lässt. Auf mich zum Beispiel.

Bei uns zu Hause kommen die schlechten Nachrichten in gedruckter Form an. Tig trägt die Zeitung die Treppe herauf. Tig heißt eigentlich Gilbert. Es ist unmöglich, Leuten, die eine andere Sprache sprechen, Spitznamen zu erklären – nicht, dass ich das oft tun muss.

»Sie haben den Chef der Übergangsregierung umgelegt«, verkündet Tig. Nicht, dass ihn die schlechten Nachrichten kaltlassen, ganz im Gegenteil. Er ist hager, er hat weniger Fett am Körper als ich und kann daher die Kalorien nicht so gut absorbieren, sie nicht so gut abfedern und in die Körpersubstanz aufnehmen – schlechte Nachrichten stecken voller Kalorien, sie erhöhen den Blutdruck. Ich kann das, er nicht. Er will sie so schnell wie möglich weitergeben – sie loswerden wie glühende Kohlen. Schlechte Nachrichten brennen ihm auf den Nägeln.

Ich liege noch im Bett. Ich bin nicht richtig wach. Ich habe mich noch ein bisschen herumgewälzt. Bis jetzt habe ich den Morgen genossen. »Nicht vor dem Frühstück«, sage ich. Ich füge nicht hinzu: »Du weißt doch, dass ich so was so früh nicht haben kann.« Früher habe ich das hinzugefügt, aber es hielt nur kurze Zeit vor. Wir sind schon lange zusammen, und so haben wir beide viele dieser kleinen Weisungen, dieser hilfreichen Andeutungen des anderen im Kopf – Vorlieben und Abneigungen, Wünsche und Tabus. Schleich dich nicht von hinten an, wenn ich lese. Lass die Finger von meinen Küchenmessern. Lass deine Sachen nicht überall herumliegen. Jeder glaubt, der andere müsste doch in der Lage sein, diese häufig wiederholten Instruktionen zu befolgen, aber sie neutralisieren einander: Wenn Tig mein Bedürfnis achten soll, von schlechten Nachrichten unbehelligt noch ein bisschen im Bett zu liegen, sollte ich da nicht sein Bedürfnis achten, Katastrophales auszuspucken, damit er es los wird?

»Oh, tut mir leid«, sagt er. Er wirft mir einen vorwurfsvollen Blick zu. Wie kann ich ihn nur so im Stich lassen? Ich weiß doch, dass ihm eine bösartige grüne Drüse oder Blase platzen wird und er eine Seelenperitonitis bekommt, wenn er mir die schlechten Nachrichten nicht auf der Stelle mitteilen kann. Und wenn das passiert, wird es mir noch leidtun.

Er hat recht, das würde mir leidtun. Ich hätte dann niemanden mehr, dessen Gedanken ich lesen kann.

»Ich steh jetzt auf«, sage ich, es soll möglichst tröstlich klingen. »Ich bin gleich unten.«

»Jetzt« und »gleich unten« haben nicht mehr dieselbe Bedeutung wie früher. Alles dauert länger als damals. Aber ich schaffe es noch immer – das Nachthemd auszuziehen, mich anzuziehen, die Schuhe zu schnüren, das Gesicht einzukremen, die Vitaminpillen zu schlucken. Der Regierungschef, denke ich. Die Übergangsregierung. *Sie* haben ihn umgebracht. In einem Jahr werde ich nicht mehr wissen, welcher Regierungschef gemeint war, welche Übergangsregierung, wer *sie* waren. Aber solche Dinge kommen immer häufiger vor. Alles ist Übergang, niemand kann mehr richtig regieren, und es gibt viele von ihnen, viele *Sies.* Sie wollen immer die Führer umlegen. Mit den besten Absichten, das behaupten sie jedenfalls. Die Führer haben auch die besten Absichten. Die Führer stehen im Scheinwerferlicht, die Killer zielen aus dem Dunkel; es ist leicht, jemanden abzuknallen.

Was die anderen Führer angeht, die Führer der führenden Länder, wie sie genannt werden, so führen die in Wirklichkeit gar nicht mehr, sie laufen hilflos im Kreis. Man sieht es ihren Augen an, so bleich gerändert wie die Augen von panischem Vieh. Man kann nicht führen, wenn einem niemand mehr folgt. Die Leute heben hilflos die Hände, um sich dann draufzusetzen. Sie wollen nur noch ihr eigenes Leben leben. Die Führer sagen immer wieder: »Was wir brauchen, ist eine starke Führung.« Dann stehlen sie sich davon, um einen Blick auf ihre Umfragewerte zu werfen. Schuld sind die schlechten Nachrichten, es gibt einfach zu viele. Die Führer sind dem nicht gewachsen.

Früher hat es doch auch schlechte Nachrichten gegeben, und wir haben es überlebt. Das sagen die Leute über alles, was vor ihrer Geburt geschah oder während sie noch am Daumen lutschten. Ich liebe diesen Ausdruck: *Wir haben's überlebt.* Er hat absolut null zu bedeuten, wenn es um Dinge geht, die man gar nicht selbst erlebt hat. Es ist, als hätte man sich irgendeinem *Wir*-Club angeschlossen, als trüge man ein billiges *Wir*-Abzeichen, um Zugehörigkeit zu demonstrieren. Trotzdem – *Wir haben's überlebt* – das macht Mut. Sofort sieht man einen Marsch oder eine Prozession vor sich, mit tänzelnden Pferden, mit zerrissenen und dreckigen Kostümen, als hätte man an einer Belagerung teilgenommen oder wäre vom Feind besetzt gewesen oder als hätte man einen Drachen getötet oder einen vierzig Jahre währenden

Treck durch die Wildnis gemacht. Da darf ein bärtiger Anführer nicht fehlen, der das Banner trägt und nach vorne weist. Der Führer hat die schlechten Nachrichten als Erster gehört. Er kannte sie, er verstand sie, er wusste, was zu tun war. Greift sie in der Flanke an! Macht sie fertig! Nichts wie raus aus Ägypten! So müssen Führer sein.

»Wo bleibst du denn?«, ruft Tig die Treppe herauf. »Kaffee ist fertig.«

»Komm gleich«, rufe ich hinunter. So verständigen wir uns immer, quer durch Raum und Luft. Noch kommunizieren wir, bis auf weiteres. Das Noch wird nicht betont. Wir ignorieren es.

Die Zeitformen, die uns jetzt definieren, sind: Vergangenheit, *damals*; Zukunft, *noch nicht.* Wir leben in einem kleinen Fenster dazwischen, im Raum, den wir erst vor kurzem als *noch* kennengelernt haben, und im Grunde ist dieses Fenster auch nicht kleiner als das irgendeines anderen. Natürlich gibt es hin und wieder diese kleinen Beschwerden – hier ein Knie, dort ein Auge –, aber bis jetzt sind es wirklich nur kleine Beschwerden. Wir kommen gut zurecht, solange wir uns auf eine Sache konzentrieren. Ich weiß noch, wie ich meine Tochter geneckt habe, damals, als sie ein junges Mädchen war. Ich tat damals so, als wäre ich alt. Ich lief gegen Wände, ließ Besteck fallen, täuschte Vergesslichkeit vor. Dann lachten wir beide. So witzig ist das nicht mehr.

Unsere Katze Drumlin, die jetzt tot ist, wurde mit siebzehn senil. Drumlin – warum haben wir sie eigentlich so genannt? Die andere Katze, die zuerst starb, hieß Moräne. Wir fanden es damals amüsant, unsere Katzen nach dem Schutt zu benennen, den Gletscher so mit sich schleppen, obwohl mir die Pointe inzwischen entgeht. Tig meinte, wir hätten Drumlin Müllhalde nennen sollen, aber es war schließlich auch seine Aufgabe, ihren Streukasten auszuleeren.

Wir werden wohl keine Katze mehr halten. Früher dachte ich – ich dachte in aller Ruhe darüber nach –, dass ich mir wieder eine Katze besorgen würde, wenn Tig tot wäre (denn Männer sterben früher, nicht wahr?), um Gesellschaft zu haben. Aber das kommt nun nicht mehr in Frage. Bis dahin bin ich sicher halb blind, die Katze könnte mir vor die Füße laufen, und ich würde über sie stolpern und mir das Genick brechen.

Die arme Drumlin schlich nachts im Haus herum und jaulte erbärmlich. Nichts und niemand konnte sie trösten: Sie suchte etwas, was sie verloren hatte, ohne zu wissen, was. (Es war ihr Verstand, wenn man bei Katzen überhaupt von Verstand sprechen kann.) Morgens sahen wir, dass sie Tomaten und Birnen angebissen hatte. Sie wusste offenbar nicht mehr, dass sie ein fleischfressendes Tier war, sie hatte vergessen, was sie eigentlich fressen musste. Das ist zu einem Bild meines zukünftigen Ichs geworden: In meinem weißen Nachthemd irre ich im dunklen Haus umher, jaulend suche ich etwas, doch was, habe ich vergessen. Ich weiß nur, dass ich es verloren habe. Eine unerträgliche Vorstellung. Ich schrecke nachts aus dem Schlaf und taste nach Tig, um sicherzugehen, dass er noch da ist, dass er noch atmet. So weit, so gut.

Als ich die Küche schließlich erreiche, duftet es nach Toast und Kaffee. Das überrascht mich nicht, denn das hat Tig ja vorbereitet. Der Duft hüllt mich ein wie eine Decke, selbst dann noch, als ich den Toast tatsächlich esse und den Kaffee tatsächlich trinke. Da auf dem Tisch liegen die schlechten Nachrichten.

»Der Kühlschrank macht seit einiger Zeit komische Geräusche«, sage ich. Wir achten nicht genug auf unsere Küchengeräte. Keiner von uns beiden. Am Kühlschrank klebt ein Foto von unserer Tochter, das vor einigen Jahren aufgenommen wurde; es strahlt auf uns herunter, wie das Licht eines Sterns, der sich entfernt. Sie ist mit ihrem eigenen Leben beschäftigt, anderswo.

»Guck mal in die Zeitung«, sagt Tig.

Da sind Bilder. Werden schlechte Nachrichten durch Bilder noch schlechter? Ich glaube ja. Bilder zwingen dich zum Hinsehen, ob du willst oder nicht. Da ist das ausgebrannte Auto, wie so oft jetzt, mit dem skelettartigen Rahmen aus verbogenem Stahl. Ein verkohlter Schatten hockt da drin. Auf Bildern wie diesen gibt es immer leere Schuhe. Und es sind die Schuhe, gegen die ich wehrlos bin. Wie traurig erscheint da dieser unschuldige alltägliche Vorgang – die Schuhe anzuziehen, in der festen Überzeugung, dass man sein Ziel erreichen wird.

Wir mögen die schlechten Nachrichten nicht, aber wir brauchen sie. Wir müssen Bescheid wissen, denn es könnte auch uns treffen. Eine Rotwildherde auf einer Wiese, die Köpfe gesenkt, friedlich grasend. Dann *wuff wuff* – Wildhunde im Wald. Köpfe hoch, Ohren aufgestellt. Zur Flucht bereit! Oder die Verteidigung der Moschusochsen. *Wölfe kommen*, ist die Nachricht. Schnell – einen Kreis bilden! Weibchen und Junge in die Mitte! Schnaufen und mit den Hufen auf dem Boden scharren! Seid bereit, den Feind mit den Hörnern zu durchbohren!

»Sie hören einfach nicht auf«, sagt Tig.

»Was für eine Sauerei«, sage ich. »Ich frag mich, wo die Sicherheitsbeamten waren.« Als Gott den Verstand verteilte, haben wir früher gesagt, standen einige ganz hinten, wir wissen auch, wer.

»Wenn jemand dich wirklich abmurksen will, dann murkst er dich ab«, sagt Tig. In dieser Hinsicht ist er Fatalist. Ich bin anderer Meinung, und wir verbringen eine vergnügliche Viertelstunde mit der Aufrufung unserer toten Zeugen. Er führt den Erzherzog Ferdinand und John F. Kennedy an; ich biete Queen Victoria (acht fehlgeschlagene Attentatsversuche) und Josef Stalin auf, der seiner eigenen Ermordung entging, indem er selbst alle umbrachte. Früher wäre ein Streit daraus geworden. Heute ist es ein Spiel wie Gin Rommee.

»Wir haben's gut«, sagt Tig. Ich weiß, was er damit meint. Er meint uns beide, wie wir da immer noch in unserer Küche sitzen. Keiner von uns ist fort. Noch nicht.

»Ja, stimmt«, sage ich. »Pass auf, der Toast brennt an.«

So. Wir haben die schlechten Nachrichten hinter uns, wir haben uns ihnen gestellt, und alles ist in Ordnung. Wir haben keine Wunden davongetragen, wir bluten nicht, wir sind nicht verbrannt. Wir haben noch all unsere Schuhe. Die Sonne scheint, die Vögel singen, es gibt keinen Grund, sich nicht einigermaßen wohlzufühlen. Die schlechten Nachrichten kommen von weit her, meistens jedenfalls – die Explosionen, die Ölteppiche, die Völkermorde, die Hungersnöte und alles andere. Später werden noch mehr Nachrichten kommen. Das ist immer so. Damit beschäftigen wir uns, wenn es so weit ist.

Vor ein paar Jahren – wann? – waren Tig und ich in Südfrankreich, an einem Ort namens Glanum. Wir machten da Ferien oder so was in der Art. Eigentlich wollten wir uns die Irrenanstalt ansehen, in der van Gogh die Schwertlilien malte, und die haben wir auch gesehen. Glanum war ein Abstecher. Ich habe seit Jahren nicht mehr daran gedacht, aber jetzt finde ich mich dort wieder, im alten Glanum, bevor es im dritten Jahrhundert zerstört wurde, bevor es zum Ruinenhaufen verkam, den man gegen Eintritt besichtigen kann.

Es gibt geräumige Villen in Glanum; es gibt öffentliche Bäder, Amphitheater, Tempel, die Art von Gebäuden, welche die Römer auf Schritt und Tritt errichteten, damit sie sich zivilisiert und heimisch fühlten. Glanum ist sehr angenehm; eine Menge hochrangiger Heeresoffiziere verbringen hier ihren Lebensabend. Es ist durchaus multikulturell, durchaus abwechslungsreich: Wir schätzen das Neue, das Exotische, wenn auch weniger als die in Rom. Wir hier sind ein bisschen provinziell. Aber wir haben Götter aus allen Himmelsrichtungen – neben den offiziellen Göttern natürlich. Zum Beispiel haben wir einen kleinen Kybele-Tempel, in dem zwei Ohren ausgestellt sind. Sie sind ein Symbol des Körperteils, den man ihr zu Ehren eigentlich abschneiden müsste. Die Männer machen Witze darüber: Wenn man mit den Ohren davonkommt, hat man Glück gehabt. Besser ein Mann ohne Ohren als gar kein Mann.

Zwischen den römischen Häusern stehen ältere griechische, und es sind noch ein paar Griechen hier. Kelten kommen in die Stadt; einige von ihnen tragen Tuniken und Umhänge wie wir und sprechen ein ganz anständiges Latein. Wir pflegen jetzt einigermaßen freundlichen Umgang mit ihnen, seit sie ihre alte Gewohnheit der Kopfjägerei aufgegeben haben. Tig muss ein gewisses Maß an Geselligkeit einhalten, und so habe ich einmal einen der keltischen Anführer zum Abendessen eingeladen. Es war ein gesellschaftliches Risiko, wenn auch kein gravierendes: Unser Gast benahm sich ziemlich normal und war nur so angetrunken, wie es sich gehört. Er hatte merkwürdiges Haar – rötlich und gelockt –, und er trug seinen zeremoniellen Halsring aus Bronze, aber er benahm sich nicht wilder als einige andere Männer, die ich kenne. Seine Höflichkeit hatte allerdings etwas Unheimliches an sich.

Ich nehme gerade mein Frühstück ein – im Morgenraum mit dem Wandgemälde von Pomona und den Zephyren. Der Maler war nicht erstklassig – Pomona schielt ein bisschen und ihre Brüste sind enorm, aber man bekommt hier einfach nicht immer Erstklassiges. Was ich esse? Brot, Honig, getrocknete Feigen. Das frische Obst ist noch nicht reif. Kein Kaffee, das ist viel schlimmer. Ich glaube, der ist noch nicht mal erfunden. Ich trinke ein wenig gegorene Stutenmilch, das ist gut für die Verdauung. Ein treuer Sklave hat das Frühstück auf einem Silbertablett hereingebracht. Auf diesem Landsitz wurden die Sklaven gut ausgebildet: Sie sind still, diskret, tüchtig. Sie wollen natürlich nicht verkauft werden: es ist besser, ein Haussklave zu sein, als im Steinbruch zu arbeiten.

Tig kommt mit einer Schriftrolle herein. Tig ist eine Abkürzung von Tigris, ein Spitzname, den ihm seine früheren Truppen gegeben haben. Nur ein paar Vertraute nennen ihn Tig. Seine Stirn ist gerunzelt.

»Schlechte Nachrichten?«, frage ich.

»Die Barbaren sind eingefallen«, sagt er. »Sie haben den Rhein überquert.«

»Nicht vor dem Frühstück«, sage ich. Er weiß, dass ich schwerwiegende Dinge nicht gleich nach dem Aufstehen besprechen kann. Aber ich bin zu abrupt gewesen: Ich sehe seinen bekümmerten Gesichtsausdruck, und ich gebe nach. »Sie überqueren ständig den Rhein. Man sollte denken, dass sie es müde werden. Unsere Legionen werden sie besiegen. Das haben sie schon so oft getan.«

»Ich weiß nicht«, sagt Tig. »Wir hätten nicht so viele Barbaren ins Heer aufnehmen sollen. Auf die ist kein Verlass.« Er hat selbst lange Zeit im Heer gedient, also will es etwas heißen, wenn er sich Sorgen macht. Andererseits ist er ohnedies überzeugt, dass Rom sich auf einer Schlittenfahrt zur Hölle befindet, und mir ist aufgefallen, dass die meisten pensionierten Offiziere so denken: Ohne ihre Dienste kann die Welt einfach nicht funktionieren. Es ist nicht so, dass sie sich nutzlos fühlen; sie fühlen sich ungenutzt.

»Setz dich bitte«, sage ich. »Ich lass dir ein schönes Stück Brot und Honig kommen, mit Feigen.« Tig setzt sich hin. Die Stutenmilch biete ich ihm nicht an, obwohl sie ihm guttäte. Er mag es gar nicht, wenn man ihn an seine Gesundheit erinnert, die ihm in letzter Zeit einige Probleme bereitet. Oh, lass die Dinge noch eine Weile so, wie sie sind, bete ich schweigend.

»Hast du das gehört?«, sage ich. »Sie haben einen frisch abgeschlagenen Kopf gefunden. Er hing neben dem alten keltischen

Votivbrunnen.« Irgendein entflohener Steinbrucharbeiter, der in die Wälder gelaufen ist, obwohl man sie, weiß der Himmel, oft genug gewarnt hat. »Glaubst du, sie fallen ins Heidentum zurück? Die Kelten?«

»In Wahrheit hassen sie uns«, sagt Tig. »Der Triumphbogen tut sein Übriges. Das ist taktlos – besiegte Kelten, römische Füße, die ihre Köpfe nach unten drücken. Ist dir aufgefallen, wie sie unsere Hälse anstarren? Wie gern würden sie da ein Messer ansetzen. Aber jetzt sind sie verweichlicht, an Luxus gewöhnt. Nicht wie die Barbaren im Norden. Die Kelten wissen, wenn wir untergehen, gehen sie mit unter.«

Er nimmt nur einen Bissen von dem schönen Brot. Dann steht er auf, läuft herum. Er ist rot im Gesicht. »Ich geh in die Bäder«, sagt er. »Werd mich da mal umhören.«

Klatsch und Gerüchte, denke ich. Zeichen, Voraussagen; Vogelflug, Schafeingeweide. Man weiß nie, ob die Nachrichten wahr sind, bis sie zuschlagen. Bis sie einem auf die Füße fallen. Bis man nachts hinüberlangt, und da ist kein Atem mehr. Bis man in der Dunkelheit jault, im weißen Nachthemd durch leere Räume läuft.

»Wir werden's überleben«, sage ich. Tig sagt nichts.

Es ist ein so schöner Tag. Die Luft riecht nach Thymian, die Obstbäume blühen. Aber das bedeutet den Barbaren nichts; tatsächlich ziehen sie es sogar vor, an schönen Tagen einzumarschieren. Das macht ihre Beutezüge und Massaker sichtbarer. Wie ich gehört habe, füllen diese Barbaren auch Weidenkäfige mit Gefangenen und verbrennen sie als Opfer für ihre Götter. Doch noch sind sie sehr weit weg. Selbst wenn sie es schaffen, den Rhein zu überschreiten, selbst wenn sie nicht zu Tausenden erschlagen werden, selbst wenn sich der Fluss nicht mit ihrem Blut rötet, wird es lange dauern, bis sie hier sind. Vielleicht erleben wir es gar nicht mehr. Glanum ist nicht in Gefahr, noch nicht.

DIE KUNST DES KOCHENS UND AUFTRAGENS

Mit elf habe ich einen Sommer lang viel gestrickt. Ich strickte mit zäher Ausdauer still vor mich hin, bequem war es nicht, sich ständig über die Wollknäuel und die Stahlnadeln und den länger werdenden Streifen zu beugen. Ich hatte zu jung stricken gelernt, um den Trick, den Faden um den Zeigefinger zu legen, zu beherrschen – der Finger war noch zu kurz –, also musste ich mit der rechten Nadel in die Masche stechen, sie mit zwei Fingern der linken Hand festhalten und die rechte Hand komplett heben, um den Faden um die Nadelspitze zu legen. Ich hatte Frauen zugeguckt, die in der Lage waren, gleichzeitig zu stricken und zu reden, ohne einen Blick auf ihre Strickarbeit zu werfen, aber das konnte ich nicht. Mein Strickstil erforderte totale Konzentration, und mir taten bald die Arme weh, und ich ärgerte mich sehr.

Ich strickte eine Babyausstattung: Alles, was ein neugeborenes Baby braucht, um warm eingepackt zu werden, wenn es aus der Klinik nach Hause kommt. Dazu gehören mindestens zwei Fäustlinge, zwei dicke Strümpfe, eine Strumpfhose, ein Jäckchen und ein Mützchen. Wer Lust und Zeit hat, kann noch eine Decke stricken und ein sogenanntes Babyhöschen. Eine Art kleine Shorts mit kürbisförmigen Beinchen, wie die Beinkleider auf den Porträts von Sir Francis Drake. Stoffwindeln und Gummihöschen sind häufig undicht, und das Babyhöschen soll da Abhilfe schaffen. Aber ich hatte nicht vor, eins zu stricken. Damals konnte ich mir die Fontänen, Bäche, Ströme von Pipi gar nicht vorstellen, die ein Baby in der Regel produziert.

Die Decke reizte mich – ich hatte eine mit Kaninchenmuster gesehen, die ich zu gerne nachgestrickt hätte –, aber ich wusste, dass mir die Zeit davonlief und ich mich auf das Wesentliche beschränken sollte. Wenn ich trödelte, würde mir das Baby zuvorkommen, und dann wäre es gezwungen, bunt zusammengewürfeltes Zeug zu tragen, das vor ihm andere Babys getragen hatten. Ich hatte mit den Fäustlingen und der Strumpfhose angefangen, weil sie mir ziemlich einfach erschienen – meist abwechselnde Reihen, glatt und kraus, mit etwas Rippenmuster dazwischen. Auf diese Weise konnte ich mich zum Jäckchen vorarbeiten, das komplizierter war. Das Mützchen bewahrte ich mir für den Abschluss auf. Es sollte mein *chef-d'œuvre* werden. Dazu gehörten Seidenbänder, um das Mützchen unter dem Kinn des Babys zusammenzubinden. Damals dachte man nicht daran, dass sich ein Baby damit strangulieren könnte. Dicke Rosetten gehörten auch dazu, die zu beiden Seiten des Babygesichtchens abstehen würden wie kleine Kohlköpfe. Auf diese Weise wirkten Babys wie Dragées – das hatte ich im *Bienenkorb*-Strickmusterheft gesehen –, sauber und süß, köstliche kleine Bündel mit Pastellzuckerguss.

Als Farbe hatte ich Weiß gewählt. Das war so üblich, auch wenn manche *Bienenkorb*-Muster in einem blassen Elfengrün oder einem praktischen Gelb abgebildet waren. Aber Weiß war am besten: Sobald wir wussten, ob das Baby ein Junge oder ein Mädchen war, konnte ich die Seidenbänder in Blau oder Rosa hinzufügen. Ich stellte mir vor, wie das Ganze aussehen würde, wenn es fertig war – rein, leuchtend, vorbildlich, ein Tribut an meinen guten Willen und meine Freundlichkeit. Mir war noch nicht bewusst, dass es dafür auch ein Ersatz sein könnte.

Ich strickte diese Ausstattung, weil meine Mutter ein Baby erwartete. Ich vermied das Wort *schwanger*, wie andere auch: *Schwangerschaft* war ein plumpes, schweres Wort, es zog einen herunter, wenn man darüber nachdachte, während *Erwartung* eher an einen Hund mit aufgestellten Ohren erinnerte, einen Hund, der gespannt lauschte und den herannahenden Schritten freudig entgegensah. Eigentlich war meine Mutter für so etwas zu alt: Das hatte ich mir jedenfalls zusammengereimt, aus ihren Gesprächen mit ihren Freundinnen in der Stadt, die ich belauscht hatte, aus dem besorgten Gesichtsausdruck dieser Freundinnen, den Falten auf der Stirn, den zusammengepressten Lippen, dem *Oh-je*-Tonfall und der Aussage meiner Mutter, sie müsse einfach das Beste daraus machen. Ich reimte mir zusammen, dass aufgrund des Alters meiner Mutter etwas mit dem Baby nicht ganz in Ordnung war, aber was? Ich hörte zu, sooft es ging, aber ich kam zu keinem Ergebnis, und es gab niemanden, den ich fragen konnte. Würde es keine Hände haben, würde es einen winzigen Kopf haben, würde es schwachsinnig sein? *Schwachsinnig* wurde in der Schule als Schimpfwort gebraucht. Ich war nicht sicher, was es bedeutete, aber es gab Kinder, die man auf der Straße nicht anstarren durfte, weil es nicht ihre Schuld war, sie waren ja nur so geboren.

Mein Vater hatte mir im Mai gesagt, dass meine Mutter ein Baby erwartete. Es machte mir große Angst, unter anderem weil er mir auch sagte, dass dieser Zustand für meine Mutter eine Gefahr bedeuten würde, bis mein neuer Bruder oder meine neue Schwester geboren war. Etwas Schreckliches könnte ihr zustoßen – etwas, was sie sehr krank machen würde –, und wenn ich nicht richtig aufpasste, wäre die Gefahr, dass ihr etwas zustieße, noch größer. Mein Vater sagte nicht, was ihr zustoßen würde, aber so ernst und knapp, wie er sprach, ging es hier um etwas Wichtiges.

Meine Mutter – sagte mein Vater – sollte nicht mehr fegen oder schwere Dinge tragen, wie beispielsweise Wassereimer, sie sollte sich nicht bücken oder große Gegenstände anheben. Wir müssten alle mithelfen, sagte mein Vater, und zusätzliche Pflichten übernehmen. Es sei Aufgabe meines Bruders, von jetzt an bis Juni den Rasen zu mähen. Im Juni fuhren wir nach Norden. (Da oben im Norden gibt es keinen Rasen. Und mein Bruder würde sowieso nicht da sein: Er fuhr in ein Jungencamp, um in den Wäldern irgendetwas mit Äxten anzustellen.) Was mich anging, so sollte ich mich einfach allgemein nützlich machen. Noch nützlicher als ohnehin schon, fügte mein Vater hinzu, es sollte ermutigend klingen. Er selbst würde sich natürlich auch nützlich machen. Aber er konnte nicht die ganze Zeit da sein. Er musste arbeiten, während wir da oben waren, in dem, was andere Leute *die Kate*, wir aber *die Insel* nannten. (In Katen gab es Kühlschränke und Gasgeneratoren, und man konnte von dort aus Wasserski fahren – das war bei uns alles nicht der Fall.) Er könne nicht immer da sein, leider, fuhr er fort. Aber er würde nicht lange wegbleiben, und er sei sicher, dass ich das schaffen würde.

Ich selbst war da nicht so sicher. Er dachte immer, dass ich mehr wüsste, als ich wusste, und dass ich größer wäre, als ich war, und älter und abgehärteter. Was er mit Ruhe und Tüchtigkeit verwechselte, war in Wirklichkeit Angst: deshalb starrte ich ihn schweigend an und nickte. Die Gefahr, die da lauerte, war so unbestimmt und daher so groß – wie sollte ich mich darauf überhaupt vorbereiten? Insgeheim betrachtete ich mein entschlossenes Stricken als eine Art Zauber, wie im Märchen diese Anzüge aus Nesseln, welche die stumme Prinzessin für ihre in Schwäne verwandelten Brüder nähen sollte, um sie wieder in menschliche Wesen zu verwandeln. Wenn es mir nur gelänge, die ganze Ausstattung fertigzustellen, würde sie das Baby, für das sie bestimmt war, in die Welt zaubern und auf die Weise aus meiner Mutter heraus. Sobald es draußen war, würde ich es sehen können – würde es ein Gesicht haben –, und damit konnte man umgehen. Vorläufig stellte das Ding eine Bedrohung dar.

Also strickte ich zielstrebig weiter. Die Fäustlinge wurden fertig, bevor wir in den Norden fuhren; sie waren mehr oder weniger makellos, mit Ausnahme der einen oder anderen fallengelassenen Masche. Nachdem wir auf der Insel angelangt waren, legte ich letzte Hand an die Strumpfhose – das eine Bein, das zu kurz geraten war, konnte man bestimmt in die Länge ziehen. Ohne mir eine Pause zu gönnen, fing ich mit dem Jäckchen an, das ein paar Reihen mit Perlmuster kriegen sollte – eine Herausforderung, aber eine, die ich zu bewältigen entschlossen war.

Unterdessen war meine Mutter überhaupt keine Hilfe. Am Anfang meines Strickmarathons hatte sie es auf sich genommen, die Strümpfchen zu machen. Sie konnte stricken, sie hatte früher gestrickt: das Musterheft, das ich benutzte, war einmal ihres gewesen. Sie konnte Fersen rundstricken, eine Fertigkeit, die ich noch nicht ganz beherrschte. Doch obwohl sie mir so viel voraushatte, wurde sie immer fauler: Alles, was sie bisher fertiggekriegt hatte, war ein halber Strumpf. Ihr Strickzeug lag ungenutzt herum, während sie in einem Liegestuhl ruhte, die Füße auf einem abgesägten Baumstamm, und historische Romane las, in denen geritten und vergiftet und mit Degen gefochten wurde – ich wusste Bescheid, ich hatte sie selbst gelesen. Oder sie döste vor sich hin, den Kopf auf einem Kissen, ihr Gesicht blass und verschwitzt, ihr Haar feucht und verklebt, und ihr Bauch ragte in einer Weise hervor, bei der mir genauso schwindlig wurde wie beim Anblick eines Menschen, der sich in den Finger geschnitten hatte. Inzwischen trug sie am liebsten einen Kittel, den sie vor langer Zeit in einen Koffer gepackt hatte; ich weiß noch, dass ich mich einmal zu Halloween damit verkleidet hatte, als dicke Dame mit Handtasche. In diesem Kittel sah sie ärmlich aus.

Es machte mir Angst, sie bei Tag schlafen zu sehen. Es passte nicht zu ihr. Sonst machte sie gern flotte, zielgerichtete Spaziergänge, oder sie fuhr im Winter mit eindrucksvoller Geschwindigkeit auf Schlittschuhen ihre Bahnen, oder sie schwamm mit schnellen Beinschlägen, oder sie klapperte mit dem Geschirr – so nannte sie den Abwasch, Klappern. Sie wusste immer, was in einem Notfall zu tun war, sie tat alles mit Überlegung und Fröhlichkeit, sie übernahm das Kommando. Jetzt war es, als hätte sie abgedankt.

Wenn ich nicht gerade strickte, fegte ich mit großem Eifer den Fußboden. Ich füllte Wassereimer um Wassereimer an der Handpumpe und trug sie einzeln den Hügel rauf, wobei ich mir Wasser über die bloßen Beine goss; ich machte die Wäsche in der Zinkwanne, schrubbte die Kleider mit Sunlight-Seife auf dem Waschbrett, trug sie zum See hinunter, um sie auszuspülen, schleppte sie wieder den Hügel hinauf, um sie auf die Leine zu hängen. Ich jätete Unkraut im Garten, ich trug das Holz hinein – alles vor dem Hintergrund der erschreckenden Passivität meiner Mutter.

Einmal am Tag ging sie schwimmen, obwohl sie nicht richtig schwamm, nicht so energisch wie früher, sie ließ sich bloß treiben; und ich ging auch ins Wasser, ob ich Lust hatte oder nicht: Ich musste aufpassen, dass sie nicht ertrank. Ich fürchtete, dass sie auf einmal untergehen, durch das kalte bräunliche Wasser auf den Grund sinken könnte, ihr Haar würde sich auffächern wie Seetang, und ihre Augen würde sie ernst und groß nach oben richten, auf mich. In diesem Fall würde ich hinuntertauchen und meinen Arm um ihren Hals legen und sie ans Ufer ziehen müssen, aber wie sollte ich das je schaffen? Sie war so schwer. Bisher war allerdings nichts dergleichen passiert, und sie ging gerne ins Wasser; es schien sie aufzuwecken. Wenn nur ihr Kopf herausguckte, sah sie sich schon ähnlicher. In solchen Momenten lächelte sie sogar, und ich glaubte fast, dass alles wieder so war, wie es sein sollte.

Aber dann kam sie heraus, tropfnass – sie hatte Krampfadern hinten an den Beinen, es war mir unangenehm, ich wollte nicht hinsehen, doch es ließ sich nicht vermeiden –, und ging furchtbar langsam den Weg zu unserem Haus zurück und machte uns Mittagessen. Das bestand aus Sardinen oder Erdnussbutter auf Crackern oder Käse, wenn wir welchen dahatten, und Tomaten aus dem Garten und Karotten, die ich ausgegraben und gewaschen hatte. Sie schien auf Essen gar keinen Wert zu legen, aber sie kaute trotzdem vor sich hin. Sie machte sich sogar die Mühe, sich mit mir zu unterhalten – wie ging's mit dem Stricken voran? –, aber ich wusste nicht, was ich ihr sagen sollte. Ich konnte einfach nicht verstehen, warum sie sich entschlossen hatte, das zu tun, was sie tat – warum sie zu dieser kraftlosen, aufgeblähten Version ihrer selbst geworden war und die Zukunft – meine Zukunft – in Schatten und Ungewissheit getaucht hatte. Ich dachte, sie hätte das mit Absicht gemacht. Ich bin nie auf die Ideee gekommen, dass es sie vielleicht ganz unbeabsichtigt ereilt haben könnte.

Es war Mitte August: heiß und drückend. Die Grillen sangen in den Bäumen, die trockenen Kiefernnadeln knackten unter den Füßen. Der See lag unheilverkündend still da, wie vor einem Gewitter. Meine Mutter döste. Ich saß auf dem Steg, schlug nach den Fliegen und machte mir Sorgen. Am liebsten hätte ich geheult, aber das konnte ich mir nicht erlauben. Ich war völlig allein. Was sollte ich tun, wenn dieses gefährliche Etwas – was immer es war – plötzlich losging? Ich glaubte zu wissen, was es war: Das Baby würde anfangen herauszukommen, zu früh. Und dann – was? Ich konnte es schließlich nicht wieder reinstopfen.

Wir waren auf einer Insel, es gab weit und breit niemanden außer uns, es gab kein Telefon, mit dem Boot waren es sieben

Meilen bis zum nächstgelegenen Dorf. Ich würde den Außenbordmotor an unserem schwerfälligen alten Boot anwerfen – ich wusste, wie man das machte, obwohl das Ziehen an der Startkordel fast über meine Kräfte ging – und den ganzen Weg zum Dorf zurücklegen müssen, was bis zu einer Stunde dauern konnte. Dort könnte ich über Telefon Hilfe anfordern. Aber was, wenn der Motor nicht ansprang? Das kam durchaus mal vor. Oder wenn er während der Überfahrt aussetzte? Im Boot war ein Werkzeugkasten, aber ich hatte nur die einfachsten Reparaturen gelernt. Ich konnte einen Scherbolzen einsetzen, ich konnte die Benzinleitung überprüfen; wenn das nichts nützte, würde ich rudern müssen oder vorüberfahrenden Fischern winken, nach ihnen rufen – wenn überhaupt welche vorbeikamen.

Oder ich könnte das Kanu nehmen – einen Stein ins Heck legen, um es schwerer zu machen, und vom Bug aus paddeln, wie man es mir beigebracht hatte. Aber diese Methode war bei Wind nutzlos, sogar bei leichtem Wind: Ich war nicht stark genug, um auf Kurs zu bleiben, ich würde zur Seite geblasen werden.

Ich dachte mir einen Plan für den äußersten Notfall aus. Ich würde mit dem Kanu zu einer der kleinen Inseln in Ufernähe fahren – die würde ich in jedem Fall erreichen. Dann würde ich die Insel in Brand stecken. Der Rauch würde den Fire Rangers auffallen, und die würden ein Wasserflugzeug herschicken. Ich würde mich dann auf unserem Steg bemerkbar machen, auf und ab springen und eine weiße Kissenhülle schwenken. Das konnte nicht schiefgehen. Das Risiko war, dass ich aus Versehen auch das Festland ansteckte. Dann würde ich als Brandstifterin im Gefängnis landen. Aber ich würde es trotzdem tun müssen. Entweder das, oder meine Mutter würde … Würde was?

Weiter konnte ich nicht denken. Ich lief den Hügel hinauf, ging leise an meiner schlafenden Mutter vorbei ins Haus, holte das Konservenglas mit den Rosinen heraus und machte mich zu der großen Pappel auf, wie immer, wenn ich einen undenkbaren Gedanken hatte. Ich setzte mich, lehnte mich an den Baum, stopfte mir eine Handvoll Rosinen in den Mund und vertiefte mich in mein Lieblingsbuch.

Es war ein Kochbuch, es hieß *Die Kunst des Kochens und Auftragens*, und ich hatte inzwischen alle Romane und sogar das Bestimmungsbuch für Waldpilze weggelegt, um mich ganz diesem Buch zu widmen. Geschrieben hatte es eine Frau namens Sarah Field Splint, ein Name, der mir Vertrauen einflößte. *Sarah* war altmodisch und verlässlich, *Field* war ländlich und blumig, und *Splint* – na ja, wie sollten Unsinn, Heulerei, Hysterie und Zweifel an der richtigen Handlungsweise aufkommen, wenn man eine Frau namens *Splint* an seiner Seite hatte. Dieses Buch stammte aus alter Zeit, es war zehn Jahre vor meiner Geburt erschienen; die Crisco Company – die pflanzliches Backfett herstellte – hatte es zu Beginn der Wirtschaftskrise herausgebracht, als Butter so teuer wurde, erklärte meine Mutter, also hatten alle Rezepte Crisco als Zutat. Auf der Insel hatten wir immer Crisco vorrätig, weil Butter in der Hitze schlecht wurde. Crisco hingegen war praktisch unzerstörbar. In dieser längst vergangenen Zeit, bevor sie begann, ein Baby zu erwarten, hatte meine Mutter es für Aufläufe benutzt, und hier und da fanden sich ihre Notizen zwischen den Rezepten: *Gut!!*, hatte sie zum Beispiel geschrieben. Oder: *Halb weiß, halb braun dosieren.* Es waren aber nicht die Rezepte, die mich so in Bann geschlagen hatten. Es waren die beiden Kapitel am Buchanfang. Das erste hatte die Überschrift *Das Haus ohne Bedienstete*, das zweite *Das Haus mit Bediensteten.* Beide waren Fenster zu einer anderen Welt, und ich blickte eifrig hindurch. Ich wusste, dass es Fenster waren, keine Türen: ich konnte nicht hindurchtreten. Aber was für ein faszinierendes Leben führten die in dieser anderen Welt!

Sarah Field Splint hatte strenge Vorstellungen von der richtigen Lebensführung. Sie hatte Regeln, sie schuf Ordnung. Heißes Essen musste *heiß* serviert werden, kaltes *kalt.* »Das *muss* einfach sein, wie immer man es auch bewerkstelligt«, mahnte sie. Diese Ratschläge kamen mir wie gerufen. Ging es um das saubere weiße Tischtuch und das blitzende Silber, war sie unerbittlich. »Es ist besser, schlichte Untersetzer zu benutzen und sie regelmäßig gegen frische auszutauschen, als den Tisch mit einem Tuch zu decken, das einen einzigen Fleck aufweist, und sei es auch nur für eine Mahlzeit«, predigte sie. Wir hatten Wachstuch auf unserem Tisch, dazu Besteck aus rostfreiem Stahl. Untersetzer kannte ich gar nicht, ich stellte mir aber vor, dass es ein Zeichen von Eleganz wäre, welche zu besitzen.

Trotz ihrer starren Grundprinzipien hatte Sarah Field Splint auch andere, flexiblere Werte. So mussten Mahlzeiten einen Genuss darstellen, dem Auge etwas Charmantes bieten. Ein Tafelaufsatz war unverzichtbar, ob nun ein paar Blumen oder eine Obstschale. Stattdessen konnte man sich auch mit »etwas zartem Farn in Kombination mit einem Zweig Knopfbusch oder einem anderen farbenfrohen Gewächs in einer flachen Schale oder einem feinen Weidenkorb« behelfen.

Wie ich mich nach einem Frühstückstablett mit ein, zwei Narzissen in einer schlanken Vase sehnte, wie es in dem Buch abgebildet war, oder nach einem Teetisch, an dem man »einige wenige ausgesuchte Freundinnen« – wer sollten diese Freundinnen sein? – verwöhnen konnte, oder, das Beste von allem, nach einem Frühstück, das auf der Veranda serviert wurde – mit einem schönen Ausblick »auf die Flussbiegung und den weißen Kirchturm am anderen Ufer, der über den Baumkronen zu schweben scheint«. *Schweben* – das gefiel mir. Es klang so friedlich.

All diese Dinge waren in dem Haus ohne Bedienstete möglich. Dann kam das Kapitel mit den Bediensteten. Auch hier war Mrs Splint sehr wählerisch und erteilte solide Ratschläge. (Es lag auf der Hand, dass es sich um *Mrs* Splint handelte; sie war verheiratet, aber ohne die schlampigen Folgen, nicht so wie meine Mutter.) »Mit Geduld und freundlicher Ausdauer kann man ein unordentliches, unerfahrenes Mädchen in eine gepflegte, professionelle Haushaltshilfe verwandeln«, erklärte sie mir. *Verwandeln* war das Wort, das mich beschäftigte. Wollte ich verwandeln, oder wollte ich verwandelt werden? Sollte ich die freundliche Hausherrin werden oder das einst unordentliche Hausmädchen? Ich wusste es nicht.

Es gab zwei Fotos des Hausmädchens, eines zeigt sie im Vormittagsdress mit weißen Schuhen und Strümpfen und einer weißen Musselinschürze – was ist Musselin? –, auf dem anderen trägt sie die Uniform für den Nachmittagstee und den Abend, mit schwarzen Strümpfen und einem Kragen und Ärmelaufschlägen aus Organdy. Ihr Gesichtsausdruck auf beiden Bildern war derselbe: ein sanftes angedeutetes Lächeln, ein direkter offener, aber reservierter Blick, als wartete sie auf Anweisungen. Unter ihren Augen zeichneten sich dunkle Ringe ab. Ich konnte nicht sagen, ob sie liebenswürdig aussah oder überfordert oder bloß betäubt. Ihr würde man die Schuld geben, wenn das Tischtuch einen Fleck hatte oder ein Teil des Silberbestecks nicht auf Hochglanz poliert war. Trotzdem beneidete ich sie. Sie war bereits verwandelt und musste keine Entscheidungen mehr treffen.

Ich aß die Rosinen auf, klappte das Buch zu, wischte mir die klebrigen Hände an den Shorts ab. Jetzt war es an der Zeit weiterzustricken. Manchmal vergaß ich, mir die Hände zu waschen, und dann gab es braune Rosinenflecken auf der weißen Wolle, aber das konnte ich später in Ordnung bringen. Ivory Soap benutzte Mrs Splint in solchen Fällen, ein guter Hinweis. Zuerst ging ich in den Garten, pflückte ein paar Wicken und riss eine Handvoll roter Blüten von den Feuerbohnen ab, denn es war jetzt meine Pflicht, den Tischaufsatz zu arrangieren. Der Charme meines Tischaufsatzes war indessen nicht in der Lage, über unsere schäbigen Papierservietten hinwegzutäuschen: Meine Mutter bestand darauf, sie mindestens zweimal zu benutzen, um nichts zu verschwenden, und sie schrieb mit Bleistift unsere Initialen darauf. Ich konnte mir vorstellen, was Mrs Splint zu dieser unappetitlichen Vorgehensweise sagen würde.

Wie lange ging das so? Mir schien es eine Ewigkeit, aber vielleicht hielt es nur eine Woche vor oder zwei. Nach einiger Zeit kam mein Vater wieder; ein paar Ahornblätter färbten sich, orange und dann noch einige mehr; die Eistaucher sammelten sich und man hörte nachts ihre Rufe. Bald würden sie ihren Herbstzug antreten. Kurz darauf fuhren wir in die Stadt zurück, und ich konnte wieder ganz normal zur Schule gehen.

Ich hatte die Babyausstattung fertiggestellt, bis auf den einen Strumpf, der in die Verantwortung meiner Mutter fiel – würde das Baby einen Schwanenfuß haben? Ich wickelte sie in weißes Seidenpapier ein und legte sie in eine Schublade. Sie war nicht so gleichmäßig geraten und auch nicht ganz sauber – wegen der Rosinenflecken –, aber solange die Sachen zusammengefaltet waren, sah man das nicht.

Meine kleine Schwester kam im Oktober zur Welt, etwa zwei Wochen bevor ich zwölf wurde. Sie hatte all die richtigen Finger und Zehen. Ich zog die rosa Seidenbänder in die Ösen der Babyausstattung und nähte die Rosetten für das Mützchen zusammen, und das Baby kam angemessen gekleidet aus der Klinik nach Hause. Die Freundinnen meiner Mutter kamen zu Besuch und bewunderten meine Handarbeit, so schien es jedenfalls. »Das hast du alles gemacht?«, fragten sie. »Fast alles«, sagte ich bescheiden. Ich erwähnte nicht, dass meine Mutter es versäumt hatte, ihrer kleinen Aufgabe nachzukommen.

Meine Mutter sagte, dass sie kaum einen Finger rühren musste, wie ein eifriger Biber hätte ich mich auf das Stricken gestürzt. »Was für eine fleißige kleine Biene«, sagten die Freundinnen; aber ich hatte den Eindruck, dass es sie eher belustigte.

Das Baby war süß, obwohl es ganz schnell aus meinen Sachen herauswuchs. Aber es schlief nicht. Sobald man es hinlegte, war es hellwach und fing an zu schreien: Es schien die Wolken der Angst, die es vor seiner Geburt umgeben hatten, in sich aufgenommen zu haben, und es wachte jede Nacht sechs oder sieben oder acht Mal mit klagendem Geheul auf. Das hörte auch nach ein paar Monaten nicht auf, wie es in Dr. Spocks *Baby- und Kindespflege* hieß. Wenn überhaupt, wurde es schlimmer.

Nachdem sie lange zu dick gewesen war, wurde meine Mutter nun zu dünn. Der Schlafmangel höhlte sie aus, ihre Haare waren stumpf, ihre Augen blutunterlaufen, die Schultern gebeugt. Ich machte meine Hausarbeiten auf dem Rücken liegend, die Füße an der Babywiege, und schaukelte und schaukelte, damit meine Mutter sich ein wenig ausruhen konnte. Oder ich kam aus der Schule, wechselte dem Baby die Windeln, wickelte es ein und fuhr es im Kinderwagen spazieren, oder ich lief mit dem warmen, in Flanell gehüllten Körper an meiner Schulter hin und her und hielt mit der freien Hand ein Buch hoch, oder ich nahm es mit in mein Zimmer, wiegte es in meinen Armen und sang ihm etwas vor. Singen half am ehesten. *Oh, ein Brief kam heut von dir, nimmermehr kommst du zu mir, adieu, adieu*, sang ich. Oder das Coventry-Weihnachtslied:

Herodes der König gab den Befehl,
An diesem Tag ohne Fehl
Alle kleinen Kinder zu erschlagen,
Das ließ er seinen Knechten sagen.

Die Melodie war todtraurig, aber das Lied brachte das Baby sofort zum Einschlafen.

Wenn ich nicht gerade damit beschäftigt war, musste ich das Bad sauber machen oder das Geschirr abwaschen.

Meine Schwester wurde eins, ich wurde dreizehn. Sie wurde zwei, ich vierzehn. Meine Schulfreundinnen – einige von ihnen waren schon fünfzehn – trödelten auf dem Heimweg, unterhielten sich mit Jungen. Einige gingen ins Kino, wo sie Jungen aus anderen Schulen trafen. Sie tauschten ihre Ansichten darüber aus, wer von den Jungen süß war, wer eine Niete, sie verabredeten sich zu viert, jeweils zwei Paare, fuhren mit ihren neuen Freunden ins Autokino und aßen Popcorn und rollten auf dem Rücksitz herum, sie probierten schulterfreie Kleider an, sie gingen zu Tanzveranstaltungen, wo sie in schmalziger Musik und dem blauen Licht verdunkelter Turnhallen versanken und sich dicht an ihre Partner gedrängt über den Tanzboden schoben, in ihren Partyräumen kuschelten sie vor laufendem Fernseher auf der Couch.

Ich hörte mir all diese Schilderungen in der Mittagspause an, aber ich konnte nicht mitmachen. Ich mied die Jungen, die sich mir näherten: Aus irgendeinem Grund musste ich mich abwenden, ich musste nach Hause und für das Baby sorgen, das immer noch nicht schlafen wollte. Meine Mutter schleppte sich durchs Haus, als wäre sie krank oder am Verhungern. Sie hatte einen Arzt konsultiert, wegen der Schlaflosigkeit des Babys, aber der konnte ihr auch nicht helfen. Alles, was er sagte, war: »Sie haben eins von *denen*.«

Statt mir Sorgen zu machen, wurde ich nun mürrisch. Ich floh jeden Abend, sobald ich konnte, vom Abendessen, ich schloss mich in meinem Zimmer ein und beantwortete Fragen meiner Eltern mit widerwilligen Einsilbern. Wenn ich nicht gerade meine Hausaufgaben machte oder im Haushalt arbeitete oder auf das Baby aufpasste, lag ich auf meinem Bett, ließ den Kopf über den Rand runterhängen und hielt mir einen Handspiegel vor, um festzustellen, wie ich verkehrt herum aussah.

Eines Abends stand ich hinter meiner Mutter. Ich muss darauf gewartet haben, dass sie das Bad verließ, damit ich irgendetwas Kosmetisches ausprobieren konnte, sehr wahrscheinlich ein neues Shampoo. Sie beugte sich über den Wäschekorb und zog die schmutzigen Sachen heraus. Das Baby begann zu schreien. »Versuchst du mal, sie zum Einschlafen bringen?«, sagte sie, wie sie das zuvor so oft getan hatte. Normalerweise ging ich dann los, beruhigte, sang, schaukelte.

»Warum ich?«, sagte ich. »Das ist nicht mein Baby. Ich hab es doch nicht gekriegt. Du hast es gekriegt.« Ich war noch nie so grob zu ihr gewesen. Noch während ich sprach, wusste ich, dass ich zu weit gegangen war, obwohl ich eigentlich nur die Wahrheit gesagt hatte oder einen Teil der Wahrheit.

Meine Mutter richtete sich auf und wirbelte herum, alles in einer Bewegung, und schlug mir heftig ins Gesicht. So was hatte sie noch nie getan, nichts auch nur annähernd Vergleichbares. Ich sagte nichts. Sie sagte nichts. Wir waren beide von uns selbst schockiert und auch von der anderen.

Ich hätte mich eigentlich verletzt fühlen müssen, und das tat ich. Aber ich fühlte mich auch befreit, als wäre ich einem Zauberbann entronnen. Ich war nicht mehr gezwungen zu dienen. Nach außen hin würde ich noch immer mithelfen – an meiner Hilfsbereitschaft würde ich nichts ändern können. Aber ein anderes, geheimeres Leben breitete sich vor mir aus, entrollte sich wie dunkler Stoff. Auch ich würde bald in die Autokinos fahren, auch ich würde Popcorn essen. Im Geiste war ich schon auf und davon – ins Kino, zu den Eislaufbahnen, zu den dahinschmelzenden Blaulicht-Tänzen und zu allen möglichen Arten verführerischer und billiger und furchterregender Vergnügungen, die ich mir noch nicht einmal vorstellen konnte.

DER KOPFLOSE REITER

In diesem Jahr – das Jahr, in dem meine Schwester zwei wurde – verkleidete ich mich zu Halloween als der Kopflose Reiter. Davor war ich immer nur Gespenst oder dicke Dame gewesen, was einfach zu bewerkstelligen war: Man brauchte nur ein Laken und eine Menge Talkumpuder oder ein Kleid, einen Hut und etwas Polsterung. Aber dieses Jahr war das letzte, in dem ich mich noch würde verkleiden können – das glaubte ich zumindest. Ich wurde zu alt für so was – und deshalb wollte ich unbedingt etwas Besonderes machen.

Halloween war mein Lieblingsfeiertag. Warum ich es so gerne mochte? Vielleicht weil ich Urlaub von mir selber nehmen konnte oder von der Verkörperung meiner selbst, die in der Öffentlichkeit vorzuführen, ich zunehmend praktisch, aber auch zunehmend belastend fand.

Die Idee mit dem Kopflosen Reiter kam mir wegen einer Geschichte, die wir in der Schule gelesen hatten. Dort erschien der Kopflose Reiter als schauerliche Legende und zugleich als Witzfigur, und das war genau die Wirkung, die ich anstrebte. Ich glaubte, jeder sei mit dieser Gestalt vertraut: Wenn ich in der Schule etwas gelernt hatte, hielt ich es automatisch für Allgemeinbildung. Ich hatte noch nicht entdeckt, dass ich in einer Art durchsichtigem Ballon lebte, der über die Welt hinwegtrieb, ohne wirklich mit ihr in Berührung zu kommen, und dass ich mir von den Leuten, die ich kannte, ein Bild machte, das nicht mit ihrem Selbstbild übereinstimmte; das galt umgekehrt auch für mich. Den anderen erschien ich hoch oben in meinem Ballon kleiner, als ich mir selbst erschien. Auch verschwommener.

Ich hatte eine Vorstellung davon, wie der Kopflose Reiter aussehen sollte. Angeblich ritt er nachts mit nichts auf den Schultern herum außer einem Hals, den Kopf unter den Arm geklemmt, die Augen grausig starr auf den entsetzten Beobachter gerichtet. Den Kopf bastelte ich aus Papiermaché, dazu weichte ich Zeitungsstreifen in einem selbst angerührten Brei aus Mehl und Wasser ein. Ich folgte damit den Anweisungen im *Bastelbuch für Regentage.* Früher – vor langer Zeit, mindestens zwei Jahre zuvor – hatte ich mir gewünscht, all die Dinge zu machen, die in dem Buch vorgeschlagen wurden: Tiere aus Pfeifenreinigern, Boote aus Balsaholz, die im Wasser umherwirbelten, wenn man Bratöl durch ein Loch in ihrer Mitte träufelte, und eine Art Traktor, der aus einer leeren Garnspule, zwei Streichhölzern und einem Gummiband bestand; aber irgendwie konnte ich in unserem Haus nie die richtigen Materialien finden. Klebepaste aufzukochen war dagegen einfach: Man brauchte nur Mehl und Wasser. Dann ließ man es köcheln und rührte, bis die Paste durchsichtig war. Die Klumpen machten nichts, die konnte man später ausdrücken. Die Klebe wurde beim Trocknen ziemlich hart, und mir wurde am nächsten Tag klar, dass ich den Topf mit Wasser hätte füllen sollen, nachdem ich ihn benutzt hatte. Meine Mutter sagte immer: »Eine gute Köchin wäscht selber ab.« Andererseits, dachte ich, war die Zubereitung von Klebebrei ja kein richtiges Kochen.

Der Kopf geriet zu eckig. Ich drückte ihn oben ein, damit er mehr nach einem Kopf aussah, dann ließ ich ihn zum Trocknen unten neben der Heizung liegen. Das Trocknen dauerte länger, als ich geplant hatte, und währenddessen schrumpfte die Nase, und der Kopf begann komisch zu riechen. Es war nicht zu übersehen, dass ich mehr Zeit auf das Kinn hätte verwenden sollen, aber jetzt war es zu spät, da noch etwas anzupappen. Als der Kopf trocken genug war, zumindest an der Außenseite, strich ich ihn in einer Farbe an, die hoffentlich als hautfarben durchgehen würde – ein ausgewaschenes Bademantel-Rosa –, und dann malte ich ihm zwei sehr weiße Augäpfel mit schwarzen Pupillen auf. Der Kopf schielte ein bisschen, aber ich traute mich nicht, das zu retuschieren, denn die Augäpfel hätten sich grau färben können, wenn ich mit Schwarz auf der feuchten weißen Farbe herumschmierte. Ich fügte dunkle Ringe unter den Augen hinzu und oben Haar aus schwarzer Lackfarbe, das so aussah, als wäre es mit Pomade angeklebt. Ich malte einen roten Mund, aus einem Winkel tropfte etwas Blut aus rotem Lack. Ich hatte daran gedacht, den Kopf mit einem Stummelhals auszustatten, und den malte ich an der Unterseite rot an – weil er ja abgeschlagen worden war – mit einem weißen Kreis in der Mitte, wo die Wirbelsäule ansetzte.

Der Körper des Reiters verlangte mir einiges ab. Ich nähte einen Umhang aus einem Stück schwarzen Stoff, der aus einem nun vergangenen Puppenstadium meines Lebens übrig geblieben war, verschnürte das obere Ende – denn er sollte ja auf meinem Kopf sitzen – und nähte vorn eine Reihe Knöpfe an. Auf Augenhöhe schnitt ich zwei unauffällige Löcher in den Stoff, damit ich hindurchsehen konnte. Ich lieh mir die Reithosen und Reitstiefel meiner Mutter aus – sie sei seit ihrem Hochzeitstag nicht mehr geritten, sagte sie oft, entweder mit Stolz oder mit Bedauern. Wahrscheinlich beides. Aber ich achtete damals nicht auf den Ton, wenn meine Mutter sprach: Ich musste mich taub stellen, um mit Vollgas meine eigenen Pläne voranzutreiben.

Die Reitstiefel waren zu groß, aber wenn ich Eishockeysocken anzog, würde es gehen. Ich steckte die Reithosen an der Taille mit Sicherheitsnadeln fest, damit sie nicht hinunterrutschten. Dann stöberte ich schwarze Wollhandschuhe auf und bastelte eine Reitgerte aus einem Stock und einem Stück Leder, das ich aus einer Kiste voller Zubehör fürs Bogenschießen stibitzte. Mein Vater hatte früher gern Bogen geschossen, mein Bruder danach auch; aber mein Vater hatte es aufgegeben, und die Kiste stand nun, da mein Bruder für sein Studium so viel lernen musste, im Abstellraum unten im Keller.

Ich probierte den ganzen Aufzug vor dem Spiegel an, mit dem Kopf unterm Arm. Durch die Augenlöcher konnte ich kaum etwas sehen, aber die dunkle Gestalt, die da drohend im Spiegel auftauchte, mit zwei unheimlichen Augäpfeln, die in Ellbogenhöhe düster vor sich hin starrten, erschien mir ziemlich überzeugend.

Am Halloweenabend tastete ich mich dann zur Tür vor und traf meine damalige beste Freundin, die Annie hieß. Annie hatte sich als »Lumpen-Annie« verkleidet, mit passender Perücke aus roten Wollzöpfen. Wir hatten Taschenlampen dabei, trotzdem musste Annie mich am Arm durch die dunkleren Ecken führen, von denen es in der kaum beleuchteten Vorstadt, die wir durchquerten, viele gab. Ich hätte die Augenlöcher größer machen sollen.

Wir gingen von Tür zu Tür und riefen: »Her damit! Her damit!« Und so sammelten wir Popcornkugeln und Lollis und Lakritzrollen und meine Lieblingsbonbons, die Halloweenkaramellen, die in orangefarbenes und schwarzes Papier mit aufgemalten Kürbissen und Fledermäusen eingewickelt waren. Ich liebte dieses Gefühl, im Dunkeln herumzupirschen – ungesehen, unbekannt, möglicherweise erschreckend, während ich doch die ganze Zeit unter dieser Verkleidung mein harmloses, vernünftiges und pflichtbewusstes Ich blieb.

Es war Vollmond, glaube ich; es hätte jedenfalls gepasst. Die Luft war schneidend und frisch; überall lag Laub herum; Kürbislaternen brannten auf den Veranden und verströmten den verheißungsvollen Geruch von angesengtem Kürbisfleisch. Alles war so, wie ich es mir vorgestellt hatte, obwohl ich bereits spürte, wie es mir entglitt. Ich war zu alt, das war das Problem. Halloween war etwas für kleine Kinder. Ich war darüber hinausgewachsen, ich sah von meinem Ballon aus darauf herunter. Jetzt, da ich erreicht hatte, was ich erreichen wollte, wusste ich nicht mehr, warum ich mir so viel Mühe gegeben hatte.

Mich enttäuschte auch die Reaktion der Erwachsenen, die an die Tür kamen. Jeder wusste auf Anhieb, wen meine Freundin Annie darstellte – »Lumpen-Annie«, riefen sie entzückt aus, aber zu mir sagten sie: »Und was stellst du dar?« Mein Umhang dämpfte alles, was ich sagte, deshalb musste ich die Antwort oft wiederholen. »Der Kopflose Reiter.« – »Der kopflose was?« Und dann fragten sie: »Und was hast du da?« – »Das ist der Kopf. Vom Kopflosen Reiter.« – »Ach so, jetzt versteh ich.« Dann wurde der Kopf bewundert, aber mit diesem übertriebenen Getue, das Erwachsene veranstalten, wenn sie eine Sache insgeheim ungeschickt und lächerlich finden. Ich kam gar nicht auf den Gedanken, dass ich auch etwas Augenfälligeres hätte wählen können, damit mein Kostüm auf den ersten Blick verstanden wurde.

Doch bei einer im Publikum verfehlte mein Kostüm seine Wirkung nicht. Das war meine kleine Schwester, die noch nicht im Bett lag, als ich mich auf dem Weg zur Haustür durch das Wohnzimmer tastete. Nach einem einzigen Blick auf den dahintorkelnden schwarzen Torso und die großen Stiefel und den körperlosen, böse blickenden Kopf mit dem glänzenden Haar schrie sie schon los. Sie schrie und schrie und war auch nicht zu beruhigen, als ich den Umhang hob, um ihr zu zeigen, dass doch bloß ich darunter war. Wenn überhaupt, machte es die Sache noch schlimmer.

»Erinnerst du dich noch an den Kopf?«, frage ich meine Schwester. Wir sitzen in ihrem klapprigen Auto, unterwegs zu unserer Mutter, die jetzt sehr alt ist und bettlägerig und blind.

Meine Schwester fragt nicht: »Welcher Kopf?« Sie weiß, welcher Kopf. »Er sah wie ein Zuhälter aus«, sagt sie. »Mit dem schmierigen Haar.« Dann sagt sie: »Toll gemacht, Fred.« Beim Fahren weist sie andere, schlechte Fahrer gern zurecht. Sie ist eine gute Autofahrerin. Alle anderen Fahrer heißen Fred, sogar die Frauen.

»Woher willst du wissen, wie ein Zuhälter aussieht?«

»Du weißt schon, was ich meine.«

»Ein toter Zuhälter also«, sage ich.

»Nicht ganz tot. Die Augen verfolgten einen bis in den letzten Winkel, wie bei diesen dreidimensionalen Jesusfiguren.«

»Das kann nicht sein. Der schielte doch.«

»Seine Augen verfolgten mich aber wirklich. Das machte mir Angst.«

»Später hast du mit ihm gespielt«, sage ich. »Als du größer warst. Du hast ihn zum Sprechen gebracht.«

»Trotzdem machte er mir Angst«, sagt sie. »Genau, Fred, fahr ruhig mitten auf der Straße.«

»Vielleicht hab ich dir als Kind einen Schock versetzt«, sage ich.

»Irgendwas hat mir einen Schock versetzt«, sagt sie und lacht.

Nach jenem Halloween wohnte der Kopf eine Weile im Abstellraum, dort standen neben zwei Überseekoffern, die lauter Gegenstände aus dem früheren Leben meiner Mutter enthielten – Teeuntersetzer, die sie für ihre Aussteuer bestickt, lange Kinderhandschuhe, die sie aufbewahrt hatte –, auch eine Reihe von leeren Koffern und der Metallkoffer mit der Ausrüstung zum Fliegenfischen und das Zubehör fürs Bogenschießen sowie eine Ansammlung kunterbunter Dinge, in der ich gern herumwühlte und die ich regelmäßig plünderte. Der Kopf stand oben auf einem Regal bei den alten Schlittschuhen und Lederschuhen meines Vaters, von meiner Mutter gab es auch welche. Fuß, Fuß, Fuß, Fuß, Kopf, Fuß, Fuß, Fuß – war man darauf nicht gefasst und blickte zufällig hinauf, konnte die Wirkung schon bestürzend sein.

Inzwischen hatten wir zu Hause ein zweites Telefon, so dass ich mit meinen Freunden reden oder das tun konnte, was als Reden durchging, ohne meinen Vater allzu sehr zu erbittern – er fand, Telefongespräche sollten kurz sein und der reinen Informationsübermittlung dienen. Die Tür des Abstellraums befand sich direkt neben dem Telefon. Bei offener Tür mochte ich nicht telefonieren, denn so sah ich den Kopf, der mich im Dämmerlicht anstarrte, während ihm Blut aus dem Mundwinkel tropfte. Mit seinem glatten schwarzen Haar und dem winzigen Kinn sah er aus wie ein Oberkellner in einem Comicheft, der eine Schlägerei hinter sich hatte. Zugleich strahlte er eine Art bösartige Aufmerksamkeit aus, als registrierte er jedes Wort, das ich sagte, um mir verlogene Absichten zu unterstellen.

Nach seiner Periode des Rückzugs in die Abstellkammer wanderte der Kopf in die Kiste für Verkleidungen im Zimmer meiner Schwester. Inzwischen war ich fünfzehn, und meine Schwester war vier. Sie war noch immer ein ängstliches Kind – womöglich war sie ängstlicher als je zuvor. Sie schlief noch immer nicht durch – meine Mutter sagte, sie wache nachts fünf oder sechs oder sieben oder neun oder zehn oder elf Mal auf. Obwohl ich im Nebenzimmer schlief, hörte ich kein einziges Mal ihre kläglichen Rufe oder ihr erschrockenes Weinen. Ich verschlief das alles wie betäubt.

Schlafende Mütter hören aber die Rufe ihrer Kinder, erklärte man uns. Sie können nicht anders. Das wurde wissenschaftlich erforscht. Meine Mutter war da keine Ausnahme: Sie hörte das Stimmchen, das sie über die Leere des Schlafs hinweg rief, sie erwachte halb, stolperte dann ins Zimmer meiner Schwester, tröstete sie mechanisch, ging zurück in ihr Bett, nur um wieder geweckt zu werden und dann wieder und wieder. In den letzten vier Jahren war meine Mutter immer dünner geworden, ihre Haut blass, ihr Haar spröde und grau, ihre Augen unnatürlich groß.

Tatsächlich hatte sie sich eine Drüsenkrankheit eingefangen, vom Hamster, den wir meiner Schwester als Schoßtier aufgedrängt hatten – in der vergeblichen Hoffnung, dass das Geräusch seines Laufrads beruhigend auf sie wirken würde, wenn er nachts darin herumkrabbelte. Es war diese Krankheit, die hinter der Magerkeit und den starrenden Augen meiner Mutter steckte: Kaum war sie diagnostiziert, ließ sie sich leicht heilen. Aber dieses Detail wurde beim späteren Wiedererzählen der Geschichte verdrängt, sowohl von meiner Mutter als auch von mir. Das Feenkind, der Wechselbalg, der sich anders verhielt als andere Kinder, sich den gängigen Mustern entzog und die Energie seiner Mutter auf unheimliche Weise nachts aufsaugte – in diesem Thema liegt deutlich mehr Faszination als in einer Drüsenerkrankung, die von Hamstern übertragen wird.

Meine Schwester hatte durchaus etwas von einem Feenkind an sich. Sie war sehr klein, hatte blonde Zöpfe und große blaue Augen und knabberte wie ein Kaninchen an ihrer Unterlippe, als wollte sie damit ein Beben verhindern. Ihre Haltung dem Leben gegenüber war zögernd und vorsichtig. Essen, das sie nicht kannte, machte sie nervös, neue Leute und neue Erfahrungen auch. Sie blieb immer am Rand stehen, streckte einen Finger aus, berührte behutsam das Neue, um sich dann meistens abzuwenden. *Nein* war ein Wort, das sie früh lernte. Bei Kindergeburtstagen hatte sie nie Lust, an den Spielen teilzunehmen;

Geburtstagskuchen verursachten ihr Übelkeit. Türen stand sie besonders misstrauisch gegenüber, immer in Sorge, wer da eintreten mochte.

Daher war es wohl keine so gute Idee meines Vaters, sich als Bär auszugeben, ein Spiel, das bei seinen beiden älteren Kindern großen Anklang gefunden hatte. Auch meine Schwester war von diesem Spiel fasziniert, aber sie fasste es ganz anders auf. Sie verstand nicht, dass das Bärenspiel Spaß sein sollte, dass es nur als Vorwand dafür diente, lachend und schreiend davonzulaufen. Stattdessen wollte sie den Bären beobachten, ohne selbst von ihm gesehen zu werden. Aus diesem Grund schnitt sie auf Augenhöhe zwei Löcher in die bodenlangen Vorhänge meiner Mutter. Dann trat sie hinter die Vorhänge, spähte durch die Löcher und wartete in einem Zustand gelähmten Schreckens darauf, dass mein Vater nach Hause kam. Würde er sich als Bär entpuppen oder als Vater? Und selbst wenn er wie ein Vater aussah, könnte er sich doch ohne Vorwarnung in einen Bären verwandeln. Sie konnte sich nie sicher sein.

Meine Mutter war alles andere als entzückt, als sie die Löcher in ihren Vorhängen entdeckte. Die Vorhänge waren gefüttert; meine Mutter hatte sie selbst gefältelt und gesäumt – nicht weil sie gern nähte, sondern weil das ein gutes Stück billiger war. Aber da war nichts zu machen. Bei einem solchen Kind verbot sich jede Strafe von selbst: Das arme kleine Ding litt sowieso unablässig aus dem einen oder anderen Grund. Ihre Reaktionen standen in keinem Verhältnis zum Anlass, der sie auslöste. Was sollte man da tun? Vor allem wegen dieses ständigen Aufwachens in der Nacht? Das konnte doch nicht normal sein. Meine Schwester wurde zum Doktor gebracht, der keine Hilfe war. »Da wächst sie raus«, sagte er bloß. Wann, sagte er nicht.

Weil sie so empfindlich war, vielleicht auch weil meine Mutter so erschöpft war, ließ man meiner Schwester Dinge durchgehen, die mir nie erlaubt worden wären. Zumindest schien es mir so. Sie verbrachte die meisten Mahlzeiten unter dem Tisch statt auf einem Stuhl am Tisch und band dort unten die Schnürsenkel der anderen zusammen.

»Weißt du noch, was du mit den Schnürsenkeln gemacht hast?«, sage ich zu ihr. »Wir haben nie begriffen, warum du das getan hast.«

»Ich mochte nicht am Tisch sitzen und essen«, sagt sie. »Es war so langweilig. Ich hatte eigentlich keinen Bruder und keine Schwester. Ich war mehr wie ein Einzelkind, eins mit zwei Müttern und zwei Vätern. Zwei und zwei, und dann ich.«

»Aber warum die Schnürsenkel?«

»Wer weiß? Vielleicht sollte das ein Witz sein.«

»Du hast in dem Alter keine Witze gemacht.«

»Ich wollte, dass ihr beide mich mögt. Ich wollte witzig sein.«

»Du bist witzig. Wir mögen dich wirklich!«

»Ich weiß. Aber das war damals. Du hast mich kaum beachtet. Du hast immer von erwachsenen Dingen geredet.«

»Das stimmt doch gar nicht«, sage ich. »Ich hab viel Zeit mit dir verbracht.«

»Musstest du«, sagt sie. »Sie haben dich gezwungen.«

»Sie glaubten, ich könnte gut mit dir umgehen«, sage ich. »Das haben sie immer gesagt: ›Du kannst so gut mit ihr umgehen.‹«

»Mach ruhig so weiter, Fred, du Schwachkopf«, sagt meine Schwester. »Hast du das gesehen? Den Blinker benutzt schon lange keiner mehr. Na ja, damit waren sie fein raus.«

»Ich hab dir diese Moosgärten gemacht«, bringe ich zu meiner Verteidigung vor. Die hatte sie geliebt. Ich baute die Gärten im Sandkasten für sie auf: Moos für die Bäume und Büsche, mit Zäunen aus kleinen Stöckchen und Häuschen aus nassem Sand, drum herum kleine Kieselsteine. Pfade, die mit Blütenblättern gepflastert waren. Sie sah hingerissen zu: Ihr Gesicht strahlte, sie wurde sehr still, als lauschte sie. Der echte Garten übte auf sie dieselbe Wirkung aus. Damals war er besonders schön. Sie stand oft zwischen den Lilien und Mohnblumen, ohne sich zu rühren, wie verzaubert. »Moosgärten«, sage ich. »Und Gärten mit kleinen Muscheln darin – die mochtest du so gern. Die hab ich auch für dich gemacht.«

»Aber nicht bei Tisch«, sagt sie. »Grüner wird's nicht, Mann! Und nach dem Essen durfte ich nicht mit in dein Zimmer.«

»Ich musste lernen. Ich konnte doch nicht die ganze Zeit mit dir spielen.«

»Du wolltest nicht, dass ich deine Sachen durcheinanderbringe. Und du hast auch nicht immer gelernt. Du hast Perry-Mason-Bücher gelesen und Lippenstift ausprobiert. Und dann bist du weggegangen, als ich acht war. Du hast mich verlassen.«

»Neun«, sage ich. »Ich hab dich nicht *verlassen*. Ich war einundzwanzig! Ich bin ausgezogen und hab einen Job gefunden. Das machen alle so.«

»Da darf man vor sechs nicht links abbiegen, Fred, du Saftsack! Ich wollte, ich hätte eine Kamera dabei. Im Grunde war mir eins nie klar«, sagt meine Schwester. »Mir war nie klar, wer du eigentlich sein solltest.«

Meine Schwester hatte eine Freundin, die ihr glich – noch so ein stilles, schüchternes, ängstliches, großäugiges Feenkind, dunkel, während meine Schwester hell war, aber mit derselben porzellanartigen Zerbrechlichkeit. Sie hieß Leonie. Beide bestanden darauf, weite Röcke statt Jeans zu tragen, und beider Lieblingsgeschichte war *Zwölf tanzende Prinzessinnen.* Sie wollten immer, dass ich sie mit Sachen aus der Verkleidungskiste anpuppte: Ich steckte ihnen die Haare hoch, malte ihnen die Lippen an und ließ sie meine Ohrclips tragen. Dann stolzierten sie feierlich in meinen hochhackigen Schuhen herum, hielten ihre überlangen Spielröcke hoch und achteten darauf, die roten Münder nicht zu verschmieren.

»Erinnerst du dich an das Samtkleid?«, sagt meine Schwester. Wieder sitzen wir in ihrem Auto – auf dem Weg zu meiner Mutter. Das machen wir lieber gemeinsam. Das heruntergekommene Haus mit der abblätternden Farbe, der bis zur Unkenntlichkeit verwilderte Garten, unsere zusammengeschrumpfte Mutter – damit werden wir zusammen besser fertig. Wir haben uns klebrige Rosinenmuffins in Papiertüten und Kaffee in umweltschädigenden Plastikbechern besorgt: Wir kaufen uns Süßes und Schlechtes, um uns zu entschädigen, um uns zu wappnen.

»Sie hätte uns das nie geben dürfen«, sage ich. »Das hätte sie aufbewahren sollen.« Es war ein samtenes Abendkleid gewesen, schwarz, weiß und silber, das aus den dreißiger Jahren stammte. Warum hatte unsere Mutter uns das überlassen? Warum hatte sie einen solchen Schatz weggegeben, als entsagte sie ihrem früheren Leben – ihrem Leben als junge Frau, die sich vergnügt und Abenteuer erlebt hatte? Wir hatten dieses Kleid abwechselnd bewundert, und dabei hatten wir es ruiniert.

»*Wir* hätten das nie gemacht«, sage ich. »Es so zu verschwenden.«

»Nein. Hätten wir nicht. Wir wären egoistisch gewesen. Wirf den Abfall einfach auf den Rücksitz, ich lass da immer alles liegen, das schreckt die Autodiebe ab.«

»Ich würd das nicht unbedingt egoistisch nennen«, sage ich.

»Nicht dass jemand diesen rostigen alten Eimer klauen wollte. Sagen wir, wir hätten es gehortet. Wir werden wie diese alten Damen sein, die in Häusern voller Zeitungsstapel und Gurkengläser und Katzenfutterdosen aufgefunden werden.«

»Ich nicht. Ich hab kein Interesse an Katzenfutterdosen.«

»Alt zu werden ist das Letzte«, sagt meine Schwester. »Ich hab ein Stück davon behalten.«

»Wirklich?«

»Und dein Rock mit den großen roten Rosen – davon hab ich auch noch was. Und ein Rest von deinem blauen Brokatkostüm. Ich fand das so glamourös! Ich fand immer alles, was du gemacht hast, glamourös. Fred, du Arschloch. Hast du gesehen, wie er mich geschnitten hat?«

»Und das rosa Tüllkleid?«

»Ich glaub, das hat Mum als Staubwedel benutzt.«

»Kein großer Verlust«, sage ich. »Es sah aus wie eine Torte.«

»Ich fand es großartig – ich wollte auch so eins, wenn ich groß war. Aber als ich auf die High School kam, gab es gar keine Bälle mehr.«

Meine Schwester und Leonie spielten wohlerzogene Spiele, in denen das Leben schön, die Menschen sanft und geschmackvoll waren und der Zeitablauf streng ritualisiert wurde. Sie liebten Miniaturen: winzige Glasvasen mit Zwergenblumen darin, zarte Tässchen und Löffelchen, Kästen im Miniformat – alles, was klein und niedlich war. Teegesellschaften mit Stoffkaninchen und das Ankleiden von Puppen hielten sie in Atem. Um so seltsamer war es deshalb, dass sie den Kopf des Kopflosen Reiters im Abstellraum aufstöberten, ihn vom Schuhregal herunterholten und ihn adoptierten.

Da stand er jetzt, mit schielenden Augen und Blut am Kinn, an seinem Platz zwischen dem schlappohrigen weißen Kaninchen und der blonden Sparkle Plenty Puppe, die ein viel riskanteres und weit weniger anständiges Leben geführt hatte, als sie noch mir gehörte. Der Kopf wirkte da fehl am Platze, aber er hatte es gut: Sie taten alles, damit er sich wie zu Hause fühlte. Er bekam eine Serviette um den Hals gelegt, dann wurden für ihn

Wassertee und imaginäre Plätzchen aufgetragen, als hätte er einen Körper. Der Gipfel war allerdings, dass er auf Fragen eine Antwort gab – er sagte: »Ganz herzlichen Dank« und »Könnte ich noch ein Plätzchen haben?«, er antwortete auch dem weißen Kaninchen und der Glitzerpuppe, wenn sie fragten, ob er sich amüsiere. Manchmal nickte er nur. Wenn er der Geselligkeit müde war, wurde er zum Schlafen ins Puppenbett gelegt und mit einem gehäkelten Quilt zugedeckt, der ihm bis über das fliehende Kinn gezogen wurde.

Einmal entdeckte ich ihn auf dem Kissen meiner Schwester, mit einem der teuersten Leinengeschirrtücher meiner Mutter um den Hals. Plätzchenkrümel auf Puppentellern, gemischt mit Beeren von der Stachelbeerhecke, waren um ihn ausgebreitet wie Opfergaben, die einen Götzen beschwichtigen sollten. Er trug einen Kranz, aus Karottenblättern und Ringelblumen geflochten, die meine Schwester und Leonie im Garten gepflückt hatten. Die Blumen waren welk, der Kranz hing schief; das Ganze wirkte erstaunlich verrucht, als wäre ein dekadenter römischer Kaiser auf die Bühne getreten und hätte sich im Zimmer einer Jungfrau als letzten und erregendsten sexuellen Akt den eigenen Körper abgehackt.

»Warum mögt ihr ihn so?«, fragte ich meine Schwester und Leonie. Der Kopf bedeutete mir durchaus noch etwas: Er war schließlich mein Geschöpf, obwohl ich noch so jung gewesen war – so schien es mir jetzt –, als ich ihn gemacht hatte. Ich betrachtete ihn kritisch: Das Gebilde war wirklich nicht überzeugend. Die Nase und das Kinn waren viel zu klein, der Schädel zu eckig, das Haar zu schwarz. Ich hätte mir mehr Mühe geben sollen.

Sie sahen misstrauisch zu mir auf. »Wir *mögen* ihn gar nicht«, sagte meine Schwester.

»Wir pflegen ihn«, sagte Leonie.

»Er ist krank«, sagte meine Schwester. »Wir sind die Krankenschwestern.«

»Wir helfen ihm, damit er sich besser fühlt«, sagte Leonie.

»Hat er einen Namen?«, fragte ich.

Die beiden kleinen Mädchen sahen einander an. »Er heißt Bob«, sagte Leonie.

Ich fand das witzig. Ich versuchte nicht zu lachen: Meine Schwester reagierte beleidigt, wenn ich über irgendwas lachte, das mit ihr zu tun hatte. »Bob der Kopf?«, sagte ich. »Das ist sein Name?«

»Du darfst nicht über ihn lachen«, sagte meine Schwester in verletztem Ton.

»Warum nicht?«, sagte ich.

»Weil er nichts dafür kann«, sagte sie.

»Wofür?«

»Dass er keinen, dass er keinen …«

»Keinen Körper hat?«, sagte ich.

»Ja«, sagte meine Schwester bekümmert. »Er kann nichts dafür! Er ist nun mal so!« Inzwischen liefen ihr die Tränen langsam die Wangen hinunter.

Leonie starrte mich empört an; sie hob den Kopf auf und umarmte ihn. »Du darfst nicht so gemein sein«, sagte sie zu mir. Da ging ich in mein Zimmer und schloss die Tür, weil ich entweder lachen oder ersticken musste.

Bei anderen Anlässen verlangten die beiden allerdings von mir, gemein zu sein. Sie quälten mich unablässig damit, dass sie ein Spiel namens »Monster« spielen wollten. Ich sollte das Monster sein – im Haus herumpirschen, im Garten, die Arme und Beine steif wie ein Zombie, und mit tonloser Stimme rufen: »Wo *seid* ihr? Wo *seid* ihr?«, während sie einander an den Händen hielten und vor mir davonliefen und sich hinter den Sträuchern oder hinter Möbeln versteckten und zitternd vor Angst kicherten. Wenn ich aus der Schule kam, warteten sie schon; sie wandten mir ihre zarten kleinen sternäugigen Gesichter zu und bettelten: »Sei das Monster! Sei das Monster!« Sie hatten endlosen Spaß daran, mich das Monster spielen zu lassen; solange sie beide zusammen waren und Händchen hielten, konnten sie das aushalten, konnten sie entkommen, konnten sie mir trotzen.

Manchmal war meine Schwester allein, wenn ich nach Hause kam. Mit »allein« meine ich, ohne Leonie, denn meine Mutter war natürlich da. Allerdings nicht lange: Sie nutzte die Chance, die sich durch mein Eintreffen bot, auf der Stelle und brach sofort auf, ging zum Lebensmittelladen oder einem ähnlich beliebigen Ziel und ließ mich als spontanen Babysitter zurück. In Wirklichkeit wollte sie nur ein bisschen Freiheit; sie wollte sich ein bisschen die Beine vertreten und ihren Gedanken freien Lauf lassen. Sie wollte fort von uns – von uns allen –, und sei es nur für eine Stunde. Aber das durchschaute ich damals nicht.

»Okay«, sagte ich dann. »Ich muss Schularbeiten machen. Du kannst da drüben spielen. Spiel doch mit den Puppen Teegesellschaft.« Aber kaum hatte ich mich mit meinen Büchern eingerichtet, begann meine Schwester zu betteln.

»Spiel das Monster! Spiel das Monster!«, sagte sie.

»Ich glaub, das ist keine gute Idee. Leonie ist ja nicht da. Du weinst dann nur.«

»Nein, tu ich nicht.«

»Doch, tust du. Tust du immer.«

»Diesmal nicht. Bitte! Bitte!«

»Gut«, sagte ich stets, obwohl ich genau wusste, wie das enden würde. »Ich zähl bis zehn. Dann komm ich und hol dich.« Letzteres sagte ich mit meiner mechanischen Monsterstimme. Wenn ich bei zehn angekommen war, hatte sich meine Schwester schon in dem Schrank mit den Wintermänteln und dem Staubsauger in der Diele eingeschlossen und rief mit gedämpfter Stimme: »Spielende! Spielende!«

»Alles klar«, sagte ich mit vernünftiger, aber immer noch unheimlicher Stimme. »Das Spiel ist zu Ende. Komm raus.«

»Nein! Du bist immer noch das Monster.«

»Ich bin kein Monster. Ich bin bloß deine Schwester. Du kannst ruhig rauskommen.«

»Stopp! Stopp! Spielstopp!«

»Stopp was? Wir spielen gar nicht mehr.«

»Stopp! Stopp!«

Ich hätte das nicht tun sollen. Eine Schwester, die so tat, als wäre sie ein Monster, oder ein Monster, das so tat, als wäre es eine Schwester? Es war zu viel für sie, sie konnte das nicht auseinanderhalten. Kleine Kinder haben Schwierigkeiten mit unklar definierten Grenzen, und meine Schwester hatte da noch mehr Schwierigkeiten als andere Kinder. Noch während ich mit meiner trügerischen Stimme redete, wusste ich, was daraus folgen würde: Schluchzen und Hysterie und dann, viele Stunden später, Albträume. Mitten in der Nacht würden Schreckensschreie aus dem Zimmer meiner Schwester dringen; meine Mutter würde sich, aus der Bewusstlosigkeit aufgeschreckt, grimmig aus ihrem Bett und über den Korridor schleppen, um zu besänftigen und zu trösten, während ich durchschlief, k. o. wie ein in Bier ertrinkender Regenwurm, und die Konsequenzen meiner Verbrechen gar nicht mitbekam.

»Was hast du mit ihr gemacht?«, sagte meine Mutter, wenn sie von ihrem Einkaufsausflug zurückkam. Meine Schwester war meist noch immer im Dielenschrank, weinend, zu ängstlich, um rauszukommen. Ich saß am Esstisch und machte friedlich meine Schulaufgaben.

»Nichts. Wir haben Monster gespielt. Sie wollte das.«

»Du weißt doch, wie leicht sie sich aufregt.«

Ich zuckte mit den Achseln und lächelte. Man konnte mir kaum die Schuld geben, wenn ich meiner Schwester einen Wunsch erfüllt hatte.

Warum verhielt ich mich so? Ich wusste es nicht. Meine Entschuldigung – sogar mir selbst gegenüber – war, dass ich einfach einer dringenden Bitte nachgegeben hatte, einer Bitte meiner kleinen Schwester. Ich ging auf sie ein. Ich tat bloß, was sie wollte. Jetzt interessiert mich mehr, warum meine Schwester wieder und wieder darum bat. Glaubte sie, dass sie schließlich doch in der Lage sein würde, gegen mein Monster-Ich zu bestehen, dass sie ihre Angst aus eigener Kraft überwinden würde? Hoffte sie, dass ich mich letztlich – endlich – doch in das verwandeln würde, was ich eigentlich sein sollte?

»Warum mochtest du eigentlich das Monsterspiel so gerne?«, frage ich sie.

»Weiß ich auch nicht«, sagt sie. »Fahr zur Hölle, Fred, das war Rot. Willst du vor Mum Mittag essen oder hinterher?«

»Wenn wir vorher essen, haben wir nichts, worauf wir uns freuen können, und dann sind wir beide deprimiert. Andererseits bin ich am Verhungern.«

»Ich auch. Lass uns bei *Satay on the Road* anhalten.«

»Oder wir gehen ins *Small Talk*. Die haben gute Suppe.«

»Ich mach zu Hause oft Suppe. Ich brauch noch etwas Erdnusssauce. Soll ich mir das Haar rot färben lassen? Ich hab schon so viel Grau dadrin.«

»Das sieht gut aus«, sage ich. »Es sieht distinguiert aus.«

»Aber was ist mit Rot?«

»Warum nicht?«, sage ich. »Wenn du das magst. Mir würde Rot nie stehen, aber dir schon.«

»Das ist seltsam, weil wir nach den Farbtabellen beide gelb/orange sind.«

»Ich weiß. Du könntest auch Limonengrün tragen. Ich seh damit blutleer aus. Du hast gebettelt und gebettelt, bis wir das Monsterspiel spielten, und dann hast du dich im Dielenschrank eingeschlossen, sobald es anfing.«

»Das weiß ich noch. Ich weiß noch, was für ein Gefühl totaler Panik ich hatte. Warme Wolle, der Geruch vom Staubsauger, Panik.«

»Aber du wolltest es immer wieder. Hast du geglaubt, du könntest was daran ändern, dass es so lief?«

»Das ist, wie wenn du sagst: ›Morgen steh ich früh auf und trainiere.‹ Und dann kommt die Zeit, und du kannst es einfach nicht.«

»Mutter hat immer gedacht, es wär ihre Schuld«, sage ich.

»Was, dass ich mich im Garderobenschrank versteckt hab?«

»Oh … nicht nur das«, sage ich. »Das Ganze. Weißt du noch, wie du durch diese Totale-Ehrlichkeit-Phase gegangen bist?«

»Hab ich damit aufgehört?«

»Na ja, nein. Das war nie mein Ding – totale Ehrlichkeit. Ich hab immer das Lügen vorgezogen.«

»Oh, du hast nie viel gelogen.«

Ich weiche dem aus. »Jedenfalls warst du noch an der Highschool, als es mit deiner Ehrlichkeit so richtig losging. Du wolltest Mum und Dad von Drogen erzählen, vom Schuleschwänzen, dass Kids in deinem Alter Sex hatten, weil du meintest, Mum und Dad führten ein geschütztes Leben und wären zu verklemmt.«

»Na ja, taten sie auch, waren sie auch«, sagt sie. »Ich hab ihnen dann auch einiges erzählt. Ich hab ihnen gesagt, dass ich LSD genommen hab.«

»Und dann?«

»Dad tat so, als hätte er das nicht gehört. Mum sagte: ›Wie war's?‹«

»Ich wusste gar nicht, dass du LSD genommen hast.«

»Ich hab's nur einmal genommen«, sagt sie. »War nicht so doll. Es war wie eine wirklich lange Autofahrt. Ich fragte mich die ganze Zeit, wann endlich Schluss wär.«

»Bei mir war's genauso«, sage ich.

Als meine Schwester sechzehn war und ich achtundzwanzig, riefen meine Eltern mich nach Hause. Das war noch nie passiert: Es klang nach einem SOS. Sie waren zunehmend verzweifelt: Meine Schwester hatte dem Repertoire ihrer Emotionen den Zorn hinzugefügt. Sie weinte noch immer viel, aber sie weinte nicht mehr nur aus Verzweiflung, sondern auch vor Wut. Oder sie versank in einer zähen, stummen Rage, die sich wie dichter schwarzer Nebel über alle legte. Ich hatte das beim Weihnachtsessen im Familienkreis erlebt – Veranstaltungen, die ich jetzt soweit möglich zu meiden suche.

Meine Eltern hielten hartnäckig an ihrem Glauben fest, ich könnte besonders gut mit meiner Schwester umgehen – besser als mein Bruder, der Gefühlsausbrüche nicht ernst nahm. Sie selbst könnten ganz bestimmt nicht gut mit ihr umgehen, sagte meine Mutter zu mir. Dabei sollte meine Schwester doch glücklich sein – sie war so klug, sie hatte so viel Potenzial –, aber sie war noch so unreif. Meine Eltern wussten einfach nicht weiter. »Vielleicht waren wir zu alt, um noch ein Kind zu kriegen«, sagte meine Mutter. »Wir verstehen diese Dinge nicht. Zu meiner Zeit behielt man es für sich, wenn man in dem Alter unglücklich war.«

»Sie ist ein Teenager«, sagte ich. »Die sind alle so. Das sind die Hormone.«

»Du warst als Teenager nicht so«, sagte meine Mutter, als wollte sie sich nachträglich beruhigen.

»Ich war verstohlener«, sagte ich. Ich sagte nicht, dass sie keine Ahnung von meinem damaligen Verhalten haben konnte, weil sie die meiste Zeit im Koma gewesen war. Ich hatte eine Menge Dinge gemacht, von denen sie nichts wusste, aber ich wollte sie nicht gerade jetzt preisgeben. »Sie trägt das eben alles nach außen«, sagte ich.

»Das kannst du wohl sagen«, sagte meine Mutter.

Meine Eltern hatten mich nach Hause geholt, weil sie die Gelegenheit hatten, nach Europa zu fahren – es war eine Art Gruppenreise, es würde nicht viel kosten –, und sie waren noch nie dort gewesen. Sie wollten Burgen sehen. Sie wollten Schottland sehen und den Eiffelturm. Sie waren wie aufgeregte Kinder. Aber sie hatten Angst, meine Schwester allein zu lassen: Sie war zu empfindlich, und sie machte gerade eine schlimme Phase durch. (»Wegen eines Jungen«, sagte meine Mutter mit einer Spur Verachtung. Als junge Frau hätte sie sich lieber in Öl sieden lassen, als zuzugeben, dass sie wegen eines Jungen eine schlechte Phase durchmachte. Damals pflegte ein Mädchen eine Menge Verehrer zu haben und sie alle mit lächelnder Abfälligkeit zu behandeln.)

Sie würden nur zwei Wochen weg sein, sagte mein Vater. Etwas mehr, sagte meine Mutter mit einer Mischung aus Schuld und Sorge. Achtzehn Tage, zwanzig, wenn man die Fahrt mitzählte.

Ich sah keine Möglichkeit, ihnen das abzuschlagen. Sie wurden alt oder das, was ich als alt betrachtete. Sie waren fast sechzig. Sie würden vielleicht nie wieder die Chance bekommen, eine Burg zu sehen. Also sagte ich ja.

Es war Sommer – ein Toronto-Sommer, heiß und feucht. Meine Eltern hatten sich nie mit Dingen wie Klimaanlagen oder Ventilatoren aufgehalten – Unbequemlichkeit machte ihnen nicht viel aus –, daher wurde das Haus im Laufe des Tages immer wärmer und kühlte sich vor Mitternacht nicht ab. Zu dieser Zeit hatte meine Schwester schon mein altes Zimmer, und ich fand mich in ihrem wieder.

Unsere Tage verfielen in einen seltsamen Rhythmus oder in gar keinen Rhythmus. Wir standen auf, wenn uns danach war, und gingen zu den unterschiedlichsten Zeiten schlafen. Wir aßen unsere Mahlzeiten hier und da im Haus, und das schmutzige Geschirr stapelte sich auf der Küchentheke, bis wir dazu kamen, es abzuwaschen. Manchmal aßen wir unten im Keller zu Mittag, weil es da kühler war. Wir lasen Detektivgeschichten und kauften Frauenmagazine, die wir durchblätterten, um uns neu einzukleiden, wenn auch nur theoretisch. Ich war zu müde, um was anderes zu machen, oder nicht müde, schläfrig. Ich schlief manchmal mittags auf der Chesterfieldcouch ein, versank in quälenden Träumen, um dann gegen Abend betäubt aufzuwachen, als hätte ich einen Kater. Normalerweise schlief ich mittags nicht.

Ab und zu machten wir Ausflüge in den glühend heißen Garten, um ihn nach den detaillierten Weisungen unserer Eltern zu gießen – Weisungen, die wir nicht befolgten – oder um zumindest das unverschämteste Unkraut rauszureißen, die tödlichen Nachtschattenranken, die Kletten, die Gänsedisteln, oder um ein paar Zweige von der übermütigen Stachelbeerhecke abzuschnippeln, die ihre Gartenseite komplett zu überwuchern drohte. Der Phlox blühte, die Dahlien, die Zinnien: Die Farben waren schwindelerregend. Wir unternahmen einen Anlauf, den Rasen mit dem alten Schiebmäher, der schon ewig da war, zu mähen. Doch wir hatten zu lange gewartet: Der Mäher wurde von zerdrücktem Gras und Klee blockiert.

»Vielleicht ist es an der Zeit, dass sie ins zwanzigste Jahrhundert eintreten und sich einen Motormäher besorgen«, sagte ich.

»Ich finde, wir sollten den ganzen Garten abmähen«, sagte meine Schwester. »Ihn einebnen.«

»Dann wär's nur noch Rasen. Und noch mehr zu mähen. Lass uns wenigstens die Ränder stutzen.«

»Wozu die Mühe? Das ist mir zu anstrengend. Ich hab Durst.«

»Okay. Ich auch.« Und dann gingen wir rein.

In den unerwartetsten Momenten hörte ich endlose Episoden über einen Jungen namens Dave, der Schlagzeug spielte und unerreichbar war. Es war immer dieselbe Geschichte: Meine Schwester liebte Dave, Dave liebte sie nicht. Vielleicht hatte er sie mal geliebt oder hatte angefangen, sie zu lieben, aber dann war etwas vorgefallen. Was, wusste sie nicht. Ihr Leben war ruiniert. Sie würde nie wieder glücklich sein. Niemand liebte sie.

»Scheint ein ziemlicher Waschlappen zu sein.«

»Er ist kein Waschlappen! Es war mal so toll!«

»Ich geh nur von dem aus, was du mir erzählst. Von den tollen Teilen habe ich nichts gehört. Egal, wenn er kein Interesse hat, hat er kein Interesse.«

»Du bist immer so scheißlogisch!« Meine Schwester hatte mit den Kraftausdrücken viel früher begonnen als ich, und sie beherrschte eine Menge davon.

»Bin ich gar nicht«, sagte ich. »Ich weiß nur nicht, was ich dazu sagen soll.«

»Du hast alles verbraucht. Du hast all die guten Teile verbraucht«, sagte meine Schwester. »Für mich war nichts mehr übrig.«

Jetzt wurde es gefährlich. »Was meinst du damit?«, fragte ich vorsichtig. »Was genau hab ich verbraucht?«

Meine Schwester wischte sich Tränen aus den Augen. Sie musste ein wenig nachdenken, etwas aus dem überfließenden Teich der Trauer angeln.

»Tanzen«, sagte sie. »Du hast Tanzen verbraucht.«

»Tanzen kann man nicht verbrauchen«, sagte ich. »Tanzen ist etwas, was man *tut*. Man kann *tun*, was man will.«

»Nein, kann ich nicht.«

»Doch, kannst du wohl. Ich hindre dich doch nicht daran.«

»Vielleicht sollte ich gar nicht auf diesem Planeten sein«, sagte meine Schwester grimmig. »Vielleicht hätte ich nie geboren werden sollen.«

Ich hatte ein Gefühl, als müsste ich mich in einer Nacht, die so dunkel war, dass ich meine Hände nicht sehen konnte, durch Dornen tasten. *Mit meiner Weisheit am Ende* war für mich bis dahin nur eine Redewendung gewesen, aber jetzt beschrieb sie eine konkrete Wirklichkeit: Ich sah meine Weisheit vor mir ausgerollt wie einen Bindfaden von einem Knäuel, Stück um Stück an Weisheit herausgegeben, aber keines dieser Stücke hielt, der Faden riss, wie verrottet, und schließlich würde das Knäuel verbraucht sein, und was dann? Wie viele Tage würde ich diese Vertretung noch machen müssen – mit aller Verantwortung –, bis die wirklichen Eltern zurückkamen und ihre Rolle wieder übernahmen und ich in mein Leben entkommen konnte?

Vielleicht würden sie nie zurückkommen. Vielleicht würde ich für immer hierbleiben müssen. Vielleicht würden wir beide für immer hierbleiben müssen, in unserem gegenwärtigen Alter gefangen, nie älter werdend, während der Garten zu einem Wald wurde und die Stachelbeerhecke zur Größe eines Baumes anschwoll und den Fenstern das Licht nahm.

Geradezu panisch schlug ich meiner Schwester einen Ausflug vor. Ein Abenteuer. Wir würden mit dem Greyhound-Bus in die Stadt Kitchener fahren. Sie war nur etwa eine Stunde entfernt. In Kitchener gab es ein paar schöne alte Häuser; die könnten wir mit meiner Kamera fotografieren. In dieser Zeit hatte ich eine Menge Architekturfotos gemacht – Gebäude aus dem neunzehnten Jahrhundert in Ontario. Das ist mein Hobby, sagte ich, ohne wirklich zu lügen. Komischerweise war meine Schwester mit diesem Plan einverstanden. Ich hatte erwartet, dass sie ihn ablehnen würde: zu kompliziert, zu anstrengend, wozu die Mühe?

Wir brachen am nächsten Tag auf, ausgerüstet mit Apfelsinen und Haferkeksen, erreichten die Busstation ohne Zwischenfälle und brachten die Fahrt relativ entspannt hinter uns. Dann schlenderten wir in Kitchener herum, sahen uns alle möglichen Dinge an. Ich machte Aufnahmen von den Häusern. Wir kauften uns Sandwiches. Wir gingen in den Park und sahen den Schwänen zu.

Im Park fragte uns eine ältere Frau: »Seid ihr Zwillinge?«

»Ja«, sagte meine Schwester. »Sind wir!« Dann lachte sie und sagte: »Nein, sind wir nicht. Wir sind nur Schwestern.«

»Na, ihr seht aber wie Zwillinge aus«, sagte die Frau.

Wir sind gleich groß. Wir haben die gleiche Nase. Wir trugen ähnliche Kleidung. Ich konnte verstehen, wie die Frau darauf gekommen war, besonders wenn man davon ausging, dass sie ein bisschen kurzsichtig war. Der Gedanke schreckte mich auf: Bisher hatte ich uns beide immer unter dem Aspekt unserer Unterschiedlichkeit gesehen. Jetzt erkannte ich, dass wir einander ähnlicher waren, als ich gedacht hatte. Ich hatte mehr Schichten an mir, eine dickere Haut, das war alles.

Die Stimmung meiner Schwester hatte sich verändert. Jetzt war sie fast euphorisch. »Guck mal, die Schwäne«, sagte sie. »Sie sind so, sie sind so …«

»Schwanartig«, sagte ich. Ich fühlte mich fast schwindlig. Die Nachmittagssonne lag wie Gold auf dem Teich, wo die Schwäne dahinglitten; ein weicher Dunst durchflutete die Luft. Durchflutet, dachte ich. So fühlte ich mich. Vielleicht hatten unsere Eltern recht: Vielleicht besaß nur ich den magischen Schlüssel, den Schlüssel, der die verschlossene Tür öffnen und meine Schwester aus dem Kerker befreien konnte, der sich um sie zu schließen schien.

»Es war toll, hierherzukommen«, sagte sie. Ihr Gesicht strahlte.

Aber am nächsten Tag war sie unglücklicher denn je. Und danach wurde es nur noch schlimmer. Welche Magie ich auch immer zu besitzen meinte – oder mir von anderen zugeschrieben wurde –, sie erwies sich als nutzlos. Die guten Zeiten wurden rarer, die schlechten Zeiten schlechter. Sie wurden immer schlechter, auf Jahre und Jahre. Niemand wusste, warum.

Meine Schwester sitzt auf der untersten Stufe meiner Treppe, beißt sich auf die Finger und weint. Das passiert nicht einmal, sondern viele Male. »Ich sollte einfach verschwinden«, sagt sie. »Ich sollte einfach auschecken. Ich bin hier nutzlos. Es ist zu anstrengend.« Sie meint: *durch die Tage zu kommen.*

»Du hast doch Spaß gehabt«, sage ich. »Oder? Es gibt doch viele Dinge, die du magst.«

»Das ist schon lange her«, sagt sie. »Es reicht nicht. Ich bin es müde, da mitzuspielen. Dies ist der falsche Ort für mich.«

Damit meint sie nicht mein Haus. Sie meint ihren Körper. Sie meint den Planeten Erde. Ich kann sehen, was sie sieht: Es ist ein Klippenrand, es ist eine Brücke, von der man tief fällt, es ist das Ende. Das ist es, was sie will: *Ende.* Wie das Ende einer Geschichte.

»Du bist nicht nutzlos, du darfst nicht gehen!«, sage ich. »Morgen fühlst du dich besser!« Aber es ist, als riefe ich über ein weites Feld hinweg. Sie kann mich nicht hören. Schon wendet sie sich ab, blickt hinunter, blickt über das Geländer nach unten, bereitet sich auf den dunklen Flug vor.

Sie ist verloren. Ich verliere sie. Ich bin ihr nicht nahe genug, um sie aufzuhalten.

»Es wäre schrecklich, das zu tun«, sage ich.

»Es gibt keine andere Tür«, sagt sie. »Mach dir keine Sorgen. Du bist wirklich stark. Du wirst damit fertig.«

Wir fahren um eine Ecke, dann um eine weitere, kommen an einem Weidenbaum vorbei und dann an einem Trauermaulbeerbaum, nehmen die Auffahrt zum Haus unserer Mutter. »Guck dir Fred an«, sagt meine Schwester. »Parkt mitten auf der Straße. Wenn ich ein Schneepflug wäre, würde ich ihn in die Stachelbeerhecke pflügen.«

»Genau«, sage ich. Wir steigen aus dem Auto, was mir zunehmend schwerer fällt. Irgendwas passiert mit meinen Knien. Ich stehe da, eine Hand am Auto gestützt, strecke mich, gucke den ruinierten Garten an. »Ich muss mich um die Eibe da kümmern«, sage ich. »Ich hab meine Gartenschere vergessen. Der ist ganz voll von Nachtschattenranken.«

»Wozu?«, sagt meine Schwester in voller Ehrlichkeitsmanier. »Mum kann das nicht sehen.«

»Ich seh's«, sage ich. »Andere Leute sehen es. Sie war früher so stolz auf den Garten.«

»Du machst dir zu viele Gedanken um andere Leute. War ich wirklich ein schreckliches Kind?«

»Überhaupt nicht«, sage ich. »Du warst sehr süß. Du hattest große blaue Augen und kleine blonde Zöpfe.«

»Nach allem, was ich höre, hab ich viel rumgejammert.«

»Das war kein Jammern«, sage ich. »Du hattest ein hochempfindliches Nervensystem. Du hast sehr intensiv auf deine Umgebung reagiert.«

»In anderen Worten, ich hab viel rumgejammert.«

»Du wolltest eine bessere Welt«, sage ich.

»Nein, das warst du. Du wolltest das. Ich wollte nur, dass sie *für mich* besser wird.«

Ich weiche dem aus. »Du warst sehr liebevoll«, sage ich. »Du hast dich über alles gefreut. Du konntest dich für die Dinge viel mehr begeistern als andere Leute. Du warst vor Begeisterung manchmal praktisch in Trance.«

»Aber jetzt geht's mir gut«, sagt sie. »Gott sei Dank gibt es Pillen.«

»Ja«, sage ich. »Jetzt geht's dir gut.«

Sie nimmt jeden Tag eine Tablette. Die regelt ein angeborenes chemisches Ungleichgewicht. Daran lag es, von Anfang an. Deshalb ging es ihr so oft so schlecht. Es lag nicht daran, dass ich ein Monster war.

Das überzeugt mich – meistens.

Jetzt stehen wir vor der Tür. Allmählich staune ich über die Langlebigkeit materieller Objekte. Es ist dieselbe Tür – diejenige, durch die ich in meiner Alltagskleidung oder in verschiedenen Aufzügen und Verkleidungen immer rein- und rausgelaufen bin, und nie habe ich dabei daran gedacht, dass ich eines Tages mit meiner grauhaarigen kleinen Schwester vor genau dieser Tür stehen würde. Aber alle Türen, die man regelmäßig benutzt, sind Türen zu einem Jenseits.

»Ich weiß nicht, wo dieser Kopf abgeblieben ist«, sage ich. »Der Kopflose-Reiter-Kopf. Weißt du noch, dass er im Abstellraum wohnte? Erinnerst du dich an all die Schuhe und das Bogenschießzeug?«

»Dunkel«, sagt meine Schwester.

»Wir müssen all den Kram durchsehen, weißt du. Wenn es so weit ist. Wir müssen das aussortieren.«

»Darauf freu ich mich nicht«, sagt meine Schwester.

»Wo ist der abgeblieben, am Ende? Der Kopf? Hast du ihn weggeworfen?«

»Oh, der ist noch irgendwo da unten«, sagt meine Schwester.

MEINE LETZTE HERZOGIN

Das ist meine letzte Herzogin, da an der Wand«, sagte Miss Bessie. Niemand nannte sie in ihrem Beisein *Miss Bessie*, aber unter uns war das ihr Name. Er war weit respektvoller als die Namen für einige der anderen Lehrer: der Gorilla, der Behinderte, das Nilpferd. »Also, Klasse. Was sagt uns dieses eine Wort, *letzte*, gleich am Anfang?«

Die Fenster unseres nagelneuen Klassenraums waren so hoch, dass wir bloß den Himmel zu sehen bekamen. Heute wies er ein verhangenes Blau auf, eine warme, schlaftrunkene Farbe. Ich sah nicht hoch, aber da war es, am Rande meines Blickfeldes, weit und eintönig und beruhigend, erstreckte es sich endlos wie das Meer. Einer der Fensterflügel stand offen, und ein paar Fliegen hatten sich hereinverirrt. Sie summten herum, stießen gegen das Glas, versuchten rauszukommen. Ich konnte sie hören, aber nicht sehen, ich wollte es nicht riskieren, den Kopf zu drehen. Ich sollte ja über *letzte* nachdenken.

Letzte, letzte, letzte. Das Letzte. Die letzte Herzogin. Herzogin, da steckte Herz drin oder »über jemanden herziehen«. An einem Tag wie diesem fiel es schwer, nicht zu dösen, in eine Traumwelt abzudriften oder in den Halbschlaf. Es war Nachmittag, es war Mai, draußen blühten die Bäume, überall schwirrten Pollen herum. Im Klassenzimmer war es zu heiß; es vibrierte darin, all das Neue vibrierte – das helle Holz der modernen geschwungenen Tische mit Metallrahmen, das Grün der Tafeln, das schwache

Summen des Neonlichts, das auch zu summen schien, wenn es abgeschaltet war. Aber obwohl alles neu war, gab es in diesem Raum einen alten Geruch, einen uralten Fermentgeruch: Unsichtbarer Dampf stieg ringsum auf, ölig, salzig, von fünfundzwanzig heranwachsenden Körpern ausgedünstet, die sanft in der feuchten Frühjahrsluft schmorten.

Letzte Herzogin. Es musste also mehr als eine geben. Einen ganzen Haufen Herzoginnen, alle in einer Reihe wie im Ballett. Nein: es war so wie in *letztes* Jahr. Die Herzogin gehörte der Vergangenheit an – weg, vorbei, zurückgelassen.

Meistens wartete Miss Bessie gar nicht ab, dass jemand die Hand hob: Das konnte lange dauern, da es uns lächerlich vorkam, vorschnell mit einer Antwort herauszuplatzen. Wir wollten uns keine Blöße geben, indem wir etwas falsch verstanden oder auch – was manchmal nicht unbedingt besser war – indem wir etwas Richtiges sagten. Miss Bessie kannte das, also beantwortete sie in neun von zehn Fällen ihre Fragen einfach selbst. »*Letzte* Herzogin sagt uns«, sagte sie, »dass diese Herzogin nicht mehr die Frau des Herzogs ist. Es deutet auch an, dass es eine *nächste* Herzogin geben könnte. Die erste Zeile eines Gedichts ist entscheidend, Klasse. Sie bestimmt den Ton. Gehen wir weiter.«

Miss Bessie saß wie gewöhnlich auf ihrem Schreibtisch. Sie hatte gutgeformte Beine, nicht nur für eine Frau ihres Alters, sondern überhaupt, und sie trug schöne Schuhe – nicht die Art von Schuhen, die wir damals trugen, keine Mokassins oder Halbschuhe oder flache Wildlederschuhe oder Stilettos zum Tanzen, aber wir konnten erkennen, wie geschmackvoll sie waren und gepflegt. Kein Fleck oder auch nur eine Spur Dreck war jemals auf diesen matt glänzenden Schuhen von Miss Bessie zu sehen.

Schuhe und Kleidung waren jeweils aufeinander abgestimmt, und auch darin war Miss Bessie eine Ausnahme. Die Lehrerinnen an unserer Schule unterrichteten alle im Kostüm. Es war eine Art

Uniform – ein Rock, gerade oder in Glockenform oder gefältelt, dazu eine passende Jacke, darunter eine Bluse, weiß oder elfenbeinfarben, oft mit einer Schluppe um den Hals und einer Brosche am linken Revers –, aber Miss Bessies Kostüme waren von einer Eleganz, an die die anderen nicht herankamen. Ihre Blusen waren nicht aus billigem schlaffem Nylon, sondern hatten Glanz und Festigkeit, ihre Broschen sahen so aus, als wären die Halbedelsteine echt: Ihre schönste war aus Bernstein und Gold, in der Gestalt einer Biene. Ihr Haar war nicht grau, sondern silbern und sorgfältig gewellt; sie hatte vorstehende Wangenknochen, ein festes Kinn, durchdringende Augen; ihre diskret gepuderte Nase war *ebenmäßig*, ein Wort, das wir von ihr gelernt hatten.

Die anderen Lehrerinnen an unserer Schule taten uns leid – hoffnungslos überforderte, ungepflegte Kulis, nervös und leicht abzulenken, mit der undankbaren Aufgabe betraut, uns etwas beizubringen –, Miss Bessie hingegen tat uns nicht leid.

Es war nicht nur ihre nüchterne, professionelle Erscheinung, welche die Jungen in der Klasse respektierten, es war auch die Tatsache, dass sie einen M.A. hatte. Diese zwei Buchstaben bedeuteten eine Qualifikation: Sie standen für etwas Wichtiges, wie das M.D. bei einem Arzt. Das respektierten die Jungen also, aber auch ihre Art, die Zügel straff zu halten. »Richard, hast du uns etwas Amüsantes mitzuteilen? Wenn ja, sei so freundlich, und sag es laut.« – »David, diese Bemerkung ist unter deinem Niveau. Das kannst du besser. Ein Mann sollte immer über sich hinauswachsen.« – »Robert, sollte das ein schwacher Versuch sein, einen Witz zu machen?« *Sarkastisch* nannten wir das, wenn sie solche Bemerkungen machte. Aber Miss Bessie war nie sarkastisch, wenn es um ehrliche Fehler ging. Dann zeigte sie sich geduldig.

»Also gut. ›Das ist meine letzte Herzogin, da an der Wand‹«, sagte Miss Bessie. »›Ganz, als wäre sie lebendig‹. *Als wäre* sie lebendig. Klasse, was sagt uns das?«

Dieses Mal wartete sie. Ich wusste nie – keiner von uns –, wann sie wirklich warten würde. Es weckte mich immer auf. Es war die Spannung, die lauernde Gefahr – die bedrohliche Möglichkeit, dass es einen selbst treffen könnte, dass man aufgerufen, gezwungen werden könnte, etwas zu sagen. In solchen Momenten füllte sich mein Mund mit Wörtern, zu vielen Wörtern, einem klebrigen Silbenpudding, den ich erst noch zu Sprache umbilden musste, während Miss Bessies ironisch verengte Augen ihre Botschaft an mich ausstrahlten: *Das kannst du besser.* In solchen Wartephasen hielt ich den Blick lieber gesenkt – sonst könnte Miss Bessie mich einfach ansprechen – und machte Notizen in meinem Heft.

Er hat sie umgelegt, schrieb ich. *Umgelegt* war kein Ausdruck, den ich jemals im Unterricht laut geäußert hätte, denn das war Gossensprache, und Miss Bessie missbilligte solch eine nachlässige und vulgäre Ausdrucksweise. Das *umgelegt* hatte ich aus den Detektivgeschichten, die ich regelmäßig las, um meinen Schularbeiten auszuweichen oder sie zumindest hinauszuschieben. Unglücklicherweise gab es eine Menge Detektivgeschichten im Haus, neben historischen Romanen und Büchern über den Ersten Weltkrieg und über Klöster in Tibet – einem Land, in dem Frauen zwei Ehemänner zugleich haben konnten – und über den Seekrieg zur Zeit Napoleons und über Form und Funktion des Eileiters. Wenn ich keine Lust hatte, ein ganzes Buch zu lesen, ging ich die Stapel mit alten Ausgaben von *Life* und *Time* und *Chatelaine* und *Good Housekeeping* durch – meine Eltern warfen nie was weg – und rätselte an den Anzeigen (was ist eine *Douche*?) und den Artikeln über Mode und der Kummerkastenrubrik herum (*Teenager-Rebellion – Fünf Gegenmittel. Mundgeruch: Dein stiller Feind. Ist diese Ehe zu retten?*). Indem ich das mied, was ich eigentlich lernen sollte, hatte ich im Lauf der Jahre eine ganze Menge gelernt.

Umgelegt, schrieb ich. Der Herzog hatte die Herzogin umgelegt. Billige Flittchen wurden oft umgelegt, und das passierte auch Leuten, die andere »verpfiffen«, und blutigen Anfängern und redseligen Schlampen. *Umgelegt* deutete einen Schlag mit einem stumpfen Gegenstand an, einem Totschläger etwa, aber das war sicher nicht die Methode, die der Herzog bei der Herzogin angewandt hatte. Auch würde er sie wohl kaum im Keller eingegraben und das Grab mit feuchtem Zement bedeckt oder sie in Stücke zersägt und die Stücke in den See gehievt oder sie in einen Brunnen geworfen oder einfach im Park liegengelassen haben wie die Ehemänner in einigen der gräulicheren Erzählungen, auf die ich gestoßen war. Ich glaubte, dass er sie vergiftet hatte, das war das Wahrscheinlichste: Unter den Verfassern historischer Romane galt es als bekannte Tatsache, dass die Herzöge jener Zeit versierte Giftmörder waren. Sie trugen Ringe mit ausgehöhlten Steinen, und die klappten sie auf, wenn niemand guckte, und schmuggelten das Gift in Pulverform in die Weinkrüge der Leute. Arsen war eine Substanz, die besonders beliebt war. Die arme Herzogin wäre allmählich krank geworden; ein Arzt wäre gerufen worden, ein zwielichtiger Arzt, den der Herzog bestach. Dieser Arzt hätte einen letzten tödlichen Trunk zusammengemischt, um sie endgültig zu erledigen. Es hätte eine rührende Sterbeszene gegeben und dann eine pompöse Bestattung mit Kerzen, und danach wäre der Herzog frei gewesen, ein weiteres schönes Mädchen zu erobern, sie zur Herzogin zu machen und dann umzulegen.

Bei genauerem Nachdenken wurde mir allerdings klar, dass der Herzog selbst in der Sache keinen Finger gerührt hatte: Er war viel zu arrogant, um sich um irgendwas zu kümmern, was mit der tatsächlichen Vergiftung zu tun hatte. *Ich gab Befehle*, sagte er später im Gedicht. (Ich hatte schon weitergelesen.) Die Schmutzarbeit hätte irgendein Schläger mit einem Namen wie

Erster Mörder übernommen – so hießen die bei Shakespeare –, während der Herzog sich an einem anderen Ort aufhielt, klangvolle Namen fallen ließ und heuchlerische Komplimente machte und seine kostbaren Kunstwerke vorführte. Ich konnte mir vorstellen, wie er aussah: dunkel und glatt und beleidigend höflich und sicher in Samt gehüllt. Es gab auch solche Filmstars, zum Beispiel James Mason. Die hatten immer einen vornehmen englischen Akzent. Der Herzog hatte wahrscheinlich auch so einen Akzent, obwohl er Italiener war.

»Nun?«, sagte Miss Bessie. »Das Thema heißt *als wäre*. Wir haben nicht den ganzen Tag Zeit. Marilyn?«

»Vielleicht ist sie tot«, sagte Marilyn.

»Sehr gut, Marilyn«, sagte Miss Bessie. »Das ist eine Möglichkeit. Der aufmerksame Leser, ich sagte *aufmerksam*, Bill, und das betrifft dich, es sei denn, du hast Wichtigeres zu tun – nein? –, der *aufmerksame* Leser würde sich das sicherlich fragen, und er würde sich vielleicht auch fragen – *falls* die Herzogin tatsächlich tot ist –, wie sie gestorben sein könnte.«

Als Bills Name fiel, spürte ich, wie ich errötete, weil Bill mein Freund war; Miss Bessies Sarkasmus zum Opfer zu fallen bedeutete für ihn eine Demütigung und damit in gewisser Weise auch für mich. Es stimmte, Bill war kein aufmerksamer Leser, aber das bedauerte er, oder er war wütend darüber, ich wusste nicht genau, was. Ich konnte ihn mir jetzt vorstellen, zwei Reihen hinter mir, wie ihm aus Scham oder Wut die Röte ins Gesicht stieg, während seine Freunde ihn schadenfroh angrinsten. Aber Miss Bessie war das gleichgültig. Sie trampelte einfach über dich hinweg, wenn sie den Eindruck hatte, dass du die Sache nicht ernst genug nahmst – wenn du ihrem Unterricht in die Quere kamst.

»Natürlich sagen wir bei Porträts oft: ›Das wirkt sehr lebendig‹«, fuhr sie fort. »Das wäre die andere Möglichkeit. Vielleicht ist die Bemerkung des Herzogs nur ein Kommentar zum Realismus – der *Lebensähnlichkeit* – des Porträts selbst. Das ganze Gedicht wird aus der Perspektive des Herzogs erzählt – daher darf man nichts von dem, was er sagt, als objektive Wahrheit betrachten. Auf die Frage der Perspektive kommen wir später zurück.«

Realismus, schrieb ich in mein Heft. *Lebensnah. Die Herzogin ist fast lebendig. Perspektive.*

Miss Bessie war die beste Englischlehrerin der Schule. Möglicherweise war sie eine der besten in der Stadt: Unsere Eltern sagten, wir hätten Glück gehabt, sie zu kriegen. Sie trieb uns flott durch den Stoff, wie ein Schäferhund, brachte uns von Irrwegen ab und hielt uns von gefährlichen Klippen fern, schnappte nach unseren Fersen, wenn wir an den falschen Stellen langsam wurden, bremste uns an den richtigen, damit wir das Wesentliche aufnehmen konnten. Sie beschrieb unsere Lernpflicht als ein Rennen, eine Art Hürdenlauf: Bis zu den Abschlussprüfungen müssten wir noch eine lange Strecke zurücklegen, sagte sie, und zwar schnell. Hürden, raue Streckenabschnitte und andere Schwierigkeiten lauerten auf Schritt und Tritt. Die Tage schossen davon, und *Tess von den d'Urbervilles* ragte noch vor uns auf wie – so empfanden wir es – ein großer steiler Matschhügel. Natürlich würde uns Miss Bessie, die den Hügel schon so oft erklommen hatte, eine Aussicht zeigen, sobald wir den Gipfel erreicht hatten; aber zuvor galt es, viele schlüpfrige Stellen zu überwinden. Mit Thomas Hardy hatten wir uns bereits im Vorjahr auseinandergesetzt, am Beispiel des *Bürgermeister von Casterbridge*: Es würde ein mühsamer Trott werden.

Deshalb mussten wir die »Letzte Herzogin« vor dem Wochenende intus haben, damit wir über das Wochenende Atem schöpfen und dann mit viel Schwung *Tess* anfangen konnten.

Das ist meine letzte Herzogin, da an der Wand,
Fast so, als stünd sie lebend da. Ich nannt'
Das Werk ein Wunder; Fra Pandolfs Hände
Wirkten manchen Tag, bis sie da stand am Ende.
Nehmt bitte Platz und seht sie an!

»Nun, Klasse. ›Nehmt bitte Platz.‹ Mit wem spricht der Herzog, was meint ihr?«

Zeile um Zeile schleppte Miss Bessie uns durch das Gedicht. Es war ein wichtiges Gedicht, bei der Abschlussprüfung, sagte Miss Bessie, zählte es volle fünfzehn Punkte. Englisch war ein Hauptfach: Wir konnten die High School nicht verlassen, ohne darin zu bestehen. Aber Miss Bessie war am bloßen Bestehen nicht interessiert; sie wollte Spitzennoten von uns. Sie musste den Ruf der Schule aufrechterhalten und auch ihren eigenen. Ihre Schüler schlossen gut ab, weil sie gut vorbereitet waren. »Ihr müsst gut *vorbereitet* sein«, sagte sie uns oft. »Natürlich werdet ihr den Stoff gelernt haben, aber ihr solltet auch die Aufgabe zweimal lesen, um sicherzugehen, dass ihr auf das antwortet, was gefragt wird. Bewahrt die Ruhe, ihr dürft nicht in Panik geraten. Ihr müsst *gliedern* und *strukturieren*.« Zu jedem Thema, das wir durchnahmen, zeigte sie uns eine Auswahl der Fragen aus früheren Jahren und hämmerte uns die richtigen Antworten ein.

Sobald wir die Prüfungen abgelegt hatten, würden sie von einem handverlesenen Prüferteam zentral bewertet werden, und dann würden an einem Tag im August die Abschlussnoten in der Zeitung erscheinen. Eine brutale Vorgehensweise, ohne Vorwarnung, jeder würde die Noten sehen – unsere Freunde, unsere Feinde, unsere Familien. Uns graute davor. Als risse jemand den Vorhang zurück, während man duschte.

Die Zensuren in der Zeitung würden den Ausschlag dafür geben, ob wir weitergingen. *Weitergehen* hieß an die Universität gehen. Unsere Schule war keine Schule für reiche Kinder – die besuchten Privatschulen. Für deren Zukunft spielte es keine große Rolle, wie sie die High School abschlossen, weil sich für sie irgendwie immer ein Platz fand. Sie war auch keine Schule für die Armen: Wir hatten keine Wahl, man befand uns nicht für dumm genug, um abzugehen, also mussten wir weitermachen. Die Abgänger, wie wir sie nannten, hatten die Schule so früh wie möglich verlassen, aber nicht ohne uns mit Spitznamen wie »Hirnie«, »Streber«, »Angeber« und »Speichellecker« zu quälen und unbarmherzig jeden zu verhöhnen, der tatsächlich seine Hausaufgaben machte. Sie ließen uns mit einem zwiespältigen Selbstbild zurück. »Hältst dich wohl für schlau«, hatten sie gespottet, und wir hatten in der Tat gedacht, wir wären schlau, jedenfalls schlauer als sie; aber so ganz wohl fühlten wir uns in unserer Schlauheit nicht. Es war, als hätte man eine dritte Hand: Das war von Vorteil, wenn es darum ging, Türen zu öffnen, aber so ganz normal war es nicht.

Trotzdem, wir mussten mit dieser Missbildung leben. Wir würden unsere Schlauheit brauchen, mussten die Leiter hinauf, die uns hingestellt wurde, mussten was aus uns machen. Von den Jungen erwartete man, dass sie Ärzte, Anwälte, Zahnärzte, Buchhalter, Ingenieure wurden. Was uns Mädchen anging, so waren wir nicht so sicher, wo wir hinwollten. Wenn wir nicht weitergingen, würden wir heiraten müssen oder aber alte Jungfern werden; doch mit guten Zensuren konnte man diese erschreckende Wegscheide noch eine Weile hinausschieben.

Wir würden die Prüfungen im Juni binnen drei Wochen in der Turnhalle ablegen. Es würde für uns einen Wendepunkt bedeuten – sagte Miss Bessie –, aber bei guter Vorbereitung brauchten wir diese Probe nicht zu fürchten, die auch eine Charakterprobe sei. Um Erfolg zu haben, würden wir Mut brauchen und gute Nerven, und dann gehe es nur noch darum, die richtigen Fakten und Folgerungen in der richtigen Reihenfolge niederzuschreiben.

Trotzdem machten wir uns gegenseitig mit möglichen Katastrophenszenarien verrückt. Die Turnhalle war nicht klimatisiert, und falls eine Hitzewelle eintrat – wie so oft im Juni –, würden wir alle kochen, schmoren und braten. Bekanntlich waren schon mal Mädchen ohnmächtig aus ihren Pulten gekippt; andere hatten unerwartet ihre Periode bekommen und saßen plötzlich in Blutpfützen da, die – in den schmutzigeren Darstellungen – vom Sitz auf den Boden getropft waren, plop, plop, plop – eine beschämende Aussicht. Manche Jungen hatten den Druck nicht ausgehalten und zu schreien und zu fluchen begonnen; andere hatten die Nerven verloren, alles Gelernte war völlig aus ihren Gehirnen verschwunden, und am Ende der Prüfung hatte sich herausgestellt, dass sie nur ihren Namen geschrieben hatten, in endloser Wiederholung. Ein Junge hatte auf jede einzelne Seite ein perfektes gleichschenkliges Dreieck gezeichnet – peinlich genau, wie betont wurde. *Peinlich genau* war ein erschreckendes Detail: Solche Genauigkeit, das wussten wir, war nur einen Schritt von der vollen Unzurechnungsfähigkeit entfernt.

Nach der Schule ging ich über ein Footballfeld nach Hause, ein Ort, der mich früher geängstigt hatte. Er war auch verboten und bedeutungsvoll in einem Sinn, den ich nicht ganz definieren konnte. Nun aber war er zu einer unbedeutenden Fläche matschigen Grases geschrumpft. Ein paar jüngere Schüler rauchten hinter dem Geräteschuppen, wo angeblich schmutzige Orgien mit einem Mädchen namens Loretta stattgefunden hatten – einer von den Abgängerinnen. Ich trug meine große schwarze Ledermappe voller Notizen vor mir, drückte sie mit beiden Armen an die Brust. Das machten alle Mädchen so. Es hinderte jeden daran, unsere Brüste anzustarren, die entweder zu klein und verächtlich waren oder aber zu groß und zum Lachen oder auch gerade die richtige Größe hatten – aber welche Größe war richtig? Brüste jeder Größe waren beschämend und verleiteten Jungen mit schmierigen Haaren zu anzüglichen Bemerkungen wie »Guck dir die Titten an«, Jungen, die in Gruppen herumstanden oder junge Männer in Autos. Manchmal brachen sie auch in eine Art Singsang aus:

Ich muss, ich muss, ich muss meine Büste trainieren,
Sonst, sonst, sonst werd ich meinen BH verlieren!

wobei sie die angewinkelten Arme wie Comic-Hühnchen auf und ab bewegten. Obwohl das in Wirklichkeit gar nicht so oft vorkam, war die Angst davor immer präsent. Zurückzuschreien galt als frech, die Jungen zu ignorieren war angeblich würdevoll, obgleich es sich nicht so anfühlte, es fühlte sich eher demütigend an. Aber gar keine Brüste zu haben wäre noch schlimmer gewesen.

»Steht gerade, Schultern zurück, lasst euch nicht so hängen«, bellte unsere Sportlehrerin uns während des Volleyballtrainings an. Das war vor Jahrhunderten, in derselben Turnhalle, in der wir bald die Abschlussprüfungen ablegen sollten. Aber was wusste die schon? Sie selbst war flachbrüstig und sowieso sehr alt. Mindestens vierzig.

Brüste waren das eine: Man hatte sie vor Augen und konnte sie einigermaßen kontrollieren. Das andere war der Hintern, der war außer Sicht und daher gesetzloser. Man konnte höchstens versuchen, sich mit weiten Röcken zu behelfen.

Heh, heh! Schwing das Ding! Guck dir das Gewackel an!

Neben mir ging Bill auf dem Weg über das Footballfeld, keiner von der Sorte, die in Gruppen herumzog und über Mädchenbrüste krakeelte; glaubte ich jedenfalls. Er war zu ernsthaft für so was, er hatte Besseres zu tun, er war ehrgeizig. Er wollte die

Leiter rauf. Als mein offizieller Freund begleitete er mich jeden Tag ein Stück meines Heimwegs, außer freitags, dann begann er seinen Wochenendjob in einem Lebensmittelladen, der in entgegengesetzter Richtung lag. Freitags nach der Schule, samstags bis drei – er sparte Geld für die Universität, weil seine Eltern sich das nicht leisten konnten oder es nicht bezahlen wollten. Weder seine Mutter noch sein Vater hatte studiert, und es war ihnen trotzdem sehr gut gegangen. Das war, laut Bill, ihre Haltung, aber er schien es ihnen nicht übelzunehmen.

Ein paar Monate zuvor war Bill an die Stelle meines alten Freundes getreten, der den davor ersetzt hatte. Der Ablauf eines solchen Wechsels war heikel – er erforderte Diplomatie und Raffinesse und die Willenskraft, nicht ans Telefon zu gehen, wenn es klingelte –, aber ab einem gewissen Stadium ging es nicht anders. Dieses Stadium war erreicht, wenn man die vorhergehenden zulässigen Stadien durchlaufen hatte – das erste Rendezvous, das erste zaghafte Händchenhalten, der Arm um die Schultern im Kino, das langsame enge Tanzen, das von Schnaufen begleitete Fummeln in geparkten Autos, die Vorstöße und Gegenangriffe der Hände, der Krieg der Reißverschlüsse und Knöpfe. Nach einer Weile entstand eine Patt-Situation: Keine der beiden Seiten wusste, was als Nächstes passieren sollte. Weiterzugehen war undenkbar, zurückzugehen unmöglich. Diese Etappe war durch Lustlosigkeit gekennzeichnet, durch Streit und Versöhnung, durch die Unfähigkeit, sich für einen Film zu entscheiden, den beide sehen wollten, und – in meinem Fall – durch das Lesen von Romanen, die unglücklich ausgingen, worüber ich dann weinte. Das war der Zeitpunkt, an dem der Freund aufgegeben und ein neuer gefunden werden musste.

Es war nicht so, dass ich den einzelnen Jungen so sehr nachtrauerte, es war mehr, dass ich Dinge nicht gerne zu Ende brachte. Ich wollte nicht, dass irgendeine Phase meines Lebens für immer verloren, erledigt war. Ich zog auch bei Büchern den Anfang dem Ende vor – es war erregend, nicht zu wissen, was mich auf den ungelesenen Seiten erwartete –, aber absurderweise konnte ich nicht anders, als einen verstohlenen Blick auf das letzte Kapitel des Buches zu werfen, das ich gerade las.

In seiner Rolle als Freund folgte Bill nicht dem üblichen Muster – konnte ihm nicht folgen. Hinter uns lagen die Samstagabend-Rendezvous, vor uns das düstere Szenario in der Turnhalle mit allem, was dort geschehen mochte: Ohnmachtsanfälle, Schreie, Panik, Versagen, Schande. Jetzt, da bis zum Juni noch so viel zu tun war, blieb uns keine Zeit für endlose Abende in einem geparkten Wagen, dazu Polizisten, die mit der Taschenlampe hereinleuchteten und fragten, ob alles in Ordnung sei; es blieb uns keine Zeit für Streitereien, fürs Bösesein, für die einsilbigen Telefonate und die grollende Aussöhnung. Stattdessen setzten wir uns zusammen und lernten.

Um genau zu sein, ich half Bill beim Lernen. Ich half ihm in englischer Literatur. Bislang war es ihm gelungen, gerade noch so durchzurutschen, aber jetzt hatte er Angst, obwohl er das nicht als Angst bezeichnete. Stattdessen gab er der Literatur die Schuld: Sie ergab einfach keinen Sinn. Er wollte, dass alles klar und eindeutig war wie in Algebra, ein Fach, das ihm lag. Wie konnte es sein, dass ein einziges Wort zwei oder drei Bedeutungen zugleich hatte? Wie konnte Miss Bessie so viel Zeug aus einem einzigen Gedicht herausholen? Warum drückten die Leute sich nicht einfacher aus?

Bill zu helfen stellte sich als nicht so leicht heraus. Er wurde wütend auf das Gedicht, weil es kompliziert war; er stritt sich mit ihm und verlangte, dass es anders sein sollte; dann wurde er wütend auf den Dichter, weil der es so geschrieben hatte; dann wurde er wütend auf mich. Nach einer Weile sagte er, es tue ihm leid, er habe das nicht so gemeint – ich sei wirklich, wirklich klug, zumindest auf diesem Gebiet; ich könne gut mit Worten umgehen, anders als er, und er bewundere mich dafür. Ich solle ihm das Ding noch mal erklären, nur langsamer. Danach küssten wir uns und fummelten herum, aber nicht lange, weil wir uns das zeitlich nicht leisten konnten.

An diesem Tag hatten Bill und ich es nicht eilig, nach Hause zu kommen. Wir schlenderten, wir trödelten; wir holten uns Eis aus dem Drugstore. Man müsse beim Lernen auch mal eine Pause machen, sagte Bill. Das Eis wurde in Zylindern geliefert und schmeckte ein wenig nach der Pappe, in der es verpackt worden war; die Waffeln hingegen waren ledrig zäh. Wir gingen bis zum Bestattungsinstitut und setzten uns auf die niedrige Steinmauer davor. Das Sonnenlicht war golden; blasse grünliche Wedel hingen von den Bäumen herab; Bills Haare, hellbraun und ganz kurz geschoren, glänzten wie ein weicher Samtrasen. Mühsam widerstand ich der Versuchung, ihm den Kopf zu streicheln wie einem plüschigen Kuschelhund, es hätte ihm nicht gefallen. Er wollte nicht gestreichelt werden.

»Ich werd das nicht bestehen«, sagte Bill. »Ich werd durchfallen.«

»Nein, wirst du nicht«, sagte ich.

»Ich versteh das einfach nicht.«

»Verstehst was nicht?«

»Was da los ist.«

»Was wo los ist«, sagte ich, obwohl ich wusste, was er meinte.

»Dieses gottverdammte Herzogin-Gedicht.«

Gottverdammt war das schlimmste Wort, das Bill in meiner Anwesenheit gebrauchte. Hätte er andere Wörter gebraucht – zum Beispiel das F-Wort –, hätte das bedeutet, dass er mich für ein Mädchen hielt, das es nicht anders verdiente. Ein Straßenmädchen.

Ich seufzte: »Okay, ich geh's noch mal durch. Das Gedicht ist von Robert Browning. Er war einer der bedeutendsten Dichter des neunzehnten Jahrhunderts. Es ist ein dramatischer Monolog. Das heißt, nur eine Person spricht, wie ein Monolog in einem Stück. Die Form ist jambische Pentameter, Enjambement, Reimpaare.«

»Den Teil begreif ich«, sagte Bill. Mit der Form kam er zurecht, weil sie mit Zählen zu tun hatte. Ein Sonett, eine Sestine, das *abab*-Reimschema einer Ballade – das zu bestimmen war kein Problem für ihn.

Ich aß mein Eis auf und schob die Waffelspitze zwischen die Steinmauer und das Blumenbeet des Bestattungsinstituts, in dem zwei ordentliche Tulpenreihen standen. Ich fühlte mich träge, ich war eigentlich nicht in der Stimmung, Lehrerin zu spielen, aber Bill hatte sich vorgebeugt, er hörte tatsächlich zu. »Also, wer hier spricht, ist der Herzog von Ferrara«, sagte ich. »Das ganze Gedicht wird aus seiner Perspektive erzählt – das ist wichtig, weil sie immer nach der Perspektive fragen. Wir wissen, dass es in Ferrara spielt, weil gleich unter dem Titel des Gedichts *Ferrara* steht. Ferrara war ein bekanntes Kunstzentrum in Italien, also ist es ganz natürlich, dass der Herzog eine Gemäldesammlung hat. Zeit der Handlung ist die Renaissance. Damals wurde viel gemordet. So weit klar?«

»Jaaa, aber …«

»Okay, also der Herzog redet mit einem Gesandten des Grafen. Wir wissen, dass es der Graf ist, weil das am Ende direkt gesagt wird. Er schachert um die Tochter des Grafen, er will sie haben, sie zu seiner nächsten Herzogin machen. Welcher Graf, wird nicht gesagt. Sie sind oben – der Herzog und der Gesandte. Wir wissen das, weil sie am Ende runterkommen, wo es heißt: ›Nein, ich geh mit Euch hinunter, mein Herr.‹«

»Warum hat er das überhaupt reingebracht?«, sagte Bill.

»Was reingebracht?«

»Es ist doch völlig egal, ob sie oben oder unten sind!« Bill regte sich schon wieder auf.

»Sie müssen raufgehen, weil unten andere Leute sind – guck mal, siehst du, da ist es –, und der Herzog will vertraulich mit dem Gesandten reden. Und das Porträt der Herzogin ist sowieso da oben. Der Herzog nimmt den Gesandten mit rauf, damit er das sehen kann. Der Herzog zieht einen Vorhang zurück. Das Bild der letzten Herzogin ist dahinter. Seine *letzte* Herzogin, verstehst du? Das Bild ist realistisch.«

»Was?«

»Realistisch. Das heißt *lebensnah.* Schreib das Wort bei der Prüfung in deine Antwort. Ich wette, das ist einen ganzen Punkt wert.«

»Gottogott«, sagte Bill mit einem zerknirschten kleinen Grinsen. »Aber sicher. Wenn du meinst. Okay. Schreib es für mich auf.«

»Okay. Sie stehen also da und gucken sich das Bild der Herzogin an. Dann erzählt der Herzog dem Gesandten von ihr und von dem, was mit ihr nicht in Ordnung war und warum er sie umgelegt hat.«

»Oder sie in einen Konvent gesperrt hat«, sagte Bill hoffnungsvoll. Miss Bessie hatte diese Alternative vorgeschlagen. Sie sagte, dass Browning es selbst mal angedeutet habe. Komischerweise zogen die Jungen in der Klasse diese mildere Version vor. Sie konnten begreifen, dass man seine Frau loswerden wollte, weil sie langweilig war oder hässlich oder weil sie zu viel meckerte oder weil sie auf irgendeine andere Art nicht zufriedenstellend war; sie konnten den Wunsch nach einer besseren Ausführung verstehen; aber die erste Frau umzubringen schien ihnen extrem. Es waren nette Jungs, sie wollten Arzt werden und so weiter. Nur Perverse wie der Herzog trieben es derart auf die Spitze. »Sie wär ihm nicht mehr in die Quere gekommen, im Konvent«, sagte Bill. »Sie wär da sowieso glücklicher. Der Kerl war ein Nerver.«

»Das glaub ich keine Sekunde«, sagte ich. »Er hat sie bestimmt umgebracht. ›Dann hörte alles Lächeln auf‹ – das kommt so plötzlich. Damit ist die Sache ziemlich klar. In der Prüfung musst du aber darauf hinweisen, dass es beide Möglichkeiten gibt. Jedenfalls wurde er sie los. *Warum* – das ist das Thema des Gedichts. Der Herzog sagt, sie lächelte zu viel.«

»Das ist genau das, was ich nicht versteh«, sagte Bill. »Das ist doch wirklich ein blöder Grund. Und da ist noch was, was ich nicht versteh. Wenn er so glatt ist« – mit diesem Aspekt hatte sich Miss Bessie eine ganze Weile beschäftigt, obwohl sie das nicht glatt genannt hatte, sie hatte es kultiviert und raffiniert genannt –, »wenn er so glatt ist, warum ist er dann auch so doof, das alles dem Gesandten zu erzählen? Der Gesandte wird doch gleich zum Grafen zurücklaufen und sagen: ›Sag die Hochzeit ab – der Kerl ist ein gemeingefährlicher Fiesling!‹«

Ich erhob mich von der Mauer des Bestattungsinstituts, strich meinen Rock vorne und hinten glatt und nahm meine Bücher. »Wir gehen das am Samstag noch mal durch«, sagte ich ihm. »Ich schreib dir meine Notizen ab.«

»Ich werd das nicht bestehen«, sagte Bill.

Zu Hause wohnte ich im Keller. Ich war da runtergezogen, um für die Prüfung zu lernen. Der Keller war kühler als der Rest des Hauses; auch war er weiter von den anderen entfernt. In diesen Tagen hatte ich keine Lust, mit irgendjemandem zu reden, zumindest nicht mit meinen Eltern. Sie konnten den Schrecken der Feuerprobe, die mir bevorstand, einfach nicht nachvollziehen, sie dachten, ich hätte immer noch Zeit genug, den Rasen zu mähen.

Ich schlüpfte durch die Hintertür und schlich, von meiner Mutter unbemerkt, die Kellertreppe hinunter, öffnete die Tiefkühltruhe und nahm die Dose Noxzema heraus, die ich darin aufbewahrte. Es war meine Theorie, dass es beim Lernen half, wenn ich mein Gesicht mit gefrorener mentholhaltiger Hautcreme bedeckte, weil das die Blutzufuhr zum Gehirn anregte.

Sobald mein Gesicht ganz kalt und weiß war, schritt ich in meinem Kellerraum auf und ab. Ich musste meine Gedanken ordnen, aber die Herzogin war schwer in den Griff zu kriegen. Vielleicht war sie doch nicht vergiftet worden. Vielleicht war sie mit einem Dolch erstochen oder auch erdrosselt worden – nicht mit einem Nylonstrumpf, wie das in den Detektivgeschichten üblich war, sondern mit einer Seidenkordel. Vielleicht war sie garottiert worden. Diese Methode hatte auch mit Erwürgen zu tun; ich wusste nicht genau, wie das ging, aber ich mochte den Klang. Das arme Mädchen, dachte ich. *Garottiert,* und alles nur, weil sie zu viel lächelte.

Aber – so hieß es im Gedicht – die Art, wie sie lächelte, war nicht x-beliebig. Ihr Lächeln hatte »Tiefe und Leidenschaft« und war »ernst«. Jetzt, da ich das Gedicht gründlicher betrachtete, verstand ich schon, dass eine Ehefrau, die ihr ernstes Lächeln überall spazieren trug, einen ärgern konnte. Es gab auch Mädchen in der Schule, die jeden auf dieselbe ernste, humorlose Weise anlächelten. Im Jahrbuch hieß es dann: »Großartige Persönlichkeit« oder »Unser Sonnenschein«, aber ich hatte diese Mädchen nie besonders gemocht. Ihr Blick glitt über einen hinweg, dem Lächeln zum Trotz, und blieb meist an einem Jungen hängen. Dabei befolgten sie nur die Ratschläge aus Frauenzeitschriften. *Ein Lächeln kostet nichts! Ein Lächeln: das beste Make-up! Lächeln ist attraktiv!* Solche Mädchen waren zu eifrig dabei, Punkte zu sammeln. Sie waren zu billig. Das war es – das war der Einwand des Herzogs: Die Herzogin war zu billig. Das musste seine Perspektive gewesen sein. Je mehr ich über die Herzogin nachdachte und darüber, wie sehr sie ihn gereizt haben musste – mit ihrer Gefälligkeit und langweiligen Art, Tag um Tag dasselbe Lächeln –, desto mehr Sympathie empfand ich für den Herzog.

Aber es hatte keinen Sinn, sich mit dem Groll des Herzogs zu beschäftigen: Im Sinne der Abschlussprüfung musste er der Schurke sein. Miss Bessie hatte uns geraten, mit Fragen wie diesen zu rechnen: »Vergleiche und stelle die Charaktere von Herzog und Herzogin einander gegenüber.« Dafür, sagte sie, sollten wir eine Liste von Gegensätzen vorbereiten, die zu passenden Paaren angeordnet waren. Ich hatte meine Liste schon begonnen:

Herzog: skrupellos, eingebildet, stolz, ölig vor falscher Höflichkeit, egozentrisch, prahlt mit seinem Geld, gierig, erfahren, manischer Kunstsammler.

Herzogin: unschuldig, bescheiden, versponnen aufrichtig, ernsthaft, sentimental, übertrieben nett zu anderen, demütig, dumm, unerfahren, Kunstobjekt.

So eine Liste würde Bill eine Hilfe sein. Er würde sie verstehen, wenn ich die Eigenschaften auf der Seite des *Herzogs* durch Pfeile mit der entsprechenden Eigenschaft auf der Seite der *Herzogin* verband. Was ich wirklich darüber dachte, würde ich für mich behalten, es war zu verwirrend.

Bills Fragen zum Gesandten gingen mir nach. Sie störten mich. Es stimmte, warum war der Herzog so hirnlos, einem Fremden alles zu verraten, wenn er den Gesandten doch überreden wollte, das Geschäft unter Dach und Fach zu bringen? *Also, ich will die Tochter des Grafen heiraten, und das hier habe ich mit der letzten Herzogin angestellt, die mir in die Hände fiel. Da steht sie, als wäre sie lebendig.* Ein Zwinkern, einen Knuff in die Seite des Gesandten, verstanden? *Oh, richtig,* sagt der Gesandte. *Als wäre sie. Guter Witz.*

Der Herzog war kein Idiot. Er musste seine Gründe gehabt haben.

Womöglich war das Arrangement bereits unterschrieben und besiegelt? Falls es so war – wenn die Hochzeit bereits feststand –, wurde auch das andere verständlich. Der Herzog wollte nichts erklären, weil es unter seiner Würde war, also benutzte er den Gesandten, um eine Botschaft an die nächste Herzogin zu senden, und die Botschaft lautete: *So sollte sich meine Herzogin benehmen. Und wenn sie sich nicht so benimmt, Vorhang.* Wobei der Vorhang buchstäblich zu verstehen war, denn wenn seine nächste Herzogin seinen Wünschen wieder nicht entsprach, würde sie ebenfalls als Bild hinter einem Vorhang enden. Wer wusste schon, wie viele andere Bilder der Herzog hinter Vorhängen verborgen hielt, dort oben im ersten Stock?

Das bewies nur, wie rücksichtsvoll der Herzog war, wenn er den Gesandten derart ins Vertrauen zog: Seine Vorlieben und Abneigungen sollten schon im Vorfeld bekannt sein – *nicht zu viel lächeln, nur mich anlächeln* –, um spätere Unannehmlichkeiten zu vermeiden. »›Nur dies / und jenes an dir stößt mich ab …‹«, hatte er gesagt. Abstoßen: ein ziemlich starker Ausdruck. Er hatte seine letzte Herzogin abstoßend gefunden, und er wollte nicht, dass die nächste Herzogin ihn abstieß.

Das war nicht die allgemein akzeptierte Deutung des Gedichtes. Die besagte, dass der Gesandte über die Worte des Herzogs entsetzt war und versucht hatte, als Erster die Treppe nach unten zu rennen, um diesem perversen Irren zu entkommen. Wenn der Herzog sagt: ›Nein, ich geh mit Euch hinunter‹, will er den Gesandten offenbar daran hindern, vor ihm die Treppe runterzurasen. Aber mich überzeugte das nicht. Ich fand es eher glaubhaft, dass der Gesandte dem Herzog mit einer Geste bedeutet hatte voranzugehen – wahrscheinlich mit einer kriecherischen kleinen Verbeugung –, und der Herzog hatte ihn aus Höflichkeit zu einem Gleichgestellten gemacht. »Ich geh mit Euch hinunter, mein Herr« – er spielte den Kumpel. Vermutlich hatte er dem Gesandten sogar den Arm um die Schulter gelegt.

Wenn ich recht hatte, steckten sie alle drei unter einer Decke – der Herzog, der Gesandte und der Graf. Die Heirat war ein Geschäft auf Gegenseitigkeit: Der Graf würde die Mitgift aushändigen und seiner Tochter den Abschiedskuss geben, dafür würde er gesellschaftliches Prestige gewinnen, da Herzöge einen höheren Rang hatten als Grafen. Sobald die Grafentochter den Palast erreicht hatte – seinen *Palazzo*, um mit Miss Bessie zu sprechen –, würde sie ganz auf sich allein gestellt sein. Von ihrem Vater konnte sie keine Hilfe erwarten und auch von niemandem sonst. Ich stellte mir vor, wie sie vor dem Spiegel saß und ihr Lächeln einübte. Zu warm? Zu kalt? Die Mundwinkel zu stark angehoben? Nicht stark genug? Nach den Andeutungen des Gesandten musste ihr klar geworden sein, dass ihr Leben vom richtigen Lächeln abhing.

Am Samstagabend fuhr ich zu Bill. Ich trug das, was ich immer zum Lernen anzog: Jeans und ein ärmelloses T-Shirt mit einem weiten Männerhemd darüber. Ich fuhr auf meinem Fahrrad, weil Bills Eltern mit ihrem Wagen unterwegs waren, das hatte er mir jedenfalls am Telefon gesagt, und deshalb konnte er mich nicht abholen.

Bills Familie wohnte in einem kleinen quadratischen, ziemlich neuen zweistöckigen gelben Backsteinhaus; Reihen und Reihen identischer Häuser waren kurz nach dem Krieg in dieser Gegend errichtet worden. Das Elternschlafzimmer lag über der Garage; es gab eine winzige Diele, dann folgte ein Korridor, der an den Türen zum Wohnzimmer und dem Esszimmer vorbei in die kastenartige kleine Küche führte. Auf der Rückseite war ein muffiger enger Raum mit einem verstellbaren Sessel, einer Schlafcouch für Gäste und dem Fernsehapparat; dort arbeiteten wir, wenn wir bei ihm waren. Bei mir zu Hause lernten wir am Esszimmertisch, wenn meine Eltern zu Hause waren, und im Keller, wenn sie nicht da waren.

Ich klingelte, Bill machte die Tür sofort auf – er musste auf mich gewartet haben –, und ich trat in die Diele und schlüpfte aus meinen Laufschuhen. Das war die Regel in Bills Haus: Schuhe blieben vor der Tür. Bills Mutter war berufstätig – sie arbeitete im Krankenhaus, wenn auch nicht als Krankenschwester –, trotzdem hielt sie das Haus absolut sauber. Es roch nach Reinigungsmitteln – Javex-Bleiche und Zitronen-Möbelpolitur – mit einem Hauch von Mottenkugeln. Als wäre das ganze Haus in Konservierungsmittel eingeweicht worden, um es vor Veränderungen zu bewahren, denn Veränderung hieß Dreck. Bill und ich setzten nie einen Fuß ins Wohnzimmer, aber ich hatte einen Blick hineingeworfen. Dort gab es einen maulwurfbraunen Spannteppich, und es stand voller lackierter Beistelltische, die wiederum eine ganze Ansammlung von Porzellanfiguren und Kristallaschenbechern trugen – oder waren es Bonbonschalen? Die Vorhänge waren zugezogen, damit nichts ausblich. Bei mir zu Hause gab es keinen dermaßen abgeriegelten stillen, geheiligten Bereich.

Bills Mutter war nicht ganz mit mir einverstanden. Ich hatte schon von dieser Art Missbilligung gelesen – von diesem uralten Widerwillen der Mütter gegen jedes Mädchen, das mit ihren Söhnen herumspielte. Das hatte in der Zeitschrift *Chatelaine* gestanden und in *Good Housekeeping* (*Deine Schwiegermutter: Beste Freundin oder Schlimmste Feindin?*). Deshalb hatte mich die Frostigkeit ihres Lächelns nicht überrascht. Andererseits dankte sie mir bei jedem Zusammentreffen ausgiebig dafür, dass ich Bill bei dem half, was sie »sein Englisch« nannte. Es war eine Schande, dass er sich überhaupt damit beschäftigen musste – es würde ihm später nichts nützen, und jetzt entmutigte es ihn bloß; warum erlaubte man ihm nicht, sich auf seine Stärken zu konzentrieren? Aber da es nicht anders ging, konnte man von Glück reden, dass er eine kluge Freundin hatte, die ihn zum Arbeiten anhielt.

Das Lernen ließ sich recht gut an, wir gingen die möglichen Fragen durch und die Antworten, Punkt für Punkt. Aber dann sagte Bill, dass man ab und zu eine Pause brauche, er holte uns Ginger Ale, und bald fummelten wir auf dem Couchbett aneinander herum. Wir zogen das Bett aber nicht aus – nur ein billiges Mädchen hätte sich auf so etwas eingelassen, außerdem konnten Bills Eltern unerwartet zurückkommen, das hatten sie schon mal getan. An diesem Abend kamen sie nicht, trotzdem standen wir nach einer Weile auf und strichen uns übers Haar und machten die Knöpfe wieder zu, dann kehrten wir an die Arbeit zurück.

Bill schien sich nicht konzentrieren zu können. Die Liste der gegensätzlichen Eigenschaften begriff er – die ergab für ihn einen Sinn. Aber dann sagte er, es sei eine Schande, was dieser Typ der Herzogin angetan habe. Sie habe das wahrscheinlich überhaupt nicht kommen sehen, und dann hatte der selbstzufriedene kleine Perverse auch noch den Nerv, damit anzugeben, er hatte ihr Bild an die Wand gehängt wie ein Pin-up, sie war ja wohl auch sehr schön, was für eine Verschwendung.

Ich sagte, das tue alles nichts zur Sache: Die Leute, die unsere Prüfungsarbeiten bewerteten, würden sich nicht für Bills persönliche Ansichten interessieren. Sie verlangten nur eine objektive Analyse des Gedichts, mit klaren Textbeispielen. Das Gedicht würde auf dem Fragebogen mit abgedruckt – sie würden nicht erwarten, dass er es auswendig konnte. Er müsste bloß die Aufgabe zweimal lesen und die akzeptierten Punkte hinschreiben – den Stoff, den wir mit Miss Bessie durchgegangen waren – und dann die Zeilen des Gedichts finden, die diese Punkte stützten, und sie mit Anführungszeichen vorne und hinten abschreiben.

Bill sagte jaaa, das wisse er, es sei nur eine so nutzlose Art, Zeit und Energie aufzuwenden – wozu diene das Ganze denn, was beweise es überhaupt? Ich sagte, es würde beweisen, dass er ein aufmerksamer Leser sei, und mehr wollten sie gar nicht wissen.

»Aufmerksamer Leser« hätte ich nicht sagen dürfen. Es erinnerte Bill an seinen jüngsten Zusammenstoß mit Miss Bessie und ihrem Sarkasmus. Sein Gesicht wurde rosa.

Er sagte, das sei alles ziemlich nutzlos, weil es ihm zu keinem Job verhelfen würde, ein aufmerksamer Leser zu sein. Ich sagte, doch, weil er auf diese Weise die Prüfung bestehen und in der Lage sein würde weiterzugehen. Und überhaupt, sagte ich, ich hätte die Regeln nicht gemacht, wieso war er wütend auf mich?

Bill sagte, er sei nicht wütend auf mich, er sei wütend auf den gottverdammten Herzog, weil der die Herzogin umgebracht habe. Der gehörte eingesperrt oder besser noch aufgehängt. Warum verteidigte ich ihn also?

Diese idiotischen Streitereien hatten wir schon öfter gehabt. Sie kamen aus dem Nichts, sie führten nirgendwohin; in ihrem Verlauf warf jeder dem anderen vor, Dinge gesagt zu haben, die gar nicht gesagt worden waren.

»Ich hab ihn nicht verteidigt«, sagte ich.

»Oh doch. Hast du. Sie war ein nettes normales Mädchen mit einem kranken Sack von einem Ehemann, und du meinst auch noch, sie hätte selbst Schuld.«

Gesagt hatte ich das nicht, aber es traf teilweise durchaus zu. Warum brachte es mich so auf, dass Bill meine Gefühle erriet?

»Sie war eine dumme Gans«, sagte ich. »Sie hätte von allein draufkommen können, dass es ihm nicht passt, wenn sie jeden Hans und Franz so schmelzend angrinst, und den *Sonnenuntergang* auch noch, verdammt.«

»Sie war doch nur freundlich.«

»Sie war ein Simpel.«

»Sie war kein Simpel. Woher sollte sie wissen, was er wollte? Sie konnte doch nicht seine Gedanken lesen!«

»Das mein ich ja«, sagte ich im gelangweilten Ton. »Sie war blöd.«

»Nein, war sie nicht! Er war pervers! Über das Lächeln hat er doch kein Wort verloren, nie. So steht's in dem Gedicht. Von wegen sich nicht herablassen wollen.«

»Sie war schwachsinnig.«

»Wenigstens war sie keine Klugscheißerin und keine Angeberin«, sagte Bill angriffslustig.

Ich sagte, der Herzog hätte eine Klugscheißerin und Angeberin sicher einem dämlichen Gänschen vorgezogen – einem *abstoßenden* dämlichen Gänschen –, denn er war kultiviert und raffiniert, er schätzte die Kunst. Und überhaupt, ich wollte gar nicht angeben, ich versuchte nur, ihm dabei zu helfen, die Prüfung zu bestehen.

»Du hältst dich für so schlau«, sagte Bill. »Vielen Dank, aber ich brauch das nicht. Ich brauche keine gottverdammte Hilfe, und schon gar nicht von dir.«

»Na gut«, sagte ich. »Wenn das so ist. Viel Glück.« Ich sammelte meine Bücher vom Boden auf und schritt so schnell durch den Korridor, wie es auf Strümpfen ging, und zog in der Diele meine Laufschuhe an. Bill versuchte nicht, mich aufzuhalten. Er blieb im Fernsehraum. Die Geräusche, die zu mir drangen, verrieten mir, dass er den Fernseher eingeschaltet hatte.

Ich radelte im Dunkeln nach Hause. Es war später als angenommen. Meine Eltern lagen schon im Bett, und das Licht war aus. Ich hatte vergessen, meinen Schlüssel mitzunehmen. Ich kletterte auf die Mülltonne neben der Hintertür, drehte mich seitwärts und schlüpfte durch die kleine Luke der Speisekammer ins Haus, ein Kunststück, das ich schon viele Male zuvor vollbracht hatte. Dann ging ich auf Zehenspitzen hinunter und in meinen Kellerraum, wo ich in Tränen ausbrach. Trotz möglicher Versöhnungsversuche war die Ära mit Bill jetzt an ihr Ende gekommen. *Adieu, adieu* – wie in den Songs. Ich war jetzt ganz allein. Es war so traurig. Warum musste sich immer alles so auflösen? Warum gingen Sehnsucht und Begehren und auch Freundlichkeit und guter Wille in die Brüche? Warum musste das immer so gründlich zerstört werden?

Meine Tränenflut steigerte ich noch, indem ich die Schlüsselbegriffe unablässig wiederholte: *Liebe, allein, traurig, vorbei.* Ich tat es mit Absicht. Nachdem ich schließlich aufgehört hatte zu weinen, zog ich meinen Pyjama an, putzte mir die Zähne und bedeckte mein Gesicht mit gekühlter Noxzema-Hautcreme. Dann ging ich mit *Tess von den d'Urbervilles* ins Bett. Miss Bessie würde das Montag in Angriff nehmen. Es würde für uns alle ein gestreckter Galopp werden, und ich sagte mir, dass ich einen Vorsprung gewinnen sollte. In Wirklichkeit wusste ich, dass ich sowieso nicht einschlafen würde: Ich musste mich irgendwie von meinem Streit mit Bill ablenken, um ihn nicht pausenlos in Gedanken wieder durchzuspielen, wobei ich das tatsächlich Gesagte gegen andere Worte tauschte, die für mich vorteilhafter waren, und herauszukriegen versuchte, was das tatsächlich Gesagte zu bedeuten hatte; dazu heulte ich noch ein bisschen.

Ich brauchte nicht lange zu lesen und weitere Textstellen zu überfliegen, um zu erkennen, dass Tess ernste Probleme hatte – viel schlimmere als meine. Das entscheidendste Ereignis ihres Lebens widerfuhr ihr gleich im ersten Teil des Buches. Sie wurde nachts im Wald verführt, weil sie dummerweise das Angebot angenommen hatte, sich von einem Mistkerl nach Hause fahren zu lassen, und danach ging es nur noch bergab, eine schreckliche Sache nach der anderen, Rüben, tote Babys, sie wurde von dem Mann verlassen, den sie liebte, und dann ihr tragischer Tod am Schluss. (Ich hatte einen Blick auf die letzten drei Kapitel geworfen.) Tess war offensichtlich ein weiterer hoffnungsloser Fall, genau wie die Letzte Herzogin und wie Ophelia – *Hamlet* hatten wir zu einem früheren Zeitpunkt durchgenommen. Diese Mädchen waren sich alle ähnlich. Sie waren zu vertrauensselig, sie überließen sich den falschen Männern, sie waren den Dingen nicht gewachsen, sie ließen sich treiben. Sie lächelten zu viel. Sie waren zu eifrig darum bemüht, andere zu erfreuen. Dann wurden sie auf die eine oder andere Weise umgelegt. Niemand rührte einen Finger, um ihnen zu helfen.

Warum mussten wir uns mit diesen unseligen, nervigen, dämlichen Mädchen beschäftigen?, fragte ich mich. Wer suchte die Bücher und die Gedichte aus, die auf dem Lehrplan standen? Welchen Nutzen brachten sie für unser künftiges Leben? Was genau sollten wir eigentlich daraus lernen? Vielleicht hatte Bill recht. Vielleicht war das Ganze eine Zeitverschwendung.

Oben schliefen meine Eltern friedlich; sie wussten nichts von zum Scheitern verurteilter Liebe, von in Zorn gesprochenen Worten, von schicksalhafter Trennung. Sie kannten die dunkleren Seiten des Lebens nicht – Mädchen, die in Wäldern geschändet wurden, Mädchen, die in Flüsse fielen und sangen, bis sie starben, Mädchen, die beiseitegeschafft wurden, weil sie zu nett waren. Überall in der Stadt schliefen die Menschen, trieben auf dem weiten blauen Meer der Bewusstlosigkeit. Alle, nur ich nicht.

Ich und Miss Bessie. Auch Miss Bessie dürfte lange wach geblieben sein. Ich konnte mir nicht vorstellen, dass sie überhaupt so etwas Lasches und Unkontrolliertes tat wie Schlafen. Ihre Augen – keine sarkastischen Augen, wie ich jetzt begriff, sondern fröhliche Augen, die Augen eines ältlichen Kindes, mit Falten in den Winkeln, als unterdrückte sie einen Witz oder eine Weisheit von früher –, diese Augen schlossen sich sicher nie. Vielleicht war sie diejenige, die unsere Pflichtlektüre aussuchte – sie und eine Gruppe Gleichgesinnter, alle schon im vorgerückten Alter, alle sehr gut gekleidet, alle mit echten Steinen an den Reversbroschen, alle hochqualifiziert. Sie kamen zusammen, hielten geheime Treffen ab, sie berieten sich, heckten unsere Bücherliste gemeinsam aus. Sie wussten etwas, was wir noch lernen mussten, aber es war recht kompliziert – es folgte keinem ersichtlichen Muster, anders als die Verdachtsmomente in einer Detektivgeschichte, sobald man sie miteinander in Verbindung brachte. Diese Frauen – diese Lehrerinnen – hatten keine Methode, um uns dieses Wissen direkt zu übermitteln, damit hätten sie unsere Aufmerksamkeit auch nicht erregt, denn das Ganze war zu verworren, zu versteckt. Es verbarg sich in den Geschichten.

Ich sah auf meine Uhr: drei Uhr morgens. Ich war so müde, dass ich alles doppelt sah, aber zugleich war ich hellwach. Eigentlich hätte ich über Bill nachgrübeln müssen – hatte er nicht mehr Tränen verdient? Aber stattdessen tauchte am hellen Ort meines Bewusstseins ein Bild von Miss Bessie auf. Sie stand in einem Flecken Sonnenlicht, das von ihrer Brosche – jener Brosche aus Bernstein und Gold in Gestalt einer Biene – glitzernd reflektiert wurde. Sie trug ihr bestes Kostüm und eine Bluse mit einer blütenweißen Schluppe sowie ihre makellosen glänzenden Schuhe. Sie schien weit weg, aber sie war deutlich zu erkennen, wie auf einem Foto. Jetzt lächelte sie mich mit sanfter Ironie an und hielt einen Vorhang zur Seite; hinter dem Vorhang befand sich der Eingang zu einem dunklen Tunnel. Ich würde in diesen Tunnel hineingehen müssen, ob ich wollte oder nicht – der Tunnel war der Weg, auf dem man weiterging, und dann setzte sich der Weg auf der anderen Seite fort –, während Miss Bessie am Eingang stehen bleiben musste. Im Inneren des Tunnels steckte das, was ich lernen sollte.

Sehr bald würde ich eine ehemalige Schülerin sein. Ich würde aus Miss Bessies Welt verschwinden und sie aus meiner. Wir würden beide Vergangenheit sein, erledigt und abgehakt – ich aus ihrer Perspektive, sie aus meiner. An meinem jetzigen Pult würde eine andere, jüngere Schülerin sitzen, die unnachsichtig durch die vorgeschriebenen Texte gestoßen und geschoben und getrieben wurde wie ich zuvor. *Die erste Zeile eines Gedichts ist entscheidend, Klasse*, würde Miss Bessie sagen. *Sie bestimmt den Ton. Jetzt gehen wir weiter.*

Unterdessen würde ich mich im Innern des dunklen Tunnels befinden. Ich würde weitergehen. Ich würde alles Mögliche herausfinden. Ich würde ganz auf mich allein gestellt sein.

DAS ANDERE HAUS

Lange Zeit zog ich ziellos herum. Es kam mir jedenfalls vor wie eine lange Zeit. Ziellos fühlte ich mich indessen nicht, zumindest nicht im unbeschwerten Sinne: Ich wurde von der Not, vom Schicksal getrieben, wie die Gestalten in den eher melodramatischen Romanen, die ich in der High School gelesen hatte, Gestalten, die bei Gewitter hinausstürzten und in Mooren umherirrten. Auch ich musste stets in Bewegung bleiben. Ich konnte nicht anders.

Ich sah mich selbst als eine Figur, die eine staubige oder steinige oder eisbedeckte Straße hinunterstapfte, mit einem kleinen Bündel an einem Stock, wie die Landstreicher in Comicheften. Aber das war viel zu drollig. Passender erschien die Gestalt des geheimnisvollen Reisenden, der unerbittlich vorwärtsschritt und jede neue Stadt betrat wie ein Omen, um dann spurlos zu verschwinden, sobald seine Mission erfüllt war.

In Wirklichkeit hatte ich keine Mission, und ich stapfte oder schritt auch nicht. Ich fuhr mit dem Zug, oder – damals noch ein Luxus – ich nahm ein Flugzeug.

Jede neue Ortsveränderung war mir willkommen, ich packte meine wenigen Habseligkeiten voller Eifer und Freude aus, dann brach ich auf, um das Viertel oder den Bezirk oder die Stadt zu erforschen und die Sitten und Gebräuche zu erlernen; bald danach begann ich allerdings mir vorzustellen, was aus mir werden würde, wenn ich für immer dabliebe. Hier eine Intellektuelle mit strähnigen Haaren, mit bleichem Gesicht, humorlos und trübsinnig; dort eine selbstzufriedene Matrone, in einem Käfig von Haus eingesperrt, das nicht als Käfig erkannt wurde, bis es zu spät war.

Zu spät wofür? Zu spät, um auszusteigen, woanders hinzugehen. Gleichzeitig sehnte ich mich nach Sicherheit. Mit Männern ging es mir ähnlich. Jeder Einzelne war eine Möglichkeit, die schnell zu einer Unmöglichkeit wurde. Sobald da zwei Zahnbürsten standen – nein, sobald ich mir auch nur zwei Zahnbürsten vorstellen konnte, nebeneinander auf dem Badezimmerregal in auswegloser, stagnierender, mattborstiger Zweisamkeit –, musste ich meinen Abschied nehmen. Meine Bücher wanderten in Umzugskartons, die in Bussen transportiert wurden – einige gingen dabei verloren; meine Kleidung, mein Handtuch – ein Handtuch besaß ich immerhin – landeten in meinem kleinen Blechkoffer. Beim Packen summte ich vor mich hin. Beim Packen überkam mich aber auch jedes Mal das Gefühl, mein Zuhause zu verlassen: Das Summen wurde dann von Anfällen tränenreicher Wehmut abgelöst, von Trauer um den Ort, an dem ich packte, den ich noch nicht einmal hinter mir gelassen hatte.

Was mein wirkliches Zuhause anging, jenes, in dem ich aufgewachsen war, so verschwendete ich kaum einen Gedanken daran, zumindest nicht im Detail. Ich war mir vage dessen bewusst, dass sich meine Eltern um mich sorgten, aber das nahm ich ihnen übel. Mir ging es gut. Ich kam mit dem aus, was ich verdiente. Ab und zu sprang ein inneres Fenster auf, und ich sah meine Eltern, weit weg und winzig klein, wie sie im Zeitraffer durch ihre alltäglichen Verrichtungen hasteten: Sie spülten, so schnell, dass seifige Hände und Besteck miteinander verschmolzen, sie stürzten sich in wahnwitzige Gartenarbeit, fuhren mit dem Auto zu ihrem Sommerhaus, rasten wie mit Düsenantrieb die Straße entlang; spülten dort, fuhren wieder zurück, legten sich schlafen, standen bei Morgenanbruch auf, immer in kreisender Bewegung. Sie waren im Alltagstrott gefangen, höhere Wahrheiten kamen ihnen nicht in den Sinn. Ich fühlte mich ihnen überlegen. Dann empfand ich Heimweh. Dann fühlte ich mich wie ein Waisenkind, ein barfüßiges verlassenes Kind in frostiger Nacht, das durchs Fenster auf eine traute Familienrunde blickt, während es die eine oder andere Kartoffel aus dem Gemüsebeet hinter dem Haus stibitzt. Ich quälte mich mit diesen pathetischen Szenen, bis ich das Fenster hastig zuwarf.

Ich bin kein Waisenkind, sagte ich mir; ich bin noch längst nicht so weit. Ich müsste noch mehr von einem Waisenkind haben, um mich endlich ungesund ernähren, die ganze Nacht aufbleiben, unvorteilhafte Kleider tragen und in schlechter Gesellschaft herumhängen zu dürfen. Und zwar ohne den besorgten Kommentar, den ich bei solchen Gelegenheiten unweigerlich in Gedanken hörte. *Warum wohnst du in dieser Absteige? Was treibst du eigentlich den ganzen Tag? Wieso bist du mit diesem Schleimer zusammen? Warum kriegst du nichts zustande? Schlaf endlich mal aus! Du wirst deine Gesundheit ruinieren! Trag weniger Schwarz!*

Nichts davon hätten meine Eltern je laut ausgesprochen – dazu waren sie zu klug –, aber ich glaubte an Gedankenübertragung. Diese Strahlen schossen aus den Schädeln meiner Eltern heraus und direkt in meinen hinein. Wie Radiowellen. Je mehr ich mich von zu Hause entfernte, desto schwächer würden die Strahlen werden, die sie in aller Stille zu mir schickten. Also musste ich so weit von ihnen weg wie nur möglich.

Meine Sehnsucht nach einem disziplinlosen Leben stand im Widerspruch zu einem ganz anderen Vorbild, zu einer Sehnsucht, die ich mir kaum eingestehen konnte. Nie hatte ich die Fibel aus der zweiten Klasse vergessen, in der ein Vater abgebildet war, der jeden Tag zur Arbeit ging und ein Auto fuhr, dazu eine Mutter, die eine Schürze trug und Kuchen backte, zwei Kinder – Junge und Mädchen – sowie eine Katze und ein Hund, die alle in einem weißen Haus mit gekräuselten Gardinen vor den Fenstern lebten. Obwohl kein Haus, in dem ich je gewohnt hatte, solche Gardinen besaß, schienen sie mir vorbestimmt. Sie waren nicht das Ziel, nichts, wonach ich würde streben müssen: Diese Gardinen würden einfach in meinem Leben auftauchen, weil sie zu meinem Schicksal gehörten. Meine Zukunft würde nicht vollständig sein – nein, sie würde nicht *normal* sein –, wenn sie diese Gardinen und alles, was dazugehörte, nicht enthielte. Dieses Bild steckte in einer Ecke meines Koffers wie ein Ersatzkleid: Nichts, was ich im Moment würde tragen wollen, doch im Notfall könnte ich es gleich hervorholen, ausschütteln und anziehen.

Ich konnte meine flüchtige Existenz nicht ewig aufrechterhalten. Irgendwann würde ich irgendwo bei irgendjemandem bleiben müssen. Oder?

Aber was, wenn ich irgendwo eine Abzweigung übersah – wenn ich meine Zukunft verpasste? Das konnte erschreckend schnell passieren. Ich würde einmal zu oft zögern oder einmal zu oft weggehen, und dann hätte ich gar keine Wahl mehr. Ich würde ganz allein dastehen, wie der Käse in dem Lied über den Bauern, der sich eine Frau suchte. *Nein, oh nein, der Käse bleibt ganz allein,* sangen die Kinder früher über diesen Käse, und alle schlugen die Hände über dem Kopf zusammen und machten sich über ihn lustig.

Selbst ich hatte mich bei diesem Spiel über den Käse lustig gemacht. Warum war das Alleinsein an und für sich schon ein Grund für Hohn und Spott? So war es nämlich. Die, die allein waren – die Einzelgänger –, waren Menschen, denen man nicht trauen konnte. Sie waren seltsam und verkorkst. Wahrscheinlich waren sie Psychopathen. Womöglich bewahrten sie ein paar Mordopfer in ihren Kühltruhen auf. Sie liebten niemanden, und niemand liebte sie.

In meinen rebellischeren Momenten fragte ich mich, warum es mir nicht gleichgültig war, aus der Arche Noah der Paare ausgeschlossen zu sein – eigentlich ja einer gehobenen Art von Zoo mit Schlössern an den Gitterstäben und regelmäßiger Fütterung. Ich würde mich davon nicht in Versuchung führen lassen; ich würde Distanz wahren; ich würde mager bleiben und wie ein Wolf am Rand herumstreichen. Ich würde ein Geschöpf der Nacht sein, in einem Trenchcoat mit hochgeschlagenem Kragen unter Laternen auf und ab gehen, während meine klappernden Absätze einen unheimlichen Hall erzeugten, ich würde einen langen Schatten vorauswerfen und ernsthaft über wichtige Themen nachdenken.

Dennoch ließ mir ein Gedicht keine Ruhe, das ich mit zwanzig gelesen hatte. Es stammte von einem bekannten Dichter, der viel älter war als ich. In diesem Gedicht stand, intellektuelle Frauen hätten alle Pickel am Hintern. Mir war durchaus klar, dass es sich um eine absurde Verallgemeinerung handelte; trotzdem war ich verunsichert. Die gekräuselten Gardinen, die mir vorbestimmt waren, und der picklige Hintern, der mir drohte, passten nicht zusammen. Aber noch war keines von beiden eingetreten.

Unterdessen musste ich meinen Lebensunterhalt verdienen. Damals waren Jobs leicht zu finden, man konnte eine Weile arbeiten, wieder aufhören, um dann anderswo was anderes anzufangen. Es gab einen Mangel an Arbeitskräften oder einen Mangel an Arbeitskräften meiner Art, einer Art, die eigentlich keinen Namen hatte. Ich sah mich als umherziehendes Gehirn – das Gegenstück eines Wanderschauspielers in Elisabethanischen Zeiten, oder eines Troubadours, meinen Uni-Abschluss in den Händen wie eine billige Laute. Ich hatte – so glaubte ich jedenfalls – auch den schlechten Ruf, der mit einer solchen Position einherging.

Bei Partys – etwa des Lehrkörpers, wenn ich gerade an einer Universität jobbte, oder einer Firma, wenn ich meine Fähigkeiten in anderen Sektoren zu Markte trug – fiel mir auf, dass die Professorengattinnen oder die Frauen der Angestellten mich musterten, als hätte ich Läuse. Vielleicht dachten sie, ich wäre hinter ihren Männern her, aber da bestand wirklich kein Anlass zur Sorge.

Mit den Ehemännern verhielt es sich anders. Nach ihren Regeln konnte ein Mann es bei jeder Frau ohne Ehering probieren, egal wie streng und züchtig sie gekleidet war. Warum sah ich es nie kommen? Aber ich sah es einfach nicht, ich war nicht schnell genug, und dann kam es zum Handgemenge, etwa in der Küche, wo ich gewohnt hilfsbereit spülte, oder im Schlafzimmer, wo sich die Mäntel stapelten, und dann mündete es in Empörung und verletzte Gefühle – und zwar auf allen Seiten. Die Männer wurden wütend, weil ich die Aufmerksamkeit auf ihre heimlichen Annäherungsversuche gelenkt hatte, die Frauen, weil ich die Männer dazu verleitet hatte. Was mich anging, so war ich weniger empört als erstaunt. Wie konnten diese dicklichen oder sonst wie widerlichen älteren Männer denn glauben, dass sie in irgendeiner Weise anziehend wirkten? (Dieses Staunen ist eine Eigenart der Jugend. Ich überwand das später.)

Solche Haltungen und Begegnungen waren in den frühen Jahren meiner Herumtreiberei an der Tagesordnung. Aber dann änderte sich alles. Als ich mich auf den Weg machte, erwartete man von allen Frauen, dass sie heiraten, und viele meiner Freundinnen hatten das auch schon getan. Aber am Ende meiner Wanderjahre – es waren nur acht, also nicht gerade eine Ewigkeit – hatte sich eine Flutwelle über die Landschaft ergossen und sie von Grund auf verwandelt. Miniröcke und Bellbottoms tauchten für kurze Zeit auf, nur um sofort durch Sandalen und handgefärbte T-Shirts ersetzt zu werden. Bärte sprossen, Kommunen wuchsen aus dem Boden, überall tummelten sich dünne Mädchen mit langen glatten Haaren und ohne Büstenhalter. Sexuelle Eifersucht war so verpönt wie etwa der Gebrauch einer falschen Gabel, die Ehe war ein Witz, und die schon Verheirateten mussten mit ansehen, wie ihre einst festen Bindungen bröckelten wie schadhafter Stuck. Die Losung hieß jetzt: locker bleiben, Erfahrungen sammeln, ein rollender Stein sein.

Was hatte ich denn anderes getan, Jahre vor dem flächendeckenden Aufkommen von Gesichtsbehaarung und Jointhalter? Für die Liebesperlen und die Marihuanatruppe fühlte ich mich aber zu alt oder vielleicht auch zu ernsthaft. Denen fehlte es an Substanz. Sie wollten den Augenblick leben, aber wie Frösche, nicht wie Wölfe. Sie wollten in der Sonne sitzen und blinzeln. Ich hingegen war im Zeitalter der Tüchtigkeit aufgewachsen. Entspannung langweilte mich. Ich glaubte, in dieser Welt meinen Weg machen zu müssen, wo immer der war. Ich glaubte, ich sollte irgendwo ankommen – wie so oft in meinem Fall hieß irgendwo nicht hier.

In dieser Phase wohnte ich in Pensionen oder in Apartments, die ich mir mit anderen teilte, oder zur Untermiete. Ich besaß keine Möbel; die hätten mich nur unbeweglich gemacht. Ich kaufte an jedem neuen Ort provisorische Sachen in Billigläden und verkaufte sie wieder, wenn ich weiterzog. Ich hatte kein Geschirr. Ab und zu gönnte ich mir etwas – eine schreiend bunte Vase, eine Kuriosität vom Flohmarkt. Ich legte mir eine aus Holz geschnitzte Hand zu, die eine Art Schale hielt, auf der stand: *Erinnerung an Pitcairn Island.* In Verschwenderlaune kaufte ich ein Parfümflakon aus den dreißiger Jahren ohne Stöpsel.

Die Objekte, die ich auswählte, waren eigentlich Behältnisse, aber ich füllte sie nicht. Sie blieben leer. Als kleine symbolische Schreine, die dem Durst geweiht waren. Obwohl ich wusste, dass es bloß wertloser Nippes war, gelangten sie jedes Mal wieder in den Blechkoffer, wenn ich packte.

Einmal bekam ich eine Universitätsstelle, ich sollte den Studienanfängern Grammatik beibringen. Und das hieß, dass ich mir eine richtige Wohnung leisten konnte. Es war in Vancouver; die Wohnung war eine Art Dachgeschoss, das die Familie eigens zur Vermietung auf ihren Bungalow gesetzt hatte. Zur Wohnung gehörte ein separates Treppenhaus, sehr steil und schlicht, mit einem Gummiläufer und ohne Geländer oder Fenster – eher ein vertikaler Tunnel als ein Treppenhaus. Die Wohnung war sogar ein wenig möbliert – mit Sachen, die die Familie unten nicht mehr gebrauchen konnte. Da gab es – zum Beispiel – ein Bett mit einer hellgrünen, schlüpfrig glatten Satintagesdecke, die vor gut zwanzig Jahren als glamourös galt. Einen Frisiertisch, etwa im Stil der dreißiger Jahre. Einen riesigen Spiegel mit Goldrahmen. Alle Möbel, die zu der Wohnung gehörten, standen im Schlafzimmer, das wie eine alte Filmkulisse oder der Umschlag eines Taschenbuchkrimis wirkte. Auf diesen Umschlägen, wie sie ein paar Jahre zuvor noch modern gewesen waren, spielten Satindecken eine zentrale Rolle. Die weibliche Leiche lag im kunstvoll zerwühlten Satin da wie eine große Fleischpraline in einer erlesenen Schachtel. Im goldgerahmten Spiegel sah man die Reflexion eines Mannes – nur eines Teils, denn der Mann wandte dem Betrachter bereits den Rücken zu und hastete nach vollbrachter Tat hinaus.

Es gab noch ein Wohnzimmer mit Essecke und einen weiteren Raum, in den ich einen Schreibtisch von der Heilsarmee, einen Stuhl und eine Schreibmaschine stellte. Im Wohnzimmer baute ich einen geborgten Kartentisch auf, der als Esstisch dienen musste, wenn Gäste kamen. Zu diesen Anlässen benutzte ich Teller und Besteck, ebenfalls geborgt.

Ich besaß ein Gemälde, das ich dem Freund eines Freundes abgekauft hatte, weil der fünfundzwanzig Dollar brauchte. Das Gemälde war abstrakt und bestand aus ein paar rötlichen Klecksen und Kratzern. Wenn ich ein paar Gläser getrunken hatte, konnte ich darin etwas erkennen, aber ohne diese Verstärkung wirkte das Bild wie ein feuchter Fleck an der Tapete, wenn Wasser durchsickert. Es hing über dem Kamin, der nicht funktionierte.

In dieser Wohnung, endlich befreit von den Augen der Mitbewohner und weit entfernt von den Gedankenstrahlen, die meine Eltern aussandten, durchlebte ich meine extremsten Erfahrungen von rein und raus, ja und nein, bleiben und gehen, hoch und tief, allein und zusammen, Hochgefühl und Verzweiflung. An einem Tag wandelte ich auf Wolken, trunken von wolkigen Möglichkeiten; am nächsten steckte ich bis zum Hals im Sumpf, heruntergezogen von den bodenlosen Aussichten des Hier und Jetzt. Ich lief unbekleidet durch die verschiedenen Zimmer; ich las bis zur Erschöpfung die Nacht hindurch, schlief dann bis Mittag und erwachte, in das glänzende Grün der Satindecke verheddert, ohne recht zu wissen, wo ich war. Ich führte Selbstgespräche; ich sang lauthals alberne trotzige Lieder, die ich vor langer Zeit im Pausenhof der Schule gelernt hatte. *Ho und he, die See, die See*, sang ich. *Der Käse ist ganz allein! Hab das andre Haus, hab das andre Haus, hab letzte Nacht das andre Haus probiert … Da ist ein Loch im Meer, da ist ein Loch im Meer … Keinen Menschen liebe ich, oh nein, oh nein, oh nein, und kein Mensch liebt mich!* Oder ich fand mich, aller Sprache und Lieder und sogar der Bewegung beraubt, mit dem Gesicht nach unten auf dem Spannteppich im Flur liegend wieder und hörte unwillkürlich das höhnische Fernsehgelächter aus der Wohnung unter mir. Was, wenn ich verhungerte, hier auf diesem Teppich, weil ich es einfach nicht mehr schaffte, zum Kühlschrank zu kriechen und mir etwas zu essen zu holen? Dann würde es all den spaßerfüllten, lärmenden Leuten im Fernsehen aber leidtun.

Wenn ich abends nicht gerade vor Freude zwitscherte oder auf dem Fußboden lag, unternahm ich lange nachdenkliche Spaziergänge. Energisch zog ich los, marschierte vorwärts, als hätte ich ein Ziel. Mir war bewusst, dass mich das Ehepaar, dem die Wohnung gehörte, durch die Fenster im Erdgeschoss beobachtete – er mit Bürstenhaarschnitt und Rasenmäher, sie mit Schürze und Haarwicklern. Der kompromisslosen Strenge meiner Kleidung zum Trotz – dunkle Braun- und Grautöne, formloses Schwarz – fürchteten sie so lange um ihre Miete, bis ich nachweisen konnte, dass ich ein Gehalt bezog. Die Vorstellung, dass ich auf irgendeine Weise verrucht war, erregte sie – dachte ich jedenfalls. Damals hatte ich den einen oder anderen Liebhaber – vorübergehend, nur geborgt –, und so dürfte das Ehepaar gelegentlich mehr als ein Paar Füße auf der Treppe gehört haben.

Bei meinen Abendspaziergängen war ich jedoch allein. Das war wichtig. Sobald ich für das Erdgeschosspaar außer Sicht war, verlangsamte ich meine Schritte und ging, wohin ich wollte, wobei ich versuchte, nicht auf die riesigen schwarzen und grauen Nacktschnecken zu treten, die über die Gehsteige krochen, sobald es dämmerte. Diese Nacktschnecken fraßen alles, nichts fraß sie. Es hatte durchaus Vorteile, unattraktiv auszusehen.

Trotz allem war ich noch einigermaßen gesellschaftsfähig. Ich zog mich nicht in der Öffentlichkeit nackt aus und fing an zu singen. Ich verhielt mich akzeptabel. Ich lächelte, nickte, unterhielt mich und so weiter. Ich konnte den Eindruck einer kompetenten jungen Frau erwecken. Ich hatte einige Freunde und Bekannte, männlich wie weiblich, die Art von Freunden, die man bei so einer flüchtigen Lebensweise eben findet. Sie kamen zum Essen, saßen um meinen Kartentisch, tranken flaschenweise einen hiesigen Wein, der das Tischtuch rot färbte, wenn ich mal abräumte. Ich lernte, Lasagne zu machen, Nahrung, die wenig kostete und für viele reichte. Ich trug auch etwas auf, was wir »Schrauben und Muttern« nannten, eine Mischung aus verschiedenen Mais- und Getreideflocken, Erdnüssen und Worcestersauce, die im Herd gebacken wurde. Das war ein *Hors d'œuvre*, kein Dessert. Damals hatte ich mit dem Backen noch nicht angefangen, also gab es Eis zum Nachtisch, das ich im Laden an der Ecke kaufte. Es enthielt so viel Seetang, dass es beim Schmelzen nicht flüssig wurde, sondern sich in eine gelatineartige weiche Substanz verwandelte, die ihre Form behielt und schwer abzuspülen war.

Einer der Bekannten, die ab und zu an meinem Kartentisch auftauchten, war ein Mann namens Owen. Ich kannte ihn kaum. Er klingelte unangemeldet an der Tür – ich hatte eine eigene Klingel –, und dann ging ich die steile Treppe hinunter, um ihn einzulassen. Oft machte ich ihm einen Rest Lasagne warm, wenn noch was da war, oder sonst Schrauben und Muttern. Dann saß er lange Stunden einfach da, ohne etwas zu sagen, während wir beide zusahen, wie sich die ausgedehnten Sonnenuntergänge, die im Sommer für den Nordwesten typisch sind, von Pfirsich über Rosa und Dunkelrosa zum stumpfen glühenden Rot eines ausgeblasenen Streichholzes wandelten.

Owen war kein Liebhaber oder auch nur ein potenzieller Liebhaber: nichts dergleichen. Er war genau wie ich vorübergehend in der Stadt, und eine gutmütige gemeinsame Bekannte hatte ihn mir aufgebürdet (sie machte sich wahrscheinlich, denke ich heute, Sorgen um seinen Geisteszustand). Er war einsam, sehr viel einsamer – das erkannte ich –, als ich es selbst je gewesen war. Von ihm ging etwas Trostloses aus, für das ich keine Erklärung hatte: Offenbar war es das Äußerste an Nähe, das er zulassen konnte, wenn er in der Dämmerung an meinem Kartentisch saß.

Warum kam er immer wieder vorbei? Seine Gegenwart war ein Rätsel. Bestimmt wollte er nicht um mich werben. Freundschaft wollte er auch nicht. Er forderte nichts von mir, aber er schien auch nichts anzubieten. Wenn ich einen Hang zum Reißerischen gehabt hätte – oder wenn mein Hang zum Reißerischen in irgendeiner Form der Realität näher gewesen wäre –, hätte er mir vielleicht Angst gemacht. Ich hätte in ihm vielleicht einen potenziellen Mörder gesehen. Aber so was kam mir nicht in den Sinn.

Trotz der vollkommenen Ereignislosigkeit dieser Abende war es schwer, Owen zum Gehen zu bewegen. Er saß und saß, bewegte sich kaum, reglos wie ein Bündel Stoff, wenn auch mit einem Kopf, der zweifellos lebendig war, denn die Augen bewegten sich. Es war, als wäre er infolge eines schrecklichen Unfalls, der keine äußeren Narben hinterlassen hatte, gelähmt. Seine Stummheit war anstrengender als jede Unterhaltung.

Ich wollte nicht sagen: »Ich bin müde, ich geh jetzt zu Bett.« Das hätte ich unsensibel gefunden. Subtilere Andeutungen gingen an ihm vorbei, aber er war kein Mensch, zu dem ich grob sein konnte. Ich konnte nicht einfach sagen: »Geh nach Hause«, wie zu einem Hund. Das wäre irgendwie grausam gewesen. (Wo war sein Zuhause denn? Hatte er überhaupt eins?) Irgendwann stand er dann doch auf, wenn sein innerer Zeitmesser ihm ein Signal gab, dankte mir unbeholfen für die Lasagne und trottete die Treppe hinunter.

Eines Abends erzählte er mir schließlich, dass seine drei älteren Brüder versucht hätten, ihn umzubringen, als sie noch Kinder waren. Sie hatten ihm gesagt, es sei ein Spiel, hatten ihn in einen ausrangierten Kühlschrank gesperrt und waren davongelaufen. Zum Glück hatte seine Mutter sein Fehlen bemerkt und ihn aufgespürt; sie ließ ihn gerade noch rechtzeitig heraus: Er keuchte schon und war blau im Gesicht. Wahrscheinlich hatten seine Brüder nicht die Absicht, ihn umzubringen, sagte er. Sie werden nicht wirklich gewusst haben, was sie da taten.

Owen erzählte diese Geschichte mit tonloser Stimme, er sah mich nicht an, sondern starrte aus dem Fenster in die verblassende Röte des Sonnenuntergangs. Ich war dermaßen verblüfft, dass ich nicht sofort darauf eingehen konnte. Kein Wunder, dass er so ist, wie er ist, dachte ich: Wie mochte sich so etwas auf das Leben eines Menschen auswirken? Wenn man so früh zu spüren bekam, dass man in einem feindseligen Universum lebte, war das deprimierend. Mehr als deprimierend, niederschmetternd. Balancierte Owen unter Umständen am Rande des Selbstmordes entlang? Davon hatte er nichts verlauten lassen, aber das wollte nichts heißen, jedenfalls hatte ich das gehört.

Ich meinte, irgendwie Mitgefühl bekunden, eine feste Position einnehmen, ihm eine helfende Hand entgegenstrecken zu müssen. Als ich stattdessen »Ist ja schrecklich« murmelte, schien mir das bei weitem nicht angemessen. Schlimmer noch: Ich hatte das beschämende Bedürfnis zu lachen, weil die Sache so grotesk war, wie es Beinahetragödien oft sind. Sicherlich fehlte es mir an Mitgefühl oder auch an schlichter Güte.

Owen musste das auch so empfunden haben, denn nach dem Abend kam er nie wieder. Oder vielleicht hatte er auch getan, was er tun wollte: Er hatte seine Qual abgeladen, sie wie ein Paket bei mir zurückgelassen – in dem irrtümlichen Glauben, dass ich schon wissen würde, was damit geschehen sollte.

Jenes Bild – eines kleinen Kindes, das von anderen Kindern, die das Ganze für ein Spiel hielten, erstickt oder fast erstickt worden wäre – verschmolz mit den verstohlenen nächtlichen Schnecken und meinen einsamen Spaziergängen, mit dem Singen und dem separaten klaustrophobischen Treppenhaus, dem reizlosen abstrakten Gemälde und dem goldgerahmten Spiegel und der glitschigen grünen Tagesdecke, verschmolz untrennbar damit. Es war keine heitere Collage. Als Erinnerung gleicht es eher einer Nebelbank als einer sonnenbeschienenen Wiese.

Dennoch erscheint mir diese Phase meines Lebens als eine glückliche Zeit.

Glücklich ist das falsche Wort. *Wichtig.*

Das ist alles ziemlich lange her. Ich blicke nachsichtig darauf zurück, von dem Punkt aus, an dem ich jetzt bin. Aber wie sollte ich es auch sonst sehen? Wir können nicht wirklich in die Vergangenheit reisen, egal, wie wir es anstellen. Wenn wir es tun, dann als Touristen.

Ich verließ jene Stadt und zog in eine andere und dann wieder in eine andere. Ich hatte noch viele Umzüge vor mir. Aber die Dinge fielen schließlich doch an ihren Platz. Ich traf Tig, und dann folgten die Katzen und Hunde und Kinder und das Backen und sogar die gekräuselten weißen Gardinen, obwohl die bald wieder verschwanden: Sie wurden zu schnell dreckig, stellte ich fest, und es war nicht einfach, sie runterzunehmen und wieder aufzuhängen.

Was ich befürchtet hatte, trat nicht ein. Ich kriegte den pickligen Hintern nicht, mit dem ich mir selbst gedroht hatte, auch wurde ich keine ausgestoßene, herumirrende Waise. Ich lebe schon jahrzehntelang im selben Haus.

Aber mein träumendes Ich will sich nicht trösten lassen. Es wandert weiter herum, ziellos, heimatlos, allein. Kein Beweis aus meinem wachen Leben kann mein träumendes Ich davon überzeugen, dass es in Sicherheit ist. Das weiß ich, weil ich noch immer denselben Traum habe, immer und immer wieder.

Ich bin in dem anderen Haus, einem Haus, das mir sehr vertraut ist, obwohl ich dort nie gelebt, ja es nicht einmal gesehen habe – außer in diesem Traum. Die Details sind immer anders – das Haus hat viele verschiedene Zimmer, meist ohne Möbel, einige haben nicht mal einen Bodenbelag –, aber immer gehört das steile, enge Treppenhaus jener fernen Wohnung dazu. Während ich Tür um Tür öffne, Korridor nach Korridor durchquere, denke ich, dass ich irgendwo bestimmt auf den Goldspiegel stoßen werde und auch auf die grüne Satintagesdecke, die inzwischen ein Eigenleben angenommen hat und in der Lage ist, sich in Kissen zu verwandeln oder in Sofas oder Lehnstühle oder sogar – einmal – in eine Hängematte.

Es herrscht immer Abenddämmerung an diesem Ort; es ist immer ein kühler, feuchter Sommerabend. Hier werde ich leben müssen, denke ich in dem Traum. Ich werde für immer ganz allein sein müssen. Ich habe das Leben, das meines werden sollte, verpasst. Ich habe mich dagegen verschlossen. Ich liebe niemanden. Irgendwo, in einem der Zimmer, die ich noch nicht betreten habe, ist ein kleines Kind eingesperrt. Es weint oder heult nicht, es bleibt vollkommen still, aber ich kann spüren, dass es da ist.

Dann wache ich auf und verfolge die Schritte meines Traums zurück und versuche das traurige Gefühl, das er in mir hinterlassen hat, abzuschütteln. Oh ja, das andere Haus, sage ich mir. Schon wieder. Diesmal war es groß. Es war nicht so schlimm.

Ich weiß, die grüne Tagesdecke ist nicht wirklich eine Tagesdecke: Ich weiß, sie ist irgendein Teil meiner selbst, irgendeine alte Unsicherheit oder Furcht. Ich weiß, das unsichtbare Kind im Traum ist nicht mein beinah ermordeter Bekannter, sondern nur ein psychisches Fragment, ein Fetzen meines archaischen Kleinkind-Ichs. Solches Tageslichtwissen ist ja gut und schön. Dennoch, warum kommt dieser Traum immer wieder? Vielleicht hat er einmal einen Zweck erfüllt, aber damit sollte ich jetzt allmählich durch sein.

Danach stehe ich auf und frage Tig, wie er geschlafen hat, und wir frühstücken zusammen, Toast und Kaffee, und machen uns an die vielen alltäglichen und praktischen Dinge, die getan werden müssen.

Aber der Traum macht mir Angst. In ihm lauert eine nebulöse Furcht. Was, wenn es gar nicht in der Vergangenheit liegt, dieses andere Haus? Was, wenn es noch in der Zukunft liegt? Trotz allem?

MONOPOLY

Nell und Tig flohen aufs Land. Oder, wie Nell es später erzählte, Tig floh aufs Land, und nach einer Weile schloss sich Nell ihm dort an. Das stand nicht von vornherein fest. Es hätte auch anders kommen können. Nell war die Entscheidung schwergefallen. Sie hatte die Probleme vorausgesehen. Sie hätte auch andere Möglichkeiten gehabt. Das war ihre Geschichte. Je mehr Zeit verging und je mehr die Positionen sich verhärteten, desto fester glaubte sie daran.

Tatsächlich hatte sie keine Schwierigkeiten vorausgesehen. Sie hatte sich wie eine Schlafwandlerin verhalten. Sie war verliebt gewesen, ein Zustand, der ihrer Meinung nach jede Vorausschau im Keim erstickte, wenn er einem nicht sogar den gesunden Menschenverstand raubte. Zu Tig aufs Land zu ziehen glich einem Sprung aus einem Flugzeug, im Vertrauen darauf, dass sich der Fallschirm schon öffnen würde. Und es war wohl das Richtige gewesen, weil Nell schließlich nicht zerschmettert am Boden lag; hier sind die beiden nun, immer noch, nach all den Jahren. Nach einer gewissen Zeit kann man einen Blick zurückwerfen und über die Ereignisse lachen, sagte Nell gern.

Das war ihre andere Geschichte, ihre zweite Geschichte; sie und die erste wurden abwechselnd gespielt, wie früher die Doppelvorstellungen im Kino.

Außerdem floh Tig gar nicht. Er schlenderte davon. Sein Weggang erfolgte ganz langsam, in Zeitlupe, wie bei einer chinesischen Person, die ihre Tai-Chi-Übung allein auf einem Rasen macht. Wie man von jedem Bankräuber lernen kann (sagte Nell gern), sollte man auf der Flucht besser nicht rennen. Einfach gehen. Einfach spazieren. Erstrebenswert ist eine Kombination von Leichtigkeit und Zielbewusstsein. Dann wird niemand merken, dass du fliehst. Auch sollte man keine schweren Koffer tragen oder Leinenbeutel voller Geld oder Rucksäcke mit Körperteilen darin. Lass alles zurück bis auf das, was du in den Taschen hast. Je leichter, desto besser.

Tig pachtete eine Farm oder etwas, was mal eine Farm gewesen war. Die Pacht war nicht hoch: Der Besitzer war alles andere als ein Farmer. Er war ein Geschäftsmann – welche Art von Geschäft, blieb unklar –, der noch nicht wusste, ob er den Besitz in ein Wochenendhaus für sich und seine viel jüngere Quasi-Ehefrau umwandeln oder nach Mexiko ziehen sollte. Ihm lag bloß daran, jemanden im Haus zu haben, damit die hiesigen Teenager nicht einbrachen und alles verwüsteten, wie es verschiedenen glücklosen Eigentümern am Ende der Straße in Abwesenheit passiert war. Wenn er irgendwann samstags mit einem Immobilienmakler, der das Haus schätzen sollte, herkam, wollte der Geschäftsmann kein ARSCHLOCH vorfinden, das mit Tubensenf auf die Fenster geschmiert war, auch keine Menschenkacke an den Wänden und verstreute Jointkippen und ein schwelendes Loch in den breiten Kieferndielenbrettern. So hatte er sich Tig gegenüber ausgedrückt.

Der Geschäftsmann hatte bereits einen Großteil des Ackerlandes verkauft. Nur zwanzig Hektar blieben noch – einige Felder, ein Waldstück. Die Felder waren länger nicht bestellt worden, und so wucherten überall Wilde Möhre, Gänsedistel, Kletten und Schösslinge – Weißdorn, Pflaumen, wilde Äpfel.

Es gab ein Haus mit einem angebauten Schuppen an der

Rückseite und eine riesige Scheune mit enormen Balken, verwitterten Brettern und einem Blechdach. Das Haus stand auf einem Hügel und blickte über einen Teich, den der Geschäftsmann angelegt hatte. Auf der anderen Straßenseite erstreckte sich eine Kette von gigantischen hydroelektrischen Stahlmasten von einem Horizont zum anderen. Entweder verdarben diese Masten die Aussicht, oder sie bereicherten sie, alles eine Frage der Einstellung, sagte Nell zu Tig, der Einstellung zum Surrealismus.

Das Haus war ein zweigeschossiges Farmhaus aus rotem Backstein mit einem Zentralgiebel – typisch für diesen Landesteil im späten neunzehnten Jahrhundert, hieß es im *Das Dach unserer Vorfahren*, ein Buch, das Nell kaufte und in ihrem ersten Winter mit Tig oft konsultierte, als sie das Farmleben noch für eine besondere Form von Authentizität hielt. Ursprünglich hatte es wohl eine gute Stube links von der Eingangstür gegeben, eine Küche mit Speisekammer zur Rechten, aber der Geschäftsmann hatte einige Wände eingerissen – um Licht reinzulassen, wie er sagte. Er hatte eine Einbauküche installiert und die Tapeten im ganzen Haus weiß gestrichen; er hatte auch damit begonnen, den abblätternden grünen Lack von den Fensterbrettern und Deckenverzierungen abzubeizen, aber es war erst ein Fenster fertig.

In einem weiteren innendekorativen Anfall hatte er ein Stück des Hauptquerbalkens der Scheune herausgesägt – was zur Folge hatte, dass die Scheunenwände nun nach außen lehnten, früher oder später würde das ganze Ding zusammenkrachen –, um es als Sims über den engen offenen Kamin zu setzen, der sowieso nicht funktionierte.

Eine Haupttreppe führte hinauf ins Obergeschoss. Es gab keinen Läufer, das Holz war schieferblau gestrichen. Zu Zeiten der Waschkrüge und Blechwannen hätte es dort oben vier kleine Schlafzimmer gegeben, aber eines war jetzt ein zugiges Bad.

Von den drei verbleibenden Schlafzimmern war eines Tigs, darin befand sich nur eine Matratze auf dem Fußboden. Das zweite war für Nell reserviert, als eine Art Büro oder Arbeitszimmer – sie brauchte einen Schreibtisch, auf dem sie die Fahnen ausbreiten konnte, die sie bearbeitete. Der Schreibtisch war eine alte Tür, über zwei Ablageschränke gelegt, was ihr viel Platz verschaffte: Sie hatten die Tür im Schuppen gefunden und die Klinke abgenommen, und die Ablageschränke stammten aus einem Garagenverkauf in der Stadt, also hatte der Schreibtisch praktisch nichts gekostet. Umso besser, weil Nell nicht viel Geld verdiente und der größte Teil von Tigs Einkommen – das im besten Fall sporadisch war – woanders hinfloss.

Außerdem stand im Büro oder Arbeitszimmer ein Ersatzbett, ein Einzelbett, das man auch als Couch oder Feldbett hätte bezeichnen können. Es hing in der Mitte durch und war mit abgeschabtem braunem Samt bezogen, es roch nach feuchtem Staub, und Nell schwor sich, es loszuwerden oder zumindest so schnell wie möglich abzudecken. Wann mochte *so schnell wie möglich* sein? Wenn sie schließlich mit Tig in das Farmhaus einzog; obwohl sie jedes Mal, wenn ihr dieser Gedanke kam, das *wenn* in ein *falls* abänderte.

Im dritten Schlafzimmer standen zwei Doppelkojen: die waren für die Kinder und ihre Freunde, wenn sie zu Besuch kamen. Die Kinder waren Tigs Kinder. Ihretwegen war er so langsam geflohen und hatte nichts mitgenommen, und zu ihnen floss der Großteil seines Geldes.

Geflohen war er vor seiner Ehe. Er hatte aus dieser Ehe rausgemusst, sonst hätte sie ihn runtergezogen, ihm das Blut ausgesaugt, ihn vollständig ausgeweidet. All diese Metaphern – die Nell mit Kraken, Vampirfledermäusen, Fischverarbeitung assoziierte – stammten von Tig. Von seiner Ehe sprach er, wenn überhaupt, nur indirekt. Er sagte nie *meine Frau* und erwähnte auch nie den Namen seiner Frau in diesem Zusammenhang, weil es nicht seine Frau als solche war, die ihn erledigt hätte, es war nicht Oona allein, die das Runterziehen und Saugen und Ausweiden besorgt hatte, sondern beide zusammen. Es war *die Ehe*, die Nell sich als ein großes, dorniges Gewächs vorstellte – eine Kreuzung aus einem dichten dunkelgrünen Busch oder Strauch und einem Krebsgeschwür in Form einer Gewitterwolke, mit der Klebewirkung von Fliesenzement und einer Anzahl von Greifarmen, wie eine Kugel aus Blutegeln.

Nell fühlte sich von dieser Ehe eingeschüchtert und im Vergleich zu ihr klein und kindisch. Diese Ehe war von einer gewissen üppigen, phosphoreszierenden Pracht, wie ein Wal, der am Strand verweste. Sie ließ Nell im Kontrast blass erscheinen, jedenfalls in ihren eigenen Augen: blass, banal, gesund, aber fade. Sie hatte bei weitem nicht so viel grandioses, abgründiges und blutrünstiges Melodrama zu bieten.

Tigs Kinder kamen an den Wochenenden auf die Farm und schliefen in den Kojenbetten, mit oder ohne Freunde. Beide waren Jungen – zwei blonde, engelhaft aussehende Jungen, elf und dreizehn Jahre alt. Tig machte Fotos von ihnen und entwickelte sie selbst in der Dunkelkammer, die er in einer mit Vorhängen abgeteilten Ecke des Farmhauskellers – mit einem Lehmboden eingerichtet hatte; später zeigte er Nell die Bilder: die Jungs im Oktober, beim Spielen in der Scheune, wo sie auf den verschimmelten Heuhaufen herumsprangen, die aus der Zeit echter Farmarbeit übrig geblieben waren; die Jungs Anfang Dezember neben dem halbgefrorenen Teich, mit Steinen in den erhobenen Fausthandschuhen, die sie auf das Eis werfen wollten; die Jungs im Januar, winterlich dick eingepackt, Schneekugeln rollend und in die Kamera lächelnd. Nell fand, dass sie ziemlich glücklich aussahen.

Manchmal fuhr Oona gemeinsam mit Tig und den Kindern zur Farm. Sie blieb am Samstagsabend zum Essen, ging mit den Jungen die Scheune angucken, sah zu, wie sie auf dem Eis schlitterten und schlief in dem muffigen Einzelbett in Nells Arbeitszimmer. Dieses Arrangement sollte den Kindern ein Gefühl von Sicherheit geben, sagte Tig: Sie brauchten die Gewissheit, dass sie zwei Eltern hatten, die sie beide sehr liebten, trotz aller Dornigkeit und Blutsaugerei der Ehe. Nell war an diesen Tagen nicht dabei, überhaupt durfte sie sich am Wochenende nie auf der Farm aufhalten, selbst dann nicht, wenn Oona nicht mit rauskam. Nells Anwesenheit könnte den Kindern schaden (sagte Tig), und auf lange Sicht auch Nell selbst, da es den Kindern womöglich signalisierte, dass Nell die Ehe ihrer Eltern zerstört hatte.

Natürlich hatte Nell diese Ehe nicht zerstört, sagte Tig: Die sei längst zur fleischgewordenen Zerstörung mutiert, bevor Nell auf die Bühne stolperte. Alle Freunde von Tig und Oona wussten das, sie hatten es seit Jahren gewusst, und sie bewunderten, wie Tig und Oona es geschafft hatten, das Leben einigermaßen normal weiterlaufen zu lassen, sagte Tig. Er sagte auch, dass er eines Abends nach einem Streit so wütend gewesen war, dass er jedes einzelne Stück Glas und Porzellan im Haus an die Wand geworfen und einen Scherbenhaufen hinterlassen habe, mit dem Oona sich am nächsten Morgen konfrontiert sah. Nell war von dieser Geste beeindruckt. Sie hatte die Kunst spontaner Wutausbrüche nie beherrscht. Alles Geschirr an die Wand zu werfen war ein großartiger und offener Akt, viel besser als das bleiche Schweigen und der übellaunige Groll und das ressentimentgeladene Schmollen, das sie wohl stattdessen eingesetzt hätte.

Tig und Oona hatten es allerdings stets vermieden, sich vor den Kindern zu streiten, sagte Tig. Sie hatten sich nach außen hin zivilisiert benommen oder zumindest einigermaßen zivilisiert; in der Öffentlichkeit nannten sie einander »Liebling« und luden zu gesetzten Sonntagsessen mit Rostbraten ein – Nell hatte das selbst erlebt. Also brauchten die Kinder noch ein wenig Zeit, um sich daran zu gewöhnen, wie Tig allein auf dem Lande und Oona allein in der Stadt lebten, bevor Nell aus ihrer Wartestellung in den schattigen Kulissen heraustreten und gefahrlos auf der Bühne erscheinen konnte.

So schlich Nell im ersten Teil dieses Winters herum wie eine Kriminelle auf der Flucht. Sie hinterließ keine Spuren im Haus, wenn sie wegfuhr – keine Kleidung in dem kleinen dunklen Schrank oben auf dem Treppenabsatz, keine Zahnbürste auf dem unzulänglichen Bord im Badezimmer, keine Lehrbücher oder Vorlesungsnotizen oder Fahnen auf dem improvisierten Schreibtisch. Ging Tig, nachdem sie weg war, durchs Haus und wischte ihre Fingerabdrücke von den Türknöpfen? So fühlte sie sich.

Donnerstag und Freitag hatte sie einen Lehrauftrag an der Universität, es war eine Teilzeitstelle, in Vertretung einer Freundin, die gerade ein Freisemester hatte. Es war ein Kurs über den Viktorianischen Roman für Studenten im zweiten Studienjahr: die Brontë-Schwestern, gefolgt von Dickens, Eliot und Thackeray, dann die deprimierenden Realisten George Gissing und Thomas Hardy, und das dekadente Finale wurde von Oscar Wildes *Das Bildnis des Dorian Gray* und Henry James' *Die Drehung der Schraube* bestritten. Sie hatte diesen Kurs noch nie zuvor gegeben, also musste sie fleißig lesen, um den Studenten voraus zu sein. Theoretisch waren Montag, Dienstag und Mittwoch für freie Lektoratsarbeiten reserviert, die in den letzten paar Jahren mit Unterbrechungen ihre Haupteinkommensquelle gewesen waren. Romane lesen und lektorieren konnte sie beides auf der Farm erledigen. An den Wochentagen, an denen sie nicht lehrte, nahm sie immer den Greyhound-Bus nach Stiles, der Kleinstadt, die der Farm am nächsten war, und wartete im Busbahnhof auf einer langen harten Bank, die sich wie im Umkleideraum einer

Schlittschuhbahn die Wand entlangzog; dabei atmete sie die Abgase und den Zigarettenrauch ein, die durch die kalte Luft drangen. Sie aß Kartoffelchips und trank schwarzen säuerlichen Kaffee und las von Liebe und Geld und Wahnsinn und Mobiliar und Gouvernanten und Ehebruch und Vorhängen und Landschaften und dem Tod, bis Tig in seinem rostigen blauen Chevy auftauchte, um sie abzuholen.

Oder sie fuhr mit ihm von der Stadt aus, nachdem er die Kinder am Montagmorgen zurückgebracht hatte – früh, damit sie um neun in der Schule waren. Nell und Tig konnten dann rechtzeitig zum Mittagessen auf der Farm sein, aber während dieser Fahrten bekam Nell keinen Hunger. Stattdessen wurde ihr leicht schwindlig und etwas übel, so hatte sie sich immer vor Prüfungen gefühlt. Es war die Anspannung, das Bewusstsein, bald geprüft und beurteilt zu werden, und die Angst durchzufallen. Aber wobei hätte sie jetzt überhaupt durchfallen können?

Im Auto war es warm, und es roch nach Apfelbutzen: Die Jungen aßen auf der Fahrt in die Stadt oft Äpfel. Auf den verlassenen und weniger vereisten Streckenabschnitten hielten sich Tig und Nell bei der Hand. Statt zu reden, hörten sie Radio. Ab einer gewissen Entfernung von der Stadt wurde vor allem Country and Western gespielt. Nell mochte die sehnsüchtigen Songs, Tig die traurigen.

Die Farm lag an einer Schotterstraße, einige Meilen von der Hauptstraße entfernt. Im Winter sah das Farmhaus aus wie ein Bild – Schnee auf dem Dach, tropfende Eiszapfen an den Dachtraufen, die weißen Hügel und düsteren Bäume, die sich dahinter erhoben –, aber es war kein Bild, das Nell jemals auf ihren Weihnachtskarten geduldet hätte. Es war wie bei Sonnenuntergängen: schön im wirklichen Leben, aber etwas zu übertrieben für die Kunst.

Am unteren Ende der langen, geschwungenen Auffahrt drehten die Räder durch, und der Wagen rutschte von einer Seite zur anderen. Tig nahm verschiedene Anläufe, um den Hügel hinaufzukommen, aber er wusste auch, wann er aufhören musste: Man durfte auf keinen Fall in dem dekorativen Teich landen. Wenn sie es nicht schafften, die Auffahrt hinaufzukommen, selbst mit Hilfe der Schaufel und des Sandsacks nicht, die Tig im Kofferraum dabeihatte, ließen sie den Wagen unten stehen und stiefelten durch die Schneebänke seitlich an der Auffahrt hinauf, ihr Atem stieg weiß in die Luft, ihre Nasen liefen. Nicht unbedingt das beste Vorspiel für den romantischen Augenblick, der eigentlich folgen sollte, sobald sie durch den Schuppen und die Hintertür gegangen und den Schnee von den Füßen gestampft und ihre Stiefel und die dicken Mäntel und die Handschuhe und Schals ausgezogen hatten.

Ihre anderen Kleidungsschichten warfen sie in Tigs eisigem Schlafzimmer ab – Häuser vom Typ *Das Dach unserer Vorfahren* zeichneten sich nicht gerade durch ihre Isolierung aus, hatte Nell gelesen –, und dann schlotterten sie eine Zeitlang unter Tigs Bettdecke, zwischen Tigs verschlissenen Laken, in einer Art verzweifelter Umarmung aneinandergeklammert, die Nell daran erinnerte, wie ihre viktorianischen Romanautoren das Ertrinken beschrieben. In diesen Romanen ertranken die Leute ziemlich oft, besonders, wenn sie außerehelichen Sex hatten.

Dann trat ein Moment warmer, sinnlicher Amnesie ein, und kurz darauf folgte – in Nells Fall – ungläubiges Erstaunen: Was machte sie hier eigentlich, in dieser Situation? Und worin genau bestand diese Situation? Ihrem Selbstverständnis nach schätzte sie alles Klare, Direkte, Offene. Wie konnte sie also in eine derart undurchsichtige Lage geraten sein? Eine Lage, die obendrein so schmutzig war – wenn man es objektiv betrachtete, etwa aus der Perspektive eines Boulevardjournalisten, falls Tig und Nell in seinem Auto aufgefunden wurden, nachdem es in einer Schneewehe steckengeblieben war, beide an Kohlenmonoxid erstickt? *Entlaufener Gatte in ländlichem Liebesnest mit Verlagsluder vergast.* Obwohl bisher nichts dergleichen passiert war und wahrscheinlich auch nicht passieren würde – keiner von beiden wäre so dumm, in einem festgefahrenen Auto den Motor laufen zu lassen –, war allein schon die Vorstellung demütigend.

Nell sprach sich keineswegs von Schuld frei, sie war durchaus selbstkritisch und schließlich auch erwachsen genug – sie hatte gewählt, sie hatte gehandelt –, dennoch ließ sich nicht leugnen, dass Oona das Ganze bis zu einem gewissen Grad ausgeheckt hatte. Oona war der Dreh- und Angelpunkt. Oona hatte das Verhältnis vorbereitet, Oona hatte es vorangetrieben, Oona hatte sich in den – wie sich nachträglich herausstellte – maßgeblichen Momenten rargemacht wie eine kupplerische Amme in einem Shakespearestück. Warum? Weil Nell für Oonas Pläne wie gerufen kam. Nicht dass Nell diese Pläne damals durchschaut hätte.

Das erste Pärchen bildeten nicht Nell und Tig, sondern Oona und Nell. Zu Beginn hatten sie sich gut verstanden. Oona konnte sehr nett sein, wenn sie wollte: Sie konnte einem das Gefühl geben, dass man ihre beste Freundin war, der einzige Mensch auf der Welt, auf den man sich wirklich verlassen konnte. Nell war dafür empfänglich gewesen, da diese Art von Zuverlässigkeit früher ihrem Selbstbild entsprochen hatte. Damals war sie jünger gewesen; jünger, als sie jetzt ist, aber auch jünger als Oona.

Zu dieser Zeit war Nell Oonas Lektorin gewesen. Da arbeitete sie schon freiberuflich, hüpfte wie ein Pingpongball zwischen Verlegern hin und her, die gerade Verstärkung brauchten. So hatte sich Nell allmählich eine halbwegs komfortable Nische geschaffen – sie hatte den Ruf, bei noch nicht druckfähigem Rohmaterial Wunder zu bewirken, Texte termingerecht einzureichen und dafür moderate Honorare zu verlangen, außerdem nahm sie mitternächtliche Anrufe von betrunkenen Autoren mit Takt und ermutigenden Worten entgegen sowie mit einer Art Gemurmel, das Verständnis signalisierte. Gewöhnlich lektorierte sie Romane. Oonas Buch hatte sie im Zuge eines Tauschgeschäfts mit einem befreundeten Verleger, eigentlich einem verflossenen Liebhaber, angenommen; zum Ausgleich für das hohle Gewäsch, das Oonas Buch in seinen Augen darstellte, hatte er Nell ein besonders vielversprechendes Manuskript angeboten.

Dennoch entsprach Oonas Buch genau dem, was Verleger wollten, weil es Verkaufspotenzial hatte. In ihren freien Stunden hatte Oona, die tagsüber als Redaktionschefin eines kleinen Magazins arbeitete, ein Superweib-Selbsthilfe-Handbuch mit dem Titel *Die Femagierin* geschrieben. Es ging darum, wie man mit Karriere und Familie jonglieren und dennoch Zeit für die persönliche Schönheitspflege und die Einrichtung eines behaglichen Nests finden konnte. Dieses Thema hatte damals Konjunktur, und der Verleger hatte es eilig: Solche Wellen musste man reiten, bevor sie verebbten. Ihr Verlegerfreund setzte darauf – wie er ihr mitteilte –, dass Nell das Buch in Rekordzeit zur Druckreife brachte.

Nell hatte viele Stunden mit Oona verbracht, um mit ihr gemeinsam Kapitel umzustrukturieren, Absätze umzuschreiben und neue Details, Ergänzungen und Kürzungen zu erarbeiten. Dabei stellte sie zu ihrer Überraschung fest, dass Oonas Verstand ihrer äußeren Erscheinung zum Trotz – adrett, gepflegt, von liebenswürdiger Kompetenz – einer Sockenschublade ähnelte, in die man alles Mögliche geworfen hatte. Da herrschte ein großes Durcheinander.

Am Ende des Lektoratsprozesses war aus dem Manuskript praktisch ein anderes Buch geworden, und zwar ein besseres, wofür Oona nach eigenem Bekunden dankbar war. Sie hatte das in ihrer Danksagung ausgedrückt und später noch einmal mit Feder und Tinte auf der Titelseite des Exemplars, das sie Nell geschenkt hatte. *Für die unschätzbare Nell, die Umschreibkönigin – die Macht im Hintergrund. Alles Liebe, Oona.* Nell hatte sich darüber gefreut, denn sie bewunderte Oona sehr und sah zu ihr auf, der Älteren, die ihr Leben selbst in die Hand nahm, im Gegensatz zu Nell.

Das Buch wurde ein Erfolg, jedenfalls nach damaligen Maßstäben. Oona wurde nicht nur für Zeitungen und fürs Radio interviewt, sondern auch im Fernsehen, in diesen morgendlichen Talkshows für das weibliche Publikum, die es zu der Zeit gab. Sie erfreute sich einer gewissen, wenn auch bescheidenen Berühmtheit, die sich allerdings als vorübergehend erweisen sollte. Während Nell an Oonas Leben teilnahm – anlässlich der Lektoratssitzungen, später rund um das Erscheinen des Buches mit allen Konsequenzen –, hatte sie Tig als vage Gestalt, als Schatten im Hintergrund wahrgenommen. Damals wusste Nell nichts über Tig und auch nichts von den Schrecken der Ehe, die unter der Oberfläche lauerten. Sie stand weit außerhalb des Freundeskreises, der in das zivilisierte Arrangement eingeweiht war.

In der Öffentlichkeit pries Oona Tig uneingeschränkt: Er hatte ihre Karriere bedingungslos unterstützt. Er half beim Einkaufen, er kochte oft, blieb bei den Kindern, wenn Oona anderweitig beschäftigt war, und das alles zusätzlich zu seinem Job beim Radiosender, für den er Dokumentarsendungen und Interviews produzierte. Anders als die eifersüchtigen Ungeheuer, die Schlagzeilen machten, weil sie ihre Frauen mit Brechstangen erschlugen oder sie in der Badewanne ertränkten, befürwortete Tig entschieden, dass sie ein eigenes Leben führte.

In einer Zeitschrift war ein Artikel erschienen, der mit Hochglanzfotos der beiden illustriert war. Auf diesen Fotos taten sie so, als bereiteten sie gemeinsam eine Mahlzeit zu – vielleicht taten sie es auch wirklich. Oona sah in ihrem weiten Kaftan stattlich aus, um den Hals trug sie eine Kette aus ungeschliffenem Bernstein, der große, kräftige Tig wirkte lässig in Weste und Hemdsärmeln. Weil die Zeitschrift eine Frauenzeitschrift war, musste es Küchenbilder geben. Zwischen beide hatte man einen rohen Truthahn platziert und kunstvoll mit Möhren, Kartoffeln und Selleriestängeln garniert. Was für ein eindrucksvolles Paar, hatte Nell wehmütig gedacht: Damals schienen ihr die beiden jene Stabilität zu verkörpern, die ihrem eigenen Leben fehlte. Allmählich musste Nell erkennen, dass sie konventioneller war, als sie angenommen hatte.

Dann hatte Oona ein zweites Buch schreiben wollen, einen Folgeband zum ersten. Eigentlich sollte Nell es schreiben: Sie, Oona, würde ihre Gedanken auf ein Tonbandgerät sprechen, und Nell könnte die nützliche, notwendige Aufgabe übernehmen, diese Gedanken in etwas Druckfähiges zu verwandeln. Das Buch sollte *Das Trickkästchen der Femagierin* heißen, ein guter Titel – das fand auch Nell –, selbst wenn er ein bisschen nach einem Fantasy-Abenteuer für Kinder klang. Das Problem war, dass Oona nicht so recht wusste, was das Kästchen enthalten sollte. An manchen Tagen ging es in Richtung Lebensgeschichte, an anderen in Richtung Ratgeber – wie entfernt man weiße Ringe von den Möbeln, wie wird man mit Tintenflecken auf dem Teppich fertig –, und manchmal schien es eine Streitschrift zu werden. Natürlich ließen sich all diese Aspekte miteinander verbinden, sagte Nell – es gab dafür Mittel und Wege –, trotzdem müsse Oona im Vorfeld einige Grundsatzentscheidungen treffen, um Inhalt und Aussage zu umreißen. An diesem Punkt war Oona ins Schleudern geraden. Ob Nell das nicht erledigen könnte? Weil Oona doch so beschäftigt war.

Während dieses – ja was? dieses Geplänkels? dieses Plädoyers? dieser Verhandlungen? – hatte Oona Nell einiges anvertraut. (Nell hielt es zunächst für eine besondere Auszeichnung, sie dachte, sie würde höchst private Dinge erfahren – weil Oona die Stimme senkte, als wollte sie etwas Geheimes andeuten –, aber sie stellte bald fest, dass dies nicht der Fall war. Oonas Geheimnisse waren offene Geheimnisse, ihre Preisgabe ein oft wiederholtes Ritual.) Die Ehe mit Tig, sagte Oona, sei keine richtige Ehe mehr. Die beiden schliefen in getrennten Zimmern, schon seit Jahren. Sie blieben nur um der Kinder willen zusammen: Tig hatte sich in dieser Frage großartig verhalten. Sie hatten ein »Gentleman's agreement« in Bezug auf das, was Chaucers *Weib von Bath* »andere Gesellschaft« genannt hatte. Oona hatte den Bezug achtlos hingeworfen: Eine unbedarftere Frau hätte ihn stärker betont, hätte damit vielleicht angeben wollen, aber dafür war Oona zu kultiviert.

Kultiviert war das Wort, das Nell einfiel, wenn sie an Oona dachte. Oona besaß Möbel, die den Namen verdienten, eine Mischung aus viktorianischen Stücken, die wie geerbt wirkten, und zurückhaltender Moderne; sie hatte auch echte Bilder an den Wänden inklusive Rahmen. Sie besaß einige signierte und nummerierte Drucke. Nell strebte dieses Niveau gar nicht an: In ihrer Einzimmerwohnung gab es einen Tisch und einen Stuhl und einen billigen Sitzsack und ein ausladendes kordbezogenes Sofa und vier Regale mit den Büchern, die sich bei ihr angesammelt hatten, und ein Einzelbett mit quietschenden Sprungfedern – alles von der Heilsarmee und vom Flohmarkt – und ein, zwei Poster, die mit Reißzwecken an die Wand geheftet waren. Nell sparte ihr Geld, obwohl sie nicht genau wusste, wofür. Immerhin hatte sie den Tisch orange gestrichen und das Sofa mit zwei Kissen bestückt, aber sie sah keinen Sinn darin, sich weiter anzustrengen, weil die Wohnung nur eine Station war wie die vielen Wohnungen und Zimmer, in denen sie vorher ihr Lager aufgeschlagen hatte. Sie war noch nicht so weit, sich niederzulassen, erklärte sie ihren Freundinnen.

So konnte man es ausdrücken. Genauso gut hätte sie sagen können, sie habe niemanden gefunden, mit dem sie sich niederlassen mochte. Es hatte in ihrem Leben einige Männer gegeben, aber sie waren nicht überzeugend gewesen. Ein wenig glichen sie ihrem Tisch – schnell mitgenommen, leicht aufgehellt, aber nichts auf Dauer. So langsam waren diese Tage aber gezählt. Sie wollte nicht mehr zur Miete wohnen.

Nach dieser Unterhaltung über die getrennten Schlafzimmer und das »Gentleman's agreement« kehrte Nell in ihre Einzimmerwohnung zurück, setzte sich mit ihrem College-Chaucer an ihren orange gestrichenen Tisch und schlug das Weib-von-Bath-Zitat nach, aus reiner Neugier. Das Weib von Bath war genau genommen keine Ehebrecherin, anders als Oona, technisch gesehen: Die »andere Gesellschaft« bestand aus Männern, mit denen das Weib vor der Heirat herumgemacht hatte, nicht während der Ehe. Aber das war Wortklauberei. Überhaupt benutzte niemand mehr das Wort *Ehebruch*; es war kein cooles Wort, und seine Verwendung kam einem Fauxpas gleich. Um 1968 herum war es verbannt worden; jetzt, drei Jahre später, gingen noch immer langjährige Ehen ohne sichtbaren Grund in die Brüche, rauchten Männer mittleren Alters mit respektablen Jobs noch immer Dope am Wochenende und trugen Liebesperlen aus Holz und landeten mit Mädchen, die halb so alt waren wie sie, im Bett, und einst zufriedene Mütter verließen noch immer das Familienschiff und starteten neue Karrieren und verwandelten sich in den extremsten Fällen über Nacht in Lesben. Früher hatte es keine Lesben gegeben, jedenfalls keine sichtbaren, aber plötzlich schossen sie rechts und links aus dem Boden. Einige von ihnen waren noch nicht mal echte Lesben; sie rächten sich nur für die Liebesperlen und die jungen Mädchen an ihren Männern.

Die jungen Mädchen sowie die Ehefrauen, die auf Fluchtmodus geschaltet hatten, signalisierten ihre Offenheit durch den

Kleidungsstil. Sie trugen Overalls und Brillen mit dicken runden Fassungen oder auch knöchellange Folkloreröcke und Sandalen mit dicken Sohlen; sie hatten lange glatte Bilderbuchhaare oder lockige ethnische Wuschel oder kurzgeschorene Bürsten; sie malten sich schwarze Ringe um die Augen und trugen blassen rosa Lippenstift oder benutzten überhaupt kein Make-up. »Liebe ist Liebe«, sagten sie in einer lächelnden, aber doktrinären Art, die Nell selbstgerecht vorkam. *Liebe ist Liebe.* Es klang sehr einfach. Aber was sollte das in der Praxis bedeuten?

Nell wollte immer die Regeln kennen, egal, um welches Spiel es sich handelte: Sie hielt sich streng an die Regeln. Als Kind hatte sie ihr Essen in verschiedene Häufchen getrennt: Fleisch hier, Kartoffelpüree da, Erbsen in einem besonderen Pferch, der ausschließlich den Erbsen vorbehalten war, alles nach einem strengen Plan, den nur sie kannte. Das eine Häufchen konnte nicht gegessen werden, bevor das andere nicht vertilgt war: so lautete die Regel. Selbst beim einsamen Patience legen, was sie im Lauf der Jahre oft gemacht hatte, schummelte sie nicht.

In Fragen des gesellschaftlichen Umgangs hatte sie nur die alten Regeln gelernt, jene, die vor dem explosiven Moment – Nell sah es als Moment an – in Kraft gewesen waren. Vor diesem Moment, in dem alle Spiele sich verändert hatten und frühere Strukturen auseinandergefallen waren und alle nun so taten, als wären Regeln schon als reiner Begriff veraltet. Nach den alten Regeln durfte man beispielsweise nicht die Ehemänner anderer Frauen stehlen. Aber jetzt gab es diese Vorstellung offenbar nicht mehr, dass Ehemänner gestohlen werden; stattdessen machten die Leute einfach ihr Ding und probierten alternative Lebensformen aus.

Nell hatte diese Umwälzungsperiode in einem Gefühl permanenter Verwirrung, Orientierungslosigkeit und Überforderung verbracht. So etwas einzugestehen hätte indessen geheißen, Verachtung auf sich zu ziehen. Sie hatte sich deswegen allein gefühlt und geschwiegen und war bei literarischen Partys früh gegangen, um nicht im Flur mit bärtigen Männern ringen und bekiffte Individuen beiderlei Geschlechts in von japanischen Papierlaternen erhellten Gärten abwehren und ihren lallenden, aber wütenden Kommentaren zu ihrer verkrampften Lebenseinstellung zuhören zu müssen.

Ihre Affären – *Affären*, noch so ein veraltetes Wort –, ihre *Beziehungen* hatten vor diesem Moment zumindest einen Handlungsablauf gehabt. Sie hatten einen Anfang, eine Mitte und ein Ende, die von Szenen verschiedener Art markiert wurden – in Bars, in Restaurants, in Coffee Shops und sogar – wenn die Dinge auf die Spitze getrieben wurden – auf Gehsteigen. Trotz des unvermeidlichen Schmerzes und der vergossenen Tränen – gewöhnlich vergoss sie die Tränen – hatten diese Szenen etwas Befriedigendes, wenn auch nichts Erfreuliches: Danach hatte Nell oft das Gefühl, das man ihr eigentlich gratulieren müsste, als hätte sie ihre Rolle genauso gespielt, wie es das Drehbuch vorsah, und als hätte sie ihre Aufgabe zufriedenstellend erledigt, auch wenn nicht klar war, welche Aufgabe.

Damals hatte es Auftritte und Abgänge gegeben, nicht nur das vage Schlendern in ein Zimmer hinein und wieder hinaus und das Gemurmel und Herumhängen und das Achselzucken, die das gesellschaftliche Leben ersetzt hatten. Es hatte auch Gefühle gegeben, die man klar benennen konnte: *Eifersucht*, *Verzweiflung*, *Liebe*, *Verrat*, *Hass*, *Schuld* – der ganze Trödelladen. Doch jetzt war es unter den Jungen und unter denen, die jung sein wollten, verpönt, einen größeren Wortschatz zu besitzen.

Oona und Tig waren älter als Nell. Sie hatten die alten Regeln nicht vollständig abgeschafft, sie waren noch an richtigen Gesprächen interessiert. Kurz nach der Weib-von-Bath-Episode lud Oona Nell zum Abendessen ein – einem dieser geselligen

Roastbeef-Dinner, für die Oona und Tig anscheinend berühmt waren. Nell ging guten Glaubens hin – in der Hoffnung, dass es Stühle um einen richtigen Esstisch geben würde und nicht die braunen Reisklumpen und die improvisierten Häppchen, die in formloser Runde oder in Bohemekreisen Mode waren. Nell hatte den Tisch gesehen, sie hatte mit Oona ein paar Lektoratssitzungen an diesem Tisch absolviert. Selbst im schlimmsten Fall würde es Gedecke geben und im besten Fall niemanden, der im Schneidersitz auf dem Fußboden hockte und über LSD-Trips monologisierte. Außer Oona und Tig war noch ein Paar zugegen – ein Geschichtsprofessor und seine Frau, die wie durch ein Wunder noch zusammen waren. Der Professor war in einer von Tigs Dokumentarsendungen aufgetreten und galt als Autorität auf dem Gebiet des Siebenjährigen Krieges.

Die beiden Kinder hatten ihr Abendessen vorher bekommen, erschienen aber noch einmal zum besonderen Nachtisch, einem Grand-Marnier-Soufflé mit Schokoladensauce.

Die Atmosphäre war festlich, wenn auch ein bisschen überspannt. Oona und Tig wandten Nell lächelnde, interessierte Gesichter zu, wann immer sie etwas sagte, was nicht oft geschah – meistens war es der Geschichtsprofessor, der vortrug. Dennoch, wenn Nell etwas sagen wollte, hatte sie nicht das Gefühl, ihre Worte aussieben zu müssen und nur die kurzen nehmen zu dürfen.

Nach dem Essen ging das Historikerpaar, und Nell half Oona das Geschirr in die Küche hinüberzutragen – das war eine der alten Regeln –, und dann spielte sie Monopoly mit den beiden Jungen. Sie waren freundlich und höflich und behandelten Nell wie ein etwas älteres Kind. Sie schüttelte die Würfel und ließ sie rollen und hatte Glück, sie kaufte nicht nur das Wasserwerk und das Elektrizitätswerk und alle vier Bahnhöfe und einige rote Straßen und hellblaue und rosa Slumgrundstücke, sondern auch die Parkstraße und die Bahnhofsstraße, wo sie Hotels baute. Von ihrer eigenen Skrupellosigkeit überrascht – es war nur ein Spiel, und eigentlich sollte sie die Kinder gewinnen lassen –, verlangte sie hohe Mieten, trieb die Jungen schließlich in den Bankrott und gewann das Spiel.

Bemerkenswerterweise schmollten die Kinder nicht, sondern wollten gleich noch einmal spielen, aber Oona erklärte, dazu sei es zu spät. Dann gab es Eis, und zwei der drei Familienkatzen kletterten auf Nells Schoß und schnurrten. Nell war entzückt, sie fühlte sich willkommen und akzeptiert und irgendwie beschützt. Tig und Oona strahlten auf sie herunter, und die Jungen waren wie die freundlichen Feen in einem Märchen, in dem es um gerettete Waisen ging.

Die Dinner-Einladung sollte dafür sorgen, dass Nell Tig endlich einmal richtig kennenlernte. Zu diesem Schluss gelangte Nell später. Es war als eine Art Bewerbungsgespräch gedacht: Oona hatte Nell für die Stellung der zweiten Ehefrau im Auge oder für etwas Vergleichbares. Etwas Zweitrangiges. Etwas Kontrollierbares. Einer Art Konkubine. Sie sollte Tig als *andere Gesellschaft* dienen, damit Oona mit ihrem eigenen Leben, das sie unbedingt führen wollte, vorankam.

Was geschah dann? Nell war sich nicht ganz sicher. Offenbar hatte sie sich mitreißen lassen. Vielleicht war sie auch entführt worden. Manchmal fühlte es sich so an. Was immer es war, es hatte zu Tigs Flucht aufs Land beigetragen, auch wenn es von keinem erwähnt wurde.

Ende Januar kaufte Nell Wolle, in Rot und Blau und Violett. Sie hatte schon lange nicht mehr gestrickt, seit ihrer Kindheit nicht mehr, aber sie hatte das Bedürfnis, wieder damit anzufangen. Sie wollte eine Wolldecke für das muffige Bett in ihrem sogenannten Arbeitszimmer stricken, das Bett, in dem Oona schlief, wenn sie zu ihren Wochenendbesuchen auf die Farm kam. Nell hatte vor, zunächst lange Streifen zu stricken, ein rotes Quadrat, ein violettes, ein blaues, und die Streifen später zusammenzunähen. Sie musste es sorgfältig planen, um mit diesen Quadraten das kühne Schachbrettmuster zu erzielen, das ihr vorschwebte. Sobald sie die Decke fertig hatte, wollte Nell sie auf das Bett legen, und dort sollte sie auch bleiben.

Vielleicht würde sie das tun. Vielleicht aber auch nicht. Vielleicht würde sie zu ihrem orangefarbenen Tisch zurückkehren und zu ihrem Sally-Ann-Sofa und ihr Strickzeug mitnehmen. Sie hatte sich noch nicht entschieden.

Wenn Tig nicht da war – den einen oder anderen Ausflug unternahm –, las sie entweder oder lektorierte Manuskripte oder korrigierte die Arbeiten ihrer Studenten. Der Begriff des Gentleman in *Große Erwartungen.* Gouvernanten in *Jane Eyre*, *Jahrmarkt der Eitelkeiten* und *Die Drehung der Schraube*: Sklavin, Goldgräberin, Hysterikerin. Konformität und Rebellion in *Die Mühle am Fluss.* Ihr Arbeitszimmer lag aber auf der Nordseite des Hauses: Es wurde schnell kalt und früh dunkel. Also gönnte sie sich bei jeder Tätigkeit lange Pausen, machte sich Tee und saß an dem sonnigen Fenster, das früher das Salonfenster gewesen war, strickte weiter an ihrer blau-rot-violetten Tagesdecke und lauschte den Tropfen, die sich von den Eiszapfen an der Dachtraufe lösten, sah hinaus auf die blendend weißen Schneewehen, die sich in einer Kurve über das Feld zogen, und auf die Zedernreihe dahinter und die blauen Schatten. In solchen Momenten vergaß sie beinah, dass sie noch Entscheidungen zu treffen hatte. Sie fühlte sich faul und entspannt, als läge sie in einem warmen Bad. Aber dann zwickte sie sich wach und versuchte wieder einmal, ihre Lage zu analysieren.

Was genau hatte Tig ihr zu bieten? Er sprach von einer langfristigen Bindung, aber in welcher Form? Schließlich war er noch verheiratet. In dieser Geschichte würde es eine Handlung geben, Gefühle und Ereignisse, das immerhin ließ sich vorhersehen. Auch Liebe – das Wort war gefallen –, aber welche Art von Liebe? Und was bedeutete sie in der Praxis? »Ich glaub, es könnte mit uns klappen« – so hatte Tig es ausgedrückt. »Ich möchte mein Leben mit dir teilen.« Aber schloss dieses Leben – zum Beispiel – Oona ein?

Nell konnte Oonas Gegenwart spüren, sobald sie durch die Tür ihres Arbeitszimmers trat. Spüren oder möglicherweise riechen: Oona verwendete am liebsten parfümierte Pflegeprodukte, und sie neigte dem exotischen Pol des Duftspektrums zu. Als Nell früher mit Oona am Manuskript gearbeitet hatte, hatte sie das durchaus gern gerochen, aber jetzt konnte sie sich erst an die Arbeit setzen, wenn sie trotz der Minusgrade das Fenster weit geöffnet hatte, um einen Schwall frischer Luft hereinzulassen. Sie hatte das Gefühl, das Oona direkt hinter ihr stand, ihr über die Schulter sah, mit einem undefinierbaren Lächeln, und Wellen von betäubenden Gerüchen ausströmte, wie ein Feld reifer Mohnblumen.

Allerdings sei Oona in letzter Zeit kaum noch zur Farm rausgekommen, sagte Tig. Was Oonas neues Buch anging, das Nell hätte lektorieren oder – was näher lag – als Ghostwriter hätte verfassen sollen, so wurde das Projekt in aller Stille fallen gelassen.

Ende Februar verkündete Tig, es sei nun an der Zeit, dass Nell sich gemeinsam mit den Jungen auf der Farm aufhalte. Nell wusste nicht recht, ob sie dazu bereit war. Sie hatte sich an ihre Unsichtbarkeit gewöhnt: Dieses Arrangement nun zu ändern würde ein gewisses Gleichgewicht stören. Aber Tig sagte, er habe den Jungen erklärt, was mit ihr sei und dass sie den Großteil der Woche auf der Farm verbringe, also müsse sie jetzt ihren Part erfüllen. Ohnehin hätten Oona und er das besprochen und sich darauf verständigt: Es war an der Zeit, dass die Jungen Nell auf ihrem Heimatboden erlebten.

»Warum hast du das mit ihr besprochen?«, fragte Nell in einem möglichst neutralen Ton.

Tig sah verblüfft aus. »Das ist doch selbstverständlich«, sagte er. »Wir besprechen alles, was die Jungs angeht. Sie ist ihre Mutter.«

»Was genau hat sie gesagt?«, fragte Nell. »Über mich?«

»Sie ist voll und ganz dafür«, sagte Tig. »Voll und ganz für *dich.* Sie glaubt, dass du den Jungs guttun wirst.«

»Aber was ist mit mir?«, fragte Nell. Sie wollte noch hinzufügen, dass die Farm nicht ihr Heimatboden war. Sie hatte keinen Heimatboden, sie hatte sich nicht niedergelassen, sie hatte sich nicht entschieden. Tig sollte entschiedener um sie werben.

»Was meinst du damit?«, sagte Tig.

»Für wen halten sie mich denn?«, sagte Nell. »Was soll ich überhaupt darstellen?«

»Die wunderbare Frau, die hier mit mir zusammenlebt«, sagte Tig. Er schlang die Arme um sie und küsste sie auf den Hals, aber sie merkte, dass er trotzdem verärgert war. Sie machte Schwierigkeiten, wo es keine gab. Sie hatte eine Grenze überschritten. Aber wo war die Grenze? Sie konnte sie nicht erkennen.

Am letzten Samstag im Februar fuhr Nell mit dem Greyhound-Bus nach Stiles. Es war schon Nachmittag: Tig und Oona hatten befunden, dass Nell lieber nicht das ganze Wochenende dort oben verbringen sollte, nicht beim ersten Mal, weil das die Kinder überfordern könnte. Sie wartete in der Busstation darauf, dass Tig sie abholte, und strickte an ihrer Tagesdecke. Sie musste nur noch zwei Reihen Quadrate machen; die fertigen Reihen hatte sie schon mit einer Häkelnadel zusammengefügt, und der rot-violett-blaue Schachbretteffekt stellte sich genauso ein wie gewünscht.

Tig verspätete sich, aber das war nichts Neues. Er kam meistens zu spät, wenn er sie abholte. Er hatte in Stiles noch anderes zu erledigen. Er musste tanken, den Eisenwarenladen aufsuchen, Lebensmittel einkaufen. Nachdem sie das einmal begriffen hatte, machte es ihr nicht mehr allzu viel aus.

Sie fuhren in dem verrosteten Chevy zur Farm. Die Jungs schlitterten auf dem zugefrorenen Teich herum. Sie trugen keine Schlittschuhe, aber dafür hatten sie Eishockeyschläger; sie trieben den Puck übers Eis. Sie winkten mit ihren Fäustlingen, als der Wagen die Auffahrt heraufschleuderte.

Dieses Mal gab es keine Umarmung, kein Abwerfen der Kleidung, kein eiliges Schlüpfen unter Tigs Bettdecke. Stattdessen blieben sie verlegen stehen, sobald sie im Haus waren.

»Die sind da draußen erst mal beschäftigt«, sagte Tig.

»Vielleicht sollten wir Kakao machen«, sagte Nell. Das tat man schließlich mit Kindern: Man machte ihnen Kakao. »Und Popcorn«, fügte sie hinzu. Das hatte sie als Kind an kalten Winternachmittagen immer bekommen: Trostnahrung, kremig und süß und warm.

»Das ist eine gute Idee«, sagte Tig. Er lächelte sie an, erfreut, weil sie sich Mühe gab.

Zum Glück war Kakao im Haus und auch etwas Popcorn. Nell machte sich daran, das Kakaopulver mit Zucker zu mischen. Sie goss ausreichend Milch in einen Topf, dann drehte sie den Herd an und begann die Maiskörner in einem Eisentopf zu schütteln. Hausmutter, dachte sie. Campleiterin. Sonntagsschullehrerin auf einem Ausflug. Das waren ihre Möglichkeiten, ihre Tarnungen: alle etwas pfadfinderhaft, sie rochen nach blauen Baumwollblusen mit Abzeichen auf den Ärmeln. Wie sollte sie die Jungen begrüßen? »Hallo Jungs, ich bin die Geliebte eures

Vaters.« Aber *Geliebte* war ein Wort, das zusammen mit *Ehebruch* entsorgt worden war. Man konnte das eine nicht ohne das andere haben.

Die Jungen kamen durch den Schuppen herein; sie hörte, wie sie lachten, den Schnee von den Füßen stampften. Dann standen sie im Wohnzimmer. Sie sahen sie schüchtern an, vielleicht auch misstrauisch oder besorgt: Nell ging davon aus, dass sie einander auf ähnliche Weise ansahen, die Jungen und sie. Dann schüttelten sie ihr die Hand, einer nach dem anderen. Bei aller Dornigkeit und Blutsaugerei der Ehe, die bisher ihr Habitat gebildet hatten, waren sie das, was man früher gut erzogen nannte. Sie waren größer, als Nell sie in Erinnerung hatte, und älter, aber das war ganz natürlich. Es waren Monate vergangen – viele Monate –, seit sie die Jungen zuletzt gesehen hatte.

Sie saßen zu dritt am Küchentisch, tranken Kakao und aßen Popcorn und spielten Monopoly, während Tig fürs Abendessen Spaghetti kochte. Das Spiel verlief nicht so spontan wie beim ersten Mal; jetzt bewegten sie sich vorsichtiger, zurückhaltender; die Jungen horteten ihr Monopoly-Geld wie für einen zukünftigen Notfall. Sie kauften weniger draufgängerisch, scheuten das Risiko. Vielleicht erinnerten sie sich an ihr erstes Spiel mit Nell, damals, als die Eltern noch unter einem Dach lebten und so taten, als wäre alles in Ordnung. Jetzt mussten die Jungen so tun, als wäre alles in Ordnung. Auch Tig betätigte sich als Schauspieler: Er war übertrieben fröhlich, und dabei war seine Anspannung deutlich zu spüren. Er wünschte sich so sehr, dass alles glattging.

Nell spielte so unbedacht wie möglich und borgte sich immer wieder Geld, aber trotz aller Bemühungen gewann sie das Spiel. Sie brachte es nicht über sich, zu schummeln. (In den kommenden Monaten sollten sie und die Jungen und manchmal sogar Tig viele solche Spiele machen. Nell versuchte, Monopoly durch

Hearts oder Gruppensolitaire zu ersetzen, aber die Jungen bestanden auf Monopoly. Sie taten Nell leid: Jeder Junge wollte gewinnen, mindestens einmal. Aber sie hatten kein Glück, und man konnte es auch nicht so hinbiegen.)

Während sie die Spaghetti aßen, rief Oona an. Nach einem kurzen Austausch mit Tig und Gesprächen mit beiden Jungen wollte sie Nell sprechen. Widerwillig ging Nell ans Telefon. Es war ein Wandapparat gleich in der Küche. Tig und die Jungen verstummten: Sie konnten nicht anders, sie mussten zuhören.

Oona sprach im vertraulichen, aber autoritären Ton, den Nell kannte. »Du kümmerst dich doch darum, dass sie ihre Hausaufgaben machen, ja?«, sagte sie. »Tig lässt ihnen zu viel durchgehen. Sie lassen in der Schule nach.«

Das ist also die Rolle, die mir bestimmt ist, dachte Nell. Ich bin die Gouvernante.

Ende März, als der Schnee fast überall verschwunden war und sich nur noch in schattigen Ecken hielt und die Knospen anschwollen, hatte Nell ihre Tagesdecke fertiggestrickt und legte sie über das Einzelbett in ihrem Arbeitszimmer. Sie freute sich, dass die Decke so gelungen war. Sie rief Tig, damit er sie bewunderte.

»Heißt das, dass du für immer hierbleibst?«, fragte Tig und legte von hinten die langen Arme um sie. Nell antwortete nicht, aber sie lächelte. Er war doch nicht so begriffsstutzig.

Im April brachten die Jungen eine ihrer Katzen mit, weil eine Farm eine Katze brauchte: Sie hatten in der Scheune ein paar Mäuse gesehen oder vielleicht Ratten. Die Katze war eine Stadtkatze. Sie war nicht an Autofahrten gewöhnt und fauchte und übergab sich im Wagen, und als sie die Farm erreichten, sprang sie raus, bevor jemand sie packen konnte, lief in die Büsche und wurde tagelang nicht mehr gesehen. Als sie zurückkam, war sie dünner und hatte überall Kletten im Fell. Sie schlüpfte unter das Bett in Nells Arbeitszimmer und wollte nicht wieder hervorkommen. In der Nacht musste sie sich aber auf Nells Decke hin und her gewälzt und die meisten Kletten auf sie übertragen haben. Nell zupfte und zupfte daran, aber es gelang ihr nie, all die kleinen Haken und Stachel rauszukriegen.

MORALISCHE UNORDNUNG

So einen schönen Frühling hat's noch nie gegeben, dachte Nell. Frösche – oder waren es Kröten? – trillerten vom Teich herüber, und es erschienen Kätzchen an den Zweigen – waren das Weiden? –, und dann begannen der Weißdorn und die wilden Pflaumen und die unbeschnittenen Apfelbäume zu blühen, Narzissen, die eine längst entschwundene Farmerfrau mal gesetzt haben musste, schoben sich in ungerader Reihe durch das Unkraut und das tote Gras neben der Auffahrt. Die Vögel sangen. Der Matsch trocknete.

An den Abenden saßen Nell und Tig draußen vor ihrem gemieteten Farmhaus auf zwei Gartenstühlen aus Aluminium, die sie im Schuppen gefunden hatten. Sie hielten sich bei den Händen, schlugen ab und zu nach einer Mücke und beobachteten, wie eine Schleiereule ihren zwei Jungen das Jagen beibrachte. Zum Üben benutzten sie die zwölf Entenküken, die Tig gekauft und in den Teich gesetzt hatte. Er hatte ein Schutzdach für die Küken gebaut – wie ein kleines Haus ohne Wände, das auf einem treibenden Floß stand. Sie hätten unter das Dach schlüpfen können, um in Sicherheit zu sein, doch offenbar hatten sie dafür noch nicht genug gelernt.

Lautlos schwebte die Eule nach unten, dicht über die Teichoberfläche, während die Küken ahnungslos paddelten, holte sich jeden Abend ein Küken und trug es zur Höhle in dem toten Baum, wo sie ihr Nest hatte, riss das Küken auseinander und verteilte es an die Jungen, damit sie es runterwürgten – bis alle zwölf Küken weg waren.

»Guck dir das an«, sagte Tig. »Diese Anmut.«

Anfang Mai erklärte der Geschäftsmann, dem die Farm gehörte, dass er verkaufen wolle. Er gewährte ihnen einen Monat Auszugsfrist. Da es keinen Mietvertrag gab, mussten sie raus. Aber sie konnten nicht in die Stadt zurückziehen, da waren sie sich einig. Es war einfach zu schön hier oben.

Sie fuhren eine halbe Stunde weiter nach Norden, wo die Immobilienpreise niedriger waren, sahen sich in den Nebenstraßen um, suchten nach den entsprechenden Schildern. In der Nähe von Garrett fanden sie etwas in ihrer Preisklasse: ein Haus, eine Scheune und hundert Hektar. Es stand seit einem Jahr zum Verkauf. Es hatte leergestanden, sagte der Eigner, der sie persönlich herumführte. Er lebte auf einer anderen Farm; diese Scheune hatte er zur Heulagerung benutzt. Aber jetzt verkaufte er beide Objekte, er brauchte Bargeld. »Ich möchte noch was von der Welt sehen, bevor ich mich in den Kasten leg«, sagte er.

Auch auf dieser Farm gab es einen Teich, und eine Anzahl von knorrigen Apfelbäumen umgab das Haus, in einem Garagenschuppen stand ein alter Traktor. Der gehöre dazu, sagte der Eigner. Das Haus war weiß geschindelt, aus den 1830er Jahren, auf der Rückseite gab es einen Anbau mit Zementfußboden – eine Sommerküche. Der Keller war nie fertig geworden, die Deckenbalken bestanden aus komplett naturbelassenen Baumstämmen, mit Borke. Die Treppe, die zum Keller hinunterführte, war steil und gefährlich. Der Lehmboden war feucht und roch undefinierbar. Nicht eindeutig nach Trockenfäule oder toten Mäusen oder Fäkalien.

»Da muss viel gemacht werden«, sagte Nell. Der Farmer gestand das fröhlich ein und senkte den Preis gleich um fünftausend

Dollar. Dann gebe es noch die Frage der Hypothek, sagte Tig: Sie waren für eine Bank nicht gerade die Idealkunden, da sie beide keine dauerhafte Anstellung hatten. Der Eigner meinte allerdings, dann würde er selbst ihnen eine Hypothek gewähren.

»Der hat's aber eilig, das Ding loszuwerden«, sagte Nell. Sie standen mitten auf dem Küchenfußboden, der zur Tragwand hin schräg abfiel: Sie würden den Fußboden von unten aufbocken und einen neuen Querbalken einziehen müssen. Die Tapete – die oberste von vielen Schichten, wie man an den eingerissenen Stellen sehen konnte – war blassgrün mit knollenartigen rosabraunen Blumen. Auf dem Boden lag Linoleum mit einem Muster aus kastanienbraunen und orangeroten Rauten, das Nell aus den Fünfzigern kannte.

»Das sind immerhin hundert Hektar«, sagte Tig.

»Das Haus ist ziemlich dunkel«, sagte Nell. »Besonders heiter wirkt es nicht.«

»Wir putzen die Fenster«, sagte Tig. Seit Jahren hatte hier niemand mehr gewohnt. Staub und tote Fliegen bedeckten die Fensterbretter. »Wir streichen die Tapete weiß.« Er hatte sich vom Farmer über das Gelände führen lassen. Auf dem hinteren Feld hatte Tig eine Kornweihe gesehen; das erschien ihm wie ein Omen.

Nell sagte nicht, dass es nicht an den Fenstern lag, nicht an der Tapete. Aber ein neuer Anstrich würde helfen.

Sie kratzten die Anzahlung zusammen: Nells Ersparnisse und das Honorar für einen Dokumentarfilm, den Tig kürzlich fürs Fernsehen gemacht hatte. Am Wochenende, nachdem sie den Vertrag unterschrieben hatten, stellten sie ihr Bett dort auf. Danach saßen sie auf dem Linoleumfußboden, aßen Sardinen aus der Dose und dunkles Brot und Käse vom Stück und tranken Rotwein. Es gab nur eine einzige grelle Glühbirne, die an einem

Kabel von der Decke herabhing, sie drehten die Birne aus und zündeten eine Kerze an. Es war wie ein Picknick, nur drinnen.

»Jetzt gehört es uns«, sagte Tig.

»Ich hab noch nie Land besessen«, sagte Nell.

»Ich auch nicht«, sagte Tig.

»Es macht mir ein bisschen Angst«, sagte Nell.

»Morgen gehen wir raus und gucken uns die Weihe an.«

Nell küsste Tig. Nach den Sardinen war das nicht unbedingt ratsam, aber sie hatten beide davon gegessen.

»Lass uns ins Bett gehen«, sagte Tig.

»Ich muss mir die Zähne putzen«, sagte Nell.

Sie lagen eng umschlungen auf Tigs Matratze – ihrer Matratze. Sie hatten die Kerze mit nach oben genommen; sie flackerte in dem warmen Luftzug, der durch das offene Schlafzimmerfenster hereinkam. Nell dachte an zarte weiße Gardinen – die hatte sie sich als junges Mädchen immer gewünscht –, sie dachte daran, wie sich solche Gardinen in so einer Brise bauschen würden, wenn sie erst mal welche hatten.

»Du hättest nicht sagen sollen, dass ich deine Frau bin«, sagte Nell nach einer Weile. »Beim Anwalt.«

»Viele Frauen behalten heutzutage ihren Mädchennamen«, sagte Tig.

»Aber es ist nicht wahr. Oona ist deine Frau. Du bist immer noch mit ihr verheiratet.«

»Nicht wirklich«, sagte Tig.

»Egal, die haben's sowieso gemerkt. Hast du nicht gesehen, wie der mich angeguckt hat? Der Anwalt?«

»Wie hat er dich angeguckt?«

»Na, eben so.«

»Wie soll ich dich denn nennen?«, sagte Tig. Jetzt klang er verletzt.

Nell sagte nichts. Sie verdarb alles; das wollte sie nicht. Sie war durch ihn in eine falsche Position geraten, und das gefiel ihr gar nicht. Aber ihr fiel auch kein anderes Wort ein – kein Wort, mit dem sie sich bezeichnen könnte, das zugleich der Wahrheit entsprach und hinnehmbar war.

Im Lauf der nächsten Tage zogen sie mit dem Rest ihrer Besitzungen um: den Kojenbetten für Tigs Kinder, wenn sie zu Besuch kamen; dem Einzelbett für das Gästezimmer; Nells Schreibtisch; ein paar Stühlen; ein paar Bücherborden und Büchern; Nells orange gestrichenem Tisch. Den Rest ihres Mobiliars hatte sie in der Stadt zurückgelassen. Irgendwann würden sie Möbel kaufen müssen – das Haus wirkte so leer –, aber im Moment hatten sie dafür kein Geld mehr übrig.

Die beiden Jungen kamen am folgenden Wochenende zu Besuch und schliefen in dem neuen Zimmer in ihren Kojen und machten mit Tig einen langen Spaziergang über den ganzen Besitz. Sie sahen die Kornweihe – zwei Kornweihen. Bestimmt ein Paar, sagte Tig; sie hatten Mäuse gejagt. Die Jungen freuten sich über den Traktor im Schuppen. Man brauchte keinen Führerschein, um einen Traktor zu fahren, jedenfalls nicht, wenn man sich von den Straßen fernhielt. Tig meinte, die Jungen könnten damit auf den Feldern herumfahren, wenn er – oder irgendjemand – ihn repariert hatte.

Nell ging nicht mit. Sie blieb im Haus und backte Kekse. Es gab einen alten Elektroherd, der noch funktionstüchtig war, mit Ausnahme einer Kochplatte. Sie wollten sich auch einen Holzofen zulegen. Das war der Plan.

Als Tig und die Jungen zurückkamen, aßen sie alle Kekse mit Honig und tranken Tee mit heißer Milch. Sie saßen entspannt um Nells orangenen Tisch, die Ellenbogen aufgestützt, wie eine richtige Familie.

Ich bin die Einzige hier, die mit niemandem verwandt ist, dachte Nell. Sie fühlte sich ausgeschlossen. Sie kam nicht mehr oft in die Stadt und wenn, dann nur geschäftlich – sie traf sich mit Verlegern und den Autoren, deren Bücher sie lektorierte –, also sah sie ihre Freunde und Freundinnen kaum. Außerdem sprachen ihre Eltern nicht mehr mit ihr, was nicht hieß, dass sie *gar* nicht mehr mit ihr sprachen. Was Gespräche mit ihnen anging, war sie in eine Art graue Zone verbannt worden, die dem Wartesaal eines Busbahnhofs ähnelte: Dort war es kalt, man schwieg sich lange an, die Themen beschränkten sich auf Gesundheit und Wetter. Ihre Eltern hatten sich nicht damit abgefunden, dass Nell tatsächlich zu einem Mann gezogen war, der noch mit einer anderen Frau verheiratet war. So offen freizügig war sie früher nicht gewesen. Sie hatte zumindest den äußeren Schein gewahrt. Mehr auf Diskretion geachtet. Aber jetzt, da sie ihren Adresswechsel per Kartenversand allgemein bekannt gegeben hatte, gab es für Diskretion keinen Spielraum mehr.

Nell setzte ihre ganze Energie ein, um einen Gemüsegarten anzulegen. Da die Felder voller Murmeltiere waren, begann sie mit einem Zaun; Tig half ihr dabei. Sie setzten den unteren Rand des engen Maschendrahtzauns dreißig Zentimeter tief in die Erde, damit die Murmeltiere sich nicht von unten hindurchwühlen konnten. Dann grub Nell eine Menge zersetzten Kuhdung in die Erde ein, vom Haufen, den sie neben der Scheune vorgefunden hatte. Der würde noch jahrelang reichen. Neben der Eingangstür stand ein knotiger, verwucherter Rosenstock; den schnitt sie zurück. Sie beschnitt auch einige der Apfelbäume. Plötzlich interessierte sie sich brennend für scharfe und spitze Instrumente – Garten- und Rosenscheren, Hacken und Schaufeln, Baumsägen und Mistgabeln. Für Beile aber nicht; sie glaubte nicht, dass sie mit einem Beil umgehen könnte.

Inzwischen hatte Nell nachgelesen, wer dieses Land zuerst besiedelt hatte – Pioniere, die Anfang des 19. Jahrhunderts hierhergekommen waren und das Land gerodet hatten. Sie hatten die Bäume gefällt, die Stämme und Äste verbrannt und die riesigen Wurzeln zu Stumpfzäunen verarbeitet, die man hier und da noch im Zustand langsamer Verwitterung sah. Viele von ihnen hatten noch nie eine Axt benutzt, bevor sie hergekommen waren. Einige von ihnen hatten sich die Beine abgehackt; andere hatten sich in Eimer gestellt, während sie die Axt gebrauchten, um diesem Schicksal zu entgehen.

Der Mutterboden war gut, trotz vieler Steine. Es gab auch Scherben von Steingutgeschirr und von Medizinfläschchen aus Pressglas, weiß und blau und braun. Einen Puppenarm. Einen angelaufenen Silberlöffel. Tierknochen. Eine Murmel. Schicht um Schicht von gelebtem Leben. Für irgendeinen Menschen war diese Farm einst neu gewesen. Es musste Kämpfe gegeben haben, Zweifel, Fehlschläge und Verzweiflung. Und Todesfälle natürlich. Todesfälle der verschiedensten Art.

Während Nell im Garten arbeitete, war Tig unterwegs. Er fuhr die Nebenstraßen rauf und runter, erforschte die Gegend. Er fuhr nach Garrett und sah sich im Eisenwarenladen um und eröffnete bei der hiesigen Bank ein Konto. Der Lebensmittelladen in der Stadt – nicht zu verwechseln mit dem kastenartigen Supermarkt vor der Stadt – zeichnete sich durch ein Schild im Fenster aus: KNOCHENLOSE HÜHNERFRUCHT. Damit waren Eier gemeint. Wenn Tig von seinen Expeditionen zurückkehrte, erzählte er Nell von diesen Entdeckungen und brachte ihr Geschenke mit: eine Kelle, ein Knäuel Garn, eine Rolle Bodendecke aus Plastik.

An der nächstgelegenen Kreuzung gab es eine Kombination aus Tankstelle und Gemischtwarenladen; Tig gewöhnte sich an, dort mit den Farmern der Gegend Kaffee zu trinken, den älteren. Für sie sei er ein Sonderling, meinte Tig. Immerhin straften sie ihn nicht mit tödlicher Verachtung, wie sie es sonst bei Leuten aus der Stadt taten. Er fuhr einen rostigen Wagen und trug keinen Schlips und wusste, was ein Ratschensatz ist: das sprach für ihn. Aber er war auch kein Farmer. Trotzdem duldeten sie ihn bei ihren Kaffeerunde, und so schnappte er Tipps für die Landwirtschaft und Klatsch auf. Die Farmer fingen sogar an, ihn ein bisschen aufzuziehen, eine Verbesserung ihrer Beziehungen, von der er Nell hocherfreut berichtete.

Nell war bei diesen Spritztouren nicht dabei; sie war nicht eingeladen. Beim Farmerkaffeekränzchen waren nur Männer zugelassen. Das wurde nicht gesagt, es wurde vorausgesetzt.

»Ich hab sie gefragt, was für Tiere wir uns anschaffen sollten«, sagte Tig eines Tages, als er vom Laden an der Kreuzung zurückkam.

»Und?«, sagte Nell.

»Sie sagten: ›Keine.‹«

»Das klingt gut«, sagte Nell.

»Einer von denen sagte dann: ›Wenn ihr Vieh anschafft, habt ihr bald totes Vieh.‹«

»Da wird er wohl recht haben«, sagte Nell.

Ein paar Tage später meinte Tig, wenn sie schon auf einer Farm lebten, sollten sie das Land nicht einfach brachliegen lassen, und das hieß, sie sollten sich ein paar Tiere anschaffen. Und für die Jungen sei es eine wertvolle Erfahrung zu lernen, woher die Nahrung eigentlich stammte. Sie könnten es für den Anfang ja mit Hühnern versuchen: Hühner seien einfach, sagten die Farmer.

Tig und die Jungen bauten einen etwas schiefen Stall, damit die Hühner nachts vor Raubtieren geschützt waren. Sie bauten auch einen eingezäunten Hof, in dem die Hühner in Sicherheit herumlaufen konnten. Die Eier würden Tig und Nell und wer sonst noch da war essen, sagte Tig, später könnten sie auch die Hühner essen, wenn die zu alt wurden, um Eier zu legen.

Nell fragte sich, wer die ältlichen Hühner töten würde, wenn es so weit war. Dass sie es tun würde, hielt sie für unwahrscheinlich.

Die Hühner kamen in Jutesäcken an. Sie gewöhnten sich sofort an die neue Umgebung, jedenfalls schien es so: Viele Gesichtsausdrücke standen ihnen nicht zur Verfügung. Der Farmer, der sie lieferte, hatte ihnen einen Hahn dazugegeben. »Er meint, die Hennen wären dann zufriedener«, sagte Tig.

Der Hahn krähte jeden Morgen – ein uralter biblischer Laut. Die restliche Zeit verfolgte er die Hennen, während sie im Boden scharrten, er sprang von hinten auf sie drauf und trampelte auf ihnen herum. Kamen Nell oder die Jungen den Hennen zu nahe, wenn sie in den Hühnerhof gingen, um die Eier einzusammeln, sprang der Hahn ihre nackten Beine an und zerkratzte sie mit den Sporen. Sie nahmen dann immer einen Stock mit, um den Hahn auf Abstand zu halten.

Nell verwendete die Eier für einen Rührkuchen, den sie in der Tiefkühltruhe einfror. Die hatten sie in weiser Voraussicht gekauft, denn wenn der Gemüsegarten erst mal richtig in Gang kam, müssten sie die Ernte doch irgendwo unterbringen, oder etwa nicht?

Dann besorgte Tig Enten – dieses Mal keine Küken –, die sich im Teich selbst versorgen durften, und noch zwei Gänse, die Eier legen und Küken produzieren sollten; aber eine der Gänse verletzte sich am Bein. Sie brachten sie zu Mrs Roblin, ein Stück die Straße hinauf.

Tig und die Jungen hatten sich inzwischen mit den Roblins angefreundet, allerdings hegte Nell den Verdacht, dass die alten Roblins, die Milchkühe hielten, genau wie die jungen Roblins, die es in Hülle und Fülle gab, sie hinter ihrem Rücken auslachten. Die Roblins waren schon lange auf ihrer Farm und wussten, was bei Farm-Notfällen zu tun war. Auf dem nahen Friedhof lagen viele Roblins.

Mrs Roblin war eine quadratisch gebaute rundgesichtige alte Frau – Nell fand sie alt – mit kurzen, aber verblüffend kräftigen Armen und geschickten roten Wurstfingern, die (wie Nell annahm) nie das Innere eines Gummihandschuhs gesehen hatten. Die Jungen sagten von ihr, sie springe im Notfall ein, und Nell begriff, dass dieses Einspringen nichts mit Eiskunstlauf, sondern viel mit Dünger zu tun hatte. Frau Roblin kam ohne Zweifel für jedes Vorhaben in Frage, das mit Matsch und Kot und Blut und Innereien zu tun hatte – die Jungen hatten gesehen, wie sie in eine Kuh hineinlangte und ein Kalb herauszog, mit den Beinen zuerst, ein Anblick, der ihnen Ehrfurcht eingeflößt hatte. Während sie das erzählten, sahen die Jungen Nell an, nicht kritisch, aber abfällig: Es war schlicht undenkbar, dass Nell jemals bis zu den Ellbogen in die Vagina einer Kuh greifen würde, besagte dieser Blick.

Nell hatte gehofft, dass Mrs Roblin das Bein der Gans richten und schienen würde, aber nein: Die Gans kam in bratfertigem Zustand zurück; Tig erklärte, so liefe es nun mal auf dem Land. Die andere Gans – oder war es ein Gänserich? – wanderte eine Weile herum, mit trauriger Miene, wie Nell meinte, und flog später davon.

Inzwischen gab es auch zwei Pfauen, ein Paar, das Tig auf einer Pfauenfarm an einer Landstraße gefunden und Nell als Geschenk überreicht hatte.

»Pfauen«, sagte Nell. Tig hatte ihr sicher eine Freude machen wollen. Das wollte er immer. Wie sollte sie seine Begeisterungsfähigkeit, seine Spontaneität nicht schätzen? »Und im Winter?«, sagte sie. »Werden die nicht sterben?«

»Pfauen sind eigentlich Fasane aus dem Nordhimalaya«, sagte Tig. »Die schaffen das schon. Die Kälte macht denen nichts aus.«

Die Pfauen waren immer zusammen. Der Pfau schlug oft sein Rad und klapperte damit, und die Henne bewunderte ihn. Sie flogen gern herum und saßen auf Bäumen und pickten hier und da etwas auf. Manchmal flogen sie in den Hühnerhof. Der Hahn war klug genug, sich nicht mit dem Pfau anzulegen, der viel größer war als er. Nachts ließ sich das Paar auf einem Querbalken in der Scheune nieder, wo sich beide anscheinend sicher fühlten. Sie schrien wie Babys, die ermordet wurden, meist kurz vor Sonnenaufgang. Nell fragte sich, wo sie ihr Nest bauen würden. Wie viele Pfauenbabys würden sie ausbrüten?

Im Garten pflanzte Nell alles, was ihr einfiel. Tomaten, Erbsen, Spinat, Möhren, Steckrüben, Rote Bete, Winter- und Sommerkürbisse, Gurken, Zucchini, Zwiebeln, Kartoffeln. Sie wollte Großzügigkeit, Überfluss, ein Übermaß an Fruchtbarkeit wie auf den Renaissance-Gemälden, die fruchtbringende Göttinnen darstellten – Demeter, Pomona –, in fließenden Gewändern mit entblößter Brust und strahlenden Früchten, die aus ihren Körben purzelten. Sie legte einen Kräutergarten an, mit Schnittlauch und Petersilie, Rosmarin und Oregano und Thymian, drei Rhabarberpflanzen und zwei Johannisbeersträuchern, einer rot, einer weiß, und einigen Holunderbüschen, damit sie im Frühling Holunderblütenwein machen konnten, und ein Erdbeerbeet. Sie pflanzte Kletterbohnen, stellte darüber drei Stangen auf, oben zusammengebunden, an denen die Bohnen raufklettern sollten.

Die hiesigen Farmer kannten diese Bohnenmethode nicht. Bei ihren regelmäßigen Besichtigungstouren auf dem Hof – dafür fand sich immer ein Vorwand, ein streunender Hund, ein Schraubenschlüssel oder Hammer, den man sich leihen wollte, aber in

Wirklichkeit wollten sie nur sehen, was Tig und Nell gerade wieder anstellten – musterten sie die nackten Stangen, ohne zu fragen, wozu die gut sein sollten. Als die Bohnen allmählich in Sicht krochen, guckten sie nicht mehr hin.

»Hab gehört, eure Kühe ham wieder 'n Ausflug gemacht«, sagten sie beispielsweise. Sie hatten so eine Art, Nell von der Seite anzustarren: Sie wurden aus ihr nicht schlau. Waren sie und Tig verheiratet oder was? Die Art, wie die Farmer sie halb angrinsten, zeigte, dass sie das nicht glaubten. Vielleicht war sie eine Verfechterin der freien Liebe, irgendeine Art Hippie. Das würde zur Tatsache passen, dass sie sich im Garten den Hintern aufriss. Richtige Farmerfrauen hatten keine Gärten. Sie luden ihre Pickups einmal die Woche mit Gemüse vom Supermarkt in Garrett voll, zwanzig Meilen östlich.

»Hab gehört, ihr habt drei Tage gebraucht, sie wieder in'n Stall zu bringen. Vielleicht bringt ihr sie besser zu Anderson.«

Nell wusste, was Anderson war. Es war der Schlachthof. Andersons Fleischerei. »Oh, ich denke eher nicht«, sagte Nell. »Noch nicht.«

Die Kühe hatten sie, weil Tig beschlossen hatte, dass sie ihr eigenes Rindfleisch ziehen sollten: Die kaffeetrinkenden Farmer hielten es alle so. »Zieh vier auf, verkauf drei, tu eins in die Kühltruhe, und mehr brauchst du nicht«, lautete ihre Botschaft. Also kaufte Tig einem dieser hilfreichen Farmer auf Kredit vier Charolais-Hereford-Kreuzungen ab. Man konnte die Farmer kaum der Lüge bezichtigen, trotzdem hätten Nell und Tig besser ein paar kluge Fragen gestellt. Sie hatten keine Ahnung gehabt, dass Kühe springen können, und dann noch so hoch.

Die Zäune mussten erhöht und verstärkt werden, aber manchmal kamen die Kühe trotzdem raus und liefen davon, um sich einer großen Herde in der Nähe anzuschließen. Tig musste die Jungen mitnehmen, um sie zurückzuholen – den Kühen Seile um den Hals zu werfen und sie zum Lastwagen zu schleppen, den sie zu dem Zweck geliehen hatten. Das war gefährlich, weil die Kühe unberechenbar waren und nie nach Hause wollten.

»Vielleicht wissen sie, dass wir sie essen wollen«, sagte Nell.

»Kühe wollen mit andern Kühen zusammen sein«, sagte Tig. »Sie sind wie diese Massen, die in die Shoppingmalls strömen.«

Die Kühe hießen Susan, Velma, Megan und Ruby. Die Jungen hatten sie so getauft. Sie waren ermahnt worden, das nicht zu tun – die Kühe auf die Weise zu vermenschlichen –, aber sie taten es trotzdem.

Oona rief jedes Wochenende an. Anfangs hatte sie auch mit Nell sprechen wollen, nicht nur mit Tig und den Jungen – sie wollte Nells Unterstützung, und sie wollte ihr Instruktionen geben –, aber nach einer Weile hörte sie damit auf. Ab und zu bekam Nell knappe Botschaften von Oona übermittelt, die Jungen brachten diese zusammengefalteten Notizen in zugeklebten Umschlägen mit. Gewöhnlich ging es um fehlende Socken.

Eine der Hennen entkam aus dem Hof und wurde mit aufgeschlitzter Kehle zwischen den Rhabarberpflanzen aufgefunden. »Wiesel«, sagte Mrs Roblin, nachdem sie die Wunde inspiziert hatte. »Die trinken das Blut.« Sie fragte, ob Nell die Henne wieder mitnehmen und zu Hause daraus eine Suppe kochen wolle, das Tier sei ja frisch und bereits ausgeblutet. Nein, das wollte Nell nicht – das Opfer eines Wieselmords war gewiss verdorben –, und so behielt Mrs Roblin die Henne. Sie meinte, ihr werde schon eine nützliche Verwendung einfallen.

Eine andere Henne verlegte ihre Geschäfte hinter einen Haufen Maschinenteile im Traktorschuppen, wo sie Eier hortete – ihre eigenen und die anderer Hennen, die ihre Brutpflichten vernachlässigten. Als Nell sie fand, saß sie auf fünfundzwanzig Eiern. Was tun? Die Eier waren zu alt – fast entwickelt, voller Embryos –, um noch gegessen zu werden.

Die Jungen würden den Rest des Sommers auf der Farm verbringen, sagte Tig – das hatte sich ganz kurzfristig entschieden, weil Oona in die Ferien fuhr. Sie wollte in der Karibik Urlaub machen, und zwar nicht allein.

»Macht es dir was aus?«, sagte Tig, und Nell sagte, natürlich nicht, obwohl sie es gern vorher erfahren hätte. Tig sagte, es habe kein Vorher gegeben.

Nell befestigte mit einem Magneten eine Liste am Kühlschrank. Es war eine Liste der Putzpflichten: fegen, den Tisch abräumen, abwaschen. Sie würden sich alle abwechseln. Sie selbst würde weiterhin die gesamte Wäsche in der launischen Waschmaschine waschen, die sie gebraucht gekauft hatten; sie würde sie weiterhin auf die Leine hängen. Sie backte schon das Brot und den Kuchen und machte das Eis mit den übrigen Eiern und dem Rahm, den sie von den Roblins kriegten. Sie musste sich noch etwas für die Johannisbeeren einfallen lassen – sie konnte nicht jede einzelne Johannisbeere zu Marmelade einkochen. Sie hatte versucht, einen Teil in der Sonne zu trocknen, hatte später aber nicht mehr daran gedacht, und dann regnete es. Trotz der verschiedenen Listen, die sie gemacht hatte, konnte sie nicht alles im Auge behalten.

Es gab in diesem Sommer zahlreiche Auktionen – Farmer starben oder verkauften, und dann wurde alles in Haus und Scheune versteigert. Nell fühlte sich wie ein Aasgeier; trotzdem ging sie hin. Sie kam auf diese Weise an einige Quilts – sie mussten nur ein wenig ausgebessert werden – und an eine Holztruhe, der die Angeln fehlten, aber die konnte man bei Gelegenheit leicht ersetzen. Sie suchte nach Dingen, die eine stimmige Gesamtwirkung erzielten – eine rustikale Wirkung. Wie in der guten alten Zeit.

Tig kaufte eine Heupresse – ganz billig, weil es sich um ein altes Modell handelte. Sie brachte kleine längliche Ballen hervor – nicht die überdimensionierten Heuwalzen, die nun üblich waren. Er und die Jungen würden Heu machen, sagte er. Damit konnten sie im Winter die Kühe füttern und das überzählige Heu für einen Dollar den Ballen verkaufen. Er würde die Jungen natürlich bezahlen – was immer ein ungelernter Landarbeiter bekam. Tig und Nell würden bei dem Unternehmen Geld verlieren, oder im besten Fall würde plus minus null rauskommen, aber die Jungen würden endlich mal lernen, richtig zu arbeiten und sich nützlich zu fühlen, und das wäre doch eine großartige Erfahrung. Was meinte Nell dazu?

»Ich find das gut«, sagte Nell. Inzwischen war das ihre Standardantwort, wenn es um die Dinge ging, für die Tig sich begeisterte.

Während Nell und Tig die Auktionen besuchten, verbrachten die Jungen viel Zeit in der Scheune. Sie kamen da auf eine Menge Ideen, tranken Alkohol, probierten psychedelische Substanzen, rauchten Zigaretten und Dope. Das Zeug kam von versteckten Feldern vor Ort, wo einige der jüngeren Farmer lukrative, wenn auch illegale Pflanzen anbauten, die sie »Irrentabak« nannten. In der Scheune wurden Verschwörungen ausgeheckt. Man erwog, mit dem Auto abzuhauen, nach Montreal oder wenigstens nach Garrett durchzubrennen, um Horrorfilme anzugucken. Diese Pläne blieben Theorie, und die Jungen brüllten nicht herum und zerschlugen auch nichts, im Unterschied zu anderen, von denen Nell gehört hatte, so dass Nell und Tig nichts auffiel. Das kam alles erst viel später heraus, als die Jungen längst erwachsen waren, die Zwanziger überwunden hatten und ihre Wut auf Tig, weil er von zuhause fortgegangen war; da begannen sie, von früher zu erzählen.

Die Jungen waren nicht besonders gut in der Schule – Oona hatte ihre Zeugnisse geschickt und angedeutet, dass dieser Mangel an Fortschritt Tigs Schuld sei. Tig – der den Traktor zum Laufen gebracht hatte und die Jungen damit im Hof und aufs hintere Feld hinausfahren ließ – war aber der Meinung, sie lernten genug andere Dinge, Dinge, die ihnen später von Nutzen sein würden.

Die Jungen waren jetzt größer – größer als Nell. Einer von ihnen war fast so groß wie Tig. Sie waren sonnengebräunt und hatten Muskeln; sie aßen Unmengen, und wenn Tig sie nicht an etwas anderem arbeiten ließ, lagen sie unter dem Traktor, schraubten Teile heraus und schraubten sie wieder an. Sie waren voller Schmiere und Öl und Dreck und manchmal Blut, von Wunden, die sie sich versehentlich mit dem Werkzeug beibrachten, was sie besonders zu beglücken schien. Nell musste viele Handtücher waschen.

Wenn das Wetter danach war – heiß und sonnig – und das Heu gemäht und in Reihen geharkt, machten Tig und die Jungen das Heu zu Ballen. Sie trugen dicke Handschuhe und banden sich Tücher um die Stirn, damit der Schweiß ihnen nicht in die Augen lief. Die Heupresse wurde mit dem Traktor auf den Feldern herumgezogen, spuckte Ballen aus, Klumpen trockenen Matsches und Schnurstücke. Der ganze Vorgang war heiß und staubig und sehr laut. Stroh verfing sich in ihrer Kleidung, winzige Teile gerieten ihnen in die Nase. Am anstrengendsten war es, die Ballen in die Scheune zu bringen. Nell half manchmal mit, sie trug dann ein Tuch und einen breitkrempigen Hut. Abends waren sie alle so müde, dass sie kaum noch etwas essen konnten; vor Sonnenuntergang fielen sie ins Bett.

Ende August bekam Tig einen mit Schreibmaschine getippten Brief von Oona, in dem sie ihn und Nell beschuldigte, die Jungen auszubeuten, aus Kinderarbeit Profit zu schlagen.

Tig und Oona sollten sich eigentlich auf eine Trennungsvereinbarung einigen, um sich scheiden lassen zu können, aber Oona wechselte immer wieder den Anwalt. Sie glaubte, Tig hätte sie in Bezug auf sein Einkommen belogen, weil Tig und Nell eine Farm hatten. Sie wollte mehr Geld. Aber Tig hatte nicht mehr.

Nell spürte, wie sie sich rundherum eine harte Schale zulegte. Das hinderte sie daran, für Tig ausreichend Mitgefühl aufzubringen. Tig war der Ansicht, dass er jeden offenen Konflikt mit Oona vermeiden müsse. So würde er beispielsweise nicht einfach die Scheidung einleiten können. Oona musste stets das Gefühl haben, dass sie diejenige war, die alles unter Kontrolle hatte. Falls Tig zu unvermittelt in Aktion trat – wenn er den ersten Zug machte –, würde Oona das gegen ihn verwenden, wenn es um die Kinder ging. Schließlich lebten sie offiziell bei ihr, nicht bei ihm.

»Mit uns verbringen sie doch viel mehr Zeit«, sagte Nell. »Wenn du ihre wachen Stunden zählst. Und sie wird das sowieso gegen dich verwenden. Das tut sie jetzt schon.«

»Es geht ihr nicht gut«, sagte Tig. »Sie ist nicht ganz gesund.« Er sagte, nichts dürfe geschehen, was Oona übermäßig stören könnte.

Ich störe sie so oder so übermäßig, dachte Nell. Ich kann daran nichts ändern.

In dieser Unterhaltung schwang noch mehr mit, aber das wurde nicht ausgesprochen.

Ich bin fast vierunddreißig, dachte Nell. Wann wird dieses Knäuel endlich entwirrt?

Aber Tig hatte es nicht eilig.

Die wilden Pflaumen in den Hecken wurden reif und fielen ab. Sie waren blau, oval, duftend. Nell sammelte Körbe voll und trug sie in einer Wolke von winzigen Fruchtfliegen nach Hause, dann verwandelte sie die Früchte in Kompott und dickes lilablaues Mus. Tig leckte ihr die Pflaumenfinger ab, küsste ihre Pflaumenlippen; an den warmen, dunstigen Abenden schliefen sie in aller Ruhe miteinander. Erfüllt, dachte Nell. So fühle ich mich. Wieso sollte ich mir wünschen, dass sich jemals irgendwas verändert?

Im September pflückte Nell die weniger wurmlöcherigen und angepickten Äpfel von den Bäumen und verarbeitete sie zu Apfelmus. Unter den Bäumen war der Boden mit gärendem Fallobst übersät. Schmetterlinge setzten sich darauf und tranken, taumelten dann unbeholfen herum; die Wespen taten dasselbe. Eines Morgens wachten Tig und Nell auf und sahen eine Herde betrunkener Schweine, die unter den Apfelbäumen lagen und zufrieden grunzten und schnarchten. Offenbar waren sie auf Sauftour.

Tig jagte sie weg und folgte ihnen, um zu sehen, woher sie kamen. Sie kamen von der Schweinefarm oben auf dem Hügel. Das taten sie jedes Jahr, sagte der Schweinefarmer. Sie brachen aus ihrem Koben aus, als hätten sie seit Monaten nichts anderes geplant, und gruben sich unter dem Zaun durch. Sie suchten sich immer die richtige Zeit aus. Seiner Meinung nach hellte es ihre Stimmung auf, dass sie sich auf diese eine Orgie freuen konnten. Machte ja nichts, dass die Apfelbäume nicht seine waren.

Nell wusste, dass sie sich nicht beschweren konnten. Eine Grenze war nur dann eine Grenze, wenn man sie verteidigen konnte. In die Häuser hier wurde eingebrochen. Es gab Diebstähle, Vandalismus. Sie fühlte sich nicht immer sicher, wenn Tig nicht da war.

Susan, die Kuh, verschwand eines Tages in einem Lastwagen

und kam zerlegt und eingefroren zurück. Es war wie ein Zaubertrick – eine Frau, die vor aller Augen auf der Bühne in zwei Teile zersägt wurde, nur um wieder ganz aufzutauchen und den Gang hinunterzugehen; dass Susans Verwandlung den entgegengesetzten Weg genommen hatte. Nell wollte nicht daran denken, was mit Susan in der Zeit ihrer Unsichtbarkeit geschehen war.

»Ist das Susan, was wir hier essen?«, sagten die Jungen, während sie den Braten in sich hineinschaufelten.

»Ihr hättet den Kühen keine Namen geben sollen«, sagte Nell. Die Jungen grinsten. Sie hatten den Unterhaltungswert von Schock und Schrecken entdeckt, zumindest am Esstisch.

Nell wurde vom Gemüse überwältigt. Sie wusste nicht, was sie damit tun sollte. Einiges konnte man einmachen, anderes trocknen und einfrieren, wieder anderes – wie der Hügel aus überschüssigen Zucchini – wurde an die Hühner verfüttert. Nell stellte ein Dutzend Gläser mit eingelegten Gurken auf, ein Dutzend Gläser eingelegte Rote Bete. Sie lagerte Kartoffeln und Möhren und Zwiebeln im Erdkeller, wo sie neben den Flaschen selbstgemachtem Bier lagen, die Tig gebraut hatte, und dem Krug mit gärendem Sauerkraut aus Nells Kohlüberschuss. Es war ein Fehler gewesen, das Sauerkraut in den Keller zu stellen – es erfüllte das ganze Haus mit einem penetranten Geruch nach schmutzigen Füßen –, aber Nell tröstete sich mit dem Gedanken, dass es viel Vitamin C enthielt und nützlich werden könnte, wenn sie den ganzen Winter eingeschneit waren und ihnen Skorbut drohte.

In der zweiten Oktoberwoche köpften Tig und Nell ihre erste Henne. Tig machte es mit dem Beil, er sah dabei ein bisschen blass aus. Die Henne lief im Hof herum, Blut schoss aus ihrem Hals wie eine Fontäne. Die Kühe wurden nervös und muhten. Die verbleibenden Hennen gackerten. Die Pfauen schrien.

Nell musste Mrs Roblin fragen, was als Nächstes zu tun sei. Sie brühte das Huhn ab und rupfte es wie angewiesen. Dann nahm sie die Innereien heraus. Sie hatte noch nie etwas so Ekelerregendes gerochen. Sie fand mehrere Eier vor, unterschiedlich groß, in unterschiedlichen Stadien der Entwicklung.

Das war's, dachte sie. Ich mach das nicht noch mal. Die Hühner da draußen können meinetwegen an Altersschwäche sterben.

Tig bereitete aus dem Huhn einen Auflauf zu, mit Möhren und Zwiebeln aus dem Garten. Die Jungen aßen ihn mit Genuss. Sie wünschten, sie wären dabei gewesen, als das Huhn ohne Kopf herumgerannt war. Tig hatte sich von seinem Moment der Blässe erholt und gab sich ganz den Freuden der Schilderung hin.

Ende Oktober kamen drei Mutterschafe zu den Kühen auf dem Hof hinzu. In Tigs Vorstellung würden sie Lämmer kriegen, die man entweder verkaufen oder essen könnte. Die Mutterschafe wateten aus irgendeinem Grund in den Teich und verfingen sich mit den Beinen in einer Rolle Stacheldraht, die unter der Oberfläche lauerte; Tig musste sie mit dem Drahtschneider befreien und heraustragen. Ihr Fell war triefnass, und sie waren sehr schwer. Sie kämpften und schlugen mit den Hufen, Tig rutschte aus und fiel seitwärts in den Teich, danach bekam er eine Erkältung. Nell rieb ihn mit Vicks VapoRub ein und machte ihm heiße Zitrone mit Whisky.

Im November begannen Tigs Flaschen mit selbstgemachtem Bier unten im Keller zu explodieren. Es gab einen Knall, dann bedeckten Bier und Glasscherben den ganzen Fußboden, wie nach einem Autocrash am Samstagabend. Nell wusste nie, wann eine Flasche kurz davor war, in die Luft zu gehen: Sich in den Keller zu wagen, um eine Möhre oder eine Kartoffel zu holen, glich einem Gang über ein Minenfeld. Aber das Bier in den noch intakten Flaschen sei großartig, sagte Tig, wenn auch ein wenig arg überschäumend. Er musste diese Flaschen in rascher Folge austrinken, um das Bier nicht zu vergeuden.

Es wurde Winter. Die Auffahrt wehte zu; der Wagen musste am Fuß des Hügels abgestellt werden, wo der große Schneepflug ihn im Vorbeifahren regelrecht begrub. Dann gab es einen Hagelsturm, und die Telefondrähte kamen runter, und der Strom war unterbrochen. Zum Glück war der Holzofen inzwischen aufgebaut. Nell und Tig kauerten an ihm, in Quilts eingewickelt, und brannten einen Haufen Kerzen nieder, um die Dunkelheit in Grenzen zu halten.

An anderen Tagen – Tagen ohne Schneestürme oder starke Winde oder eiskalten Regen – waren die Felder blendend weiß und rein, die Luft kalt und frisch. An solchen Tagen liebte Tig es, die Tiere zu füttern; er fand es friedvoll. Sie sammelten sich am Morgen um ihn, während er einen frischen Ballen Heu aufbrach, ihr duftender Atem dampfte in der Kälte, sie drängten sich dicht aneinander, in der winterlichen Landschaft wirkten sie wie ein Ausschnitt aus einer Darstellung von Christi Geburt. Nell blickte vom Fenster aus auf das stille Tableau und hatte das Gefühl, sich in einer früheren, einfacheren Zeit zu befinden. Aber dann klingelte das Telefon. Sie zögerte immer, bevor sie den Hörer abnahm: Es könnte Oona sein.

Im Februar, als der Schnee über die eisigen Felder peitschte, lammten die Mutterschafe. Eines von ihnen hatte Drillinge und wies das kleinste ihrer drei Lämmer ab: Tig fand es zitternd und bebend in einer Ecke der Box. Tig und Nell nahmen das verstoßene Lamm zu sich ins Haus, wickelten es in ein Handtuch und legten es in einen Wäschekorb, dann fragten sie sich, was sie als Nächstes tun sollten. Unglücklicherweise blieb eines der Lämmer, die bei dem Mutterschaf waren, mit dem Kopf zwischen zwei Brettern des Stalls stecken und erfror, so dass theoretisch das dritte, kümmerliche Lamm es hätte ersetzen können; aber die Mutter wollte mit der elenden kleinen Kreatur nichts zu tun haben.

»Wahrscheinlich stimmt sein Geruch nicht«, sagte Nell. »Es ist bei uns gewesen.«

Mrs Roblin wies sie an, das eingewickelte Lamm in den Herd zu legen, bei offener Klappe und niedriger Hitze, und ihm mit einer Pipette Brandy zu geben, also taten sie das. Sie kam höchstpersönlich vorbei, um nachzusehen, ob sie es richtig machten. Sie behandelte Nell und Tig wie leicht zurückgebliebene Kinder – als hätten sie ein paar Murmeln zu wenig, wie die hiesigen Farmer gerne sagten. Das Lamm blökte schwach und schlug ein bisschen aus; Mrs Robles sah ihm erst in die Augen, dann in den Mund und sagte, es würde sehr wahrscheinlich durchkommen. Nell hätte gern gewusst, woran sie das sah, aber sie traute sich nicht zu fragen.

Tag für Tag wurde das Lamm kräftiger. Nell hielt es in den Armen, wenn sie es fütterte; peinlich berührt ertappte sie sich dabei, wie sie es wiegte und ihm vorsang.

»Wie heißt es?«, sagten die Jungen.

»Es hat keinen Namen«, sagte Nell. In diese Falle würde sie nicht tappen.

Bald stand das Lamm auf den eigenen Beinen und trank Milch aus einer Babyflasche. Tig baute ihm eine Box in der Sommerküche, wo es jeden Tag eine frische Strohunterlage bekam; als es aber lebhafter wurde und laufen und springen wollte, schien es den beiden nicht richtig, es so eingeschlossen zu halten, und sie ließen es ins Haus. Auf dem glatten Linoleum – dem neuen, glatten Linoleum mit Dachziegelmuster, das sie verlegt hatten – rutschten ihm die vier Beine auseinander, und es hatte Schwierigkeiten, die Balance zu halten. Aber bald hatte es diese Kunst gemeistert und hopste hier und da herum, den langen wolligen Schwanz im Kreis wirbelnd.

Es war allerdings nicht möglich, es stubenrein zu kriegen. Es pinkelte, wann immer es den Drang verspürte, und hinterließ Häuflein von glänzenden braunen rosinengroßen Kügelchen auf dem Linoleum. Nell bastelte eine Windel aus einem grünen Plastikabfallbeutel, schnitt Löcher für die Hinterläufe und den Schwanz hinein, aber das machte es eher schlimmer.

Ende März wurde die Pfauenhenne tot auf dem Boden der Scheune aufgefunden, unter dem Querbalken, auf dem das Paar immer saß. Ein Wiesel müsse nachts dort raufgekommen sein, sagte Mrs Roblin: Wiesel täten so was. Der Pfau strich um den schlaffen Körper herum, er wirkte verwirrt. Was wird nun aus ihm werden?, dachte Nell. Er ist ganz allein.

Anfang April war das Lamm zu groß, um noch im Haus gehalten zu werden. Es wurde zu stark, zu übermütig. Sie steckten es in den Scheunenhof zu den Kühen und Schafen, aber es freundete sich mit den anderen Lämmern nicht an. Es blieb für sich, außer wenn Tig in den Scheunenhof kam, um die Tiere zu füttern. Sobald Tig ihm den Rücken zuwandte, nahm das Lamm Anlauf und rammte ihn mit voller Wucht.

Ganz anders verhielt es sich, wenn Nell auftauchte. Das Lamm kam zu ihr und schmiegte sich an sie; dann stellte es sich zwischen sie und Tig.

Tig musste eine dicke Latte in den Scheunenhof mitnehmen, um sich zu verteidigen. Wenn das Lamm auf ihn zuraste, zog er ihm eins über die Stirn. Das Lamm schüttelte dann den Kopf und wich zurück, aber kurz darauf nahm es wieder Anlauf.

»Es denkt, das ist ein Wettstreit«, sagte Nell.

»Er liebt dich«, sagte Tig.

»Schön, dass wenigstens einer das tut«, sagte Nell.

»Was soll das denn heißen?«, sagte Tig gekränkt.

Nell wusste nicht, was das heißen sollte. Sie hatte das eigentlich nicht sagen wollen. Es war ihr einfach herausgeschlüpft. Sie spürte, wie ihre Lippe bebte. Das ist lächerlich, dachte sie.

Nach der Ermordung seiner Frau begann der Pfau sich seltsam zu benehmen. Er schlug vor den Hennen im Hühnerhof sein Rad, ratterte mit den Federn. Als die Hennen kein Interesse an ihm zeigten, sprang er auf sie und hieb mit dem Schnabel auf sie ein. Sein Hals war kräftig, und diese Hiebe hatten es in sich. Er tötete mehrere Hennen.

Tig schloss die Hennen in ihrem Stall ein und versuchte, den Pfau einzufangen, aber der flog weg, außer Reichweite, und schrie. Dann stürzte er sich auf die Enten, aber die waren schlau genug, in den Teich zu gleiten, wo er nicht an sie herankonnte. Danach erblickte er sein eigenes Spiegelbild in einem der Hausfenster – in unmittelbarer Nähe dieses Fensters befand sich ein Erdhügel, auf dem er stehen konnte. Er posierte nun vor sich selbst, schlug ein Rad und ratterte mit den Schwanzfedern, stieß drohende Schreie aus und griff das Fenster an.

»Er ist wahnsinnig geworden«, sagte Tig.

»Er ist in Trauer«, sagte Nell.

»Ist wohl Paarungszeit«, sagte Tig.

Der Pfau ging nun dazu über, um das Haus herumzustreichen und wie ein verrückter Voyeur durch die unteren Fenster hineinzuspähen. Er wusste, sein Feind war da drinnen. Hass hatte in seinem winzigen, völlig verstörten Kopf die Liebe ersetzt. Er wollte unbedingt jemanden umbringen.

»Wir sollten ihm ein neues Weibchen besorgen«, sagte Nell. Aber sie kamen nicht dazu, und dann war er eines Tages fort.

Das Lamm wurde größer und größer und immer furchtloser. Es wartete nicht mehr, bis Tig ihm den Rücken zuwandte, es griff ihn jetzt aus jedem Winkel an. Sein Schädel schien aus Zement gemacht; ihm mit der Latte darauf zu schlagen, ermutigte es nur.

»Wir können ihm das nicht durchgehen lassen«, sagte Tig. »Es könnte jemand verletzt werden.«

»Es denkt, es ist ein menschliches Wesen«, sagte Nell. »Es denkt, es ist ein Mann. Es verteidigt nur sein Territorium.«

»Ein Grund mehr«, sagte Tig. In der Nähe lebte ein Farmer – erzählten die Männer im Laden –, der eines Abends ordentlich was getrunken hatte. Auf dem Heimweg wollte er über ein Feld gehen, auf dem ein Ziegenbock weidete. Der Ziegenbock griff ihn an und rannte ihn über den Haufen. Jedes Mal, wenn der arme Kerl aufstehen wollte, rannte ihn der Ziegenbock wieder um. Bei Sonnenaufgang war der arme Hund fast tot. Das Lamm würde bald ein ausgewachsener Schafbock sein; dann war ihm Ähnliches zuzutrauen.

»Was sollen wir also machen?«, sagte Nell. Sie wussten beide, was zu tun war. Aber Tig würde dem Lamm nicht den Kopf abhacken und es dann zerlegen oder was immer getan werden musste; diesem Gemetzel war er nicht gewachsen. Hühner waren für ihn das Äußerste.

»Wir müssen ihn zu Anderson bringen«, sagte er.

Sie schafften es, das Lamm einzufangen. Nell musste es zu Tig hinüberlocken, der regungslos mit einem Seil wartete, weil das Lamm ihr traute und sie nicht als Rivalen ansah. Sobald sie es zu Boden gerungen hatten, banden sie ihm die Füße zusammen und trugen es aus dem Scheunenhof heraus. Die anderen Schafe und Kühe sahen über den Zaun, muhend und bähend. Sie wussten alle, dass sich da was anbahnte.

Tig und Nell hoben das Lamm in den Kofferraum des Chevy. Es schlug aus und wehrte sich und blökte kläglich. Dann stiegen sie selbst ein und fuhren los. Nell fühlte sich, als kidnappten sie das Lamm – als rissen sie es aus Heim und Familie heraus, hielten es gegen ein Lösegeld gefangen, nur dass es kein Lösegeld geben würde. Es war zum Tode verurteilt aufgrund keines Verbrechens – außer dem Verbrechen, es selbst zu sein. Sein gedämpftes Blöken hörte den ganzen Weg zu Andersons Schlachthof nicht auf.

»Was jetzt?«, sagte Nell. Sie fühlte sich erschöpft. Verrat ist harte Arbeit, dachte sie.

»Wir holen ihn raus«, sagte Tig. »Wir bringen ihn in das Gebäude.«

»Müssen wir warten?«, sagte Nell. Während es passierte, meinte sie. Während es gemacht wurde. So wie man beim ersten Zahnarzttermin eines Kindes wartete.

Wo warten? Hier konnte man nirgends warten.

Andersons Schlachthof war ein langes, niedriges, ehemals weißes Gebäude. Die Doppeltüren standen offen; drinnen brannte ein trübes Licht. Fässerstapel standen draußen im Hof herum und Kisten und ein geschlossener Lastwagen – ein Pferdetransporter – und ein paar verrostete Maschinenteile. Eine Art Flaschenzug. Die Fässer und Kisten sahen auch verrostet aus, aber sie konnten nicht verrostet sein, weil sie aus Holz waren.

Niemand war zu sehen. Vielleicht sollten sie hupen, um auf sich aufmerksam zu machen, dachte Nell. Auf diese Weise würden sie nicht reingehen müssen.

Tig war hinten am Wagen, versuchte den Kofferraum zu öffnen.

»Die Klappe klemmt oder so was«, sagte er. »Oder vielleicht ist er abgeschlossen.« Aus dem Inneren des Kofferraums blökte das Lamm.

»Ich geh rein«, sagte Nell. »Da muss ja jemand sein. Die Türen sind auf. Die haben sicher ein Brecheisen.« Oder irgend so was. Sie werden alles Mögliche da haben. Keulen. Werkzeuge mit scharfen Kanten. Messer zum Kehle-Durchschneiden.

Sie ging in das Gebäude. Eine Reihe nackter Glühbirnen hing an der Decke. Neben der Tür standen noch zwei Fässer ohne Deckel. Sie sah hinein: Sie waren voller gehäuteter Kuhköpfe, die in einer Lauge schwammen. Sie nahm an, dass es Lauge war. In der Luft lag ein süßer, schwerer, geronnener Geruch, ein Menstrualgeruch. Der Zementboden war mit Sägemehl bestreut. Zumindest ist es kühl, dachte sie. Und es gibt nicht allzu viele Fliegen.

Weiter vorne war eine Art Korral und einige Pferche oder Boxen mit hohen Wänden.

»Hallo?«, rief sie. »Jemand hier?« Als wäre sie gekommen, um eine Tasse Zucker zu borgen.

Um die Ecke eines der Pferche kam ein großer schwerer Mann. Er trug nur ein Unterhemd; seine dicken Arme waren nackt. Wie in einem alten Comicheft über Scharfrichter im Mittelalter war er glatzköpfig. Er trug eine Schürze, oder vielleicht war es auch nur ein Stück graues Leinen, das er sich um die Mitte gebunden hatte. Darauf sah man braune Flecken, bestimmt Blut. In einer Hand hielt er irgendein Gerät. Nell guckte es sich nicht genau an.

»Brauchense Hilfe?«, sagte er.

»Unser Lamm sitzt im Kofferraum fest«, sagte sie. »In unserem Wagen. Die Klappe klemmt. Haben Sie vielleicht ein Brecheisen oder so was?« Ihre Stimme klang blechern und albern.

»Kein Problem«, sagte der Mann und ging voran.

Auf dem Rückweg zur Farm fing Nell an zu weinen. Sie konnte nicht aufhören. Sie weinte und weinte, hemmungslos, keuchend und schluchzend.

Tig fuhr rechts ran und nahm sie in die Arme. »Ich bin auch

traurig«, sagte er. »Der arme kleine Kerl. Aber was hätten wir sonst machen sollen?«

»Es ist nicht nur das Lamm«, sagte Nell mit einem Schluckauf; sie wischte sich die Nase.

»Was ist es denn? Was ist mit dir?«

»Alles«, sagte Nell. »Du hast nicht gesehen, wie's drinnen war. Alles ist schiefgegangen!«

»Nein, ist es nicht«, sagte Tig und umarmte sie fest. »Es ist alles in Ordnung. Ich liebe dich. Es wird alles gut.«

»Wird es nicht, wird es nicht«, sagte Nell. Sie fing wieder an zu weinen.

»Sag mir doch, was los ist.«

»Kann ich nicht.«

»Sag's mir einfach.«

»Du willst nicht, dass ich ein Baby bekomme«, sagte Nell.

Das Lamm kam in einem weißen länglichen Karton zurück, wie in einer Kleiderschachtel. Sauber in Wachspapier eingewickelt waren die zarten rosa Koteletts, die beiden Schenkel, die Lenden und der Nacken zum Kochen. Da waren zwei kleine Nieren und ein zierliches Herz.

Tig briet die Lammkoteletts mit getrocknetem Rosmarin aus Nells Garten. Trotz ihres Kummers – denn sie empfand noch immer Kummer – musste Nell zugeben, dass sie köstlich schmeckten.

Ich bin eine Kannibalin, dachte sie mit seltsamer Gelassenheit.

Vielleicht würde sie hier oben auf der Farm listiger, gewandter werden. Vielleicht könnte sie etwas von dieser Dunkelheit in sich aufnehmen, die möglicherweise gar keine Dunkelheit war, sondern Weisheit. Sie würde sich in eine Frau verwandeln, die man um Rat ersuchte. Die man in Notfällen um Hilfe bat. Da würde sie die Ärmel aufkrempeln und sich jede Sentimentalität sparen und tun, was immer an blutdurchtränkten, übelriechenden Dingen getan werden musste. Sie würde lernen, mit dem Beil umzugehen.

DAS WEISSE PFERD

In ihrem zweiten Jahr auf der Farm kamen Nell und Tig zu einem weißen Pferd. Sie kauften dieses Pferd nicht, suchten es noch nicht einmal aus. Aber plötzlich war es da.

Damals nahmen sie Tiere zu sich, wie man Kletten mitnimmt. Diese Geschöpfe blieben an ihnen hängen. Zu den Schafen, Kühen, Hühnern und Enten hatten sie einen Hund hinzugenommen, den sie Howl nannten – er war ein Jagdhund, vielleicht sogar ein Rassehund: Er hatte ein teures Halsband getragen, aber ohne Namensschild. Er war von der Nebenstraße zu ihnen hereingetrottet – dort war er wohl von jemandem ausgesetzt worden, der ihn so schlimm misshandelt hatte, dass er sich auf den Rücken rollte und pinkelte, wenn man nur ein harsches Wort sagte. Es habe keinen Sinn, ihn abzurichten, sagte Tig: Er war einfach zu ängstlich.

Howl schlief manchmal in der Küche, wo er mitten in der Nacht grundlos bellte. Zu anderen Zeiten ging er auf Erkundungstour und ließ sich tagelang nicht blicken. Dann kehrte er mit Verletzungen zurück, Stachelschweinstacheln in der Nase, wunde Pfoten, Fleischwunden von Begegnungen mit – mutmaßlichen – Waschbären. Einmal waren es die verirrten Schrotkugeln eines wildernden Jägers. Trotz seiner Feigheit war ihm jede Vorsicht fremd.

Sie hatten auch immer mehr Katzen, Nachkommen jener Katze, die aus der Stadt auf die Farm gebracht worden war und die man angeblich sterilisiert hatte. Da war offensichtlich etwas schiefgegangen, denn diese Katze jungte unter einer Hausecke. Die Kätzchen waren ziemlich wild. Sie liefen weg und stürzten sich in ihre Höhle, wenn Nell sich ihnen nähern wollte. Dann spähten sie heraus, fauchten und versuchten grimmig auszusehen. Als sie älter wurden, zogen sie in die Scheune, wo sie Mäuse jagten und Geheimnisse hatten. Ab und zu lag ein Teil Innereien – von einem Eichhörnchen, wie Nell annahm – oder auch ein Schwanz oder irgendein anderer zerkauter Körperteil als Geschenk vor der Hintertür, wo Nell mit Sicherheit hineintrat, besonders wenn sie mit bloßen Füßen herumlief, was sie im Sommer oft tat. Offenbar hatten die Katzen eine rudimentäre Erinnerung an die Zivilisation und ihre Rituale. Sie wussten, dass sie eigentlich Miete hätten zahlen müssen, aber sie brachten die Details durcheinander.

Sie fraßen aus der Hundeschüssel, die vor der Hintertür stand. Howl bellte sie nicht an, verjagte sie auch nicht: Sie erschreckten ihn zu sehr. Manchmal schliefen sie auf den Kühen. Man munkelte, dass sie irgendwelche Dinge im Hühnerstall anstellten – leere Eierschalen wiesen darauf hin –, aber das ließ sich nicht beweisen.

Das weiße Pferd – die weiße Stute – hatte im Gegensatz zu den Katzen einen Namen. Sie hieß Gladys. Sie war bei Tig und Nell untergebracht worden, weil Nells Freundin Billie, die von Kindheit an Pferde geliebt hatte, in die Stadt gezogen war, wo sie für das Pferd keinen Platz fand. Billie hatte das weiße Pferd – oder die Stute – ganz allein auf einer feuchten Weide stehen sehen, wo sie trostlos den Kopf hängen ließ. Sie war in einer traurigen Verfassung. Die Mähne war verheddert, ihr weißes Fell voller Matsch, und ihre Hufe waren schon so lange vernachlässigt, dass ihre Zehen nach oben wiesen wie türkische Pantoffeln. Wenn sie noch einen Augenblick länger in diesem Sumpf geblieben wäre, sagte Billie, hätte sie Huffäule entwickelt, und wenn das eintritt, wird ein Pferd bald lahm, und damit ist es so ziemlich erledigt. Billie war so empört gewesen, dass sie Gladys einem betrunkenen und (sagte sie) zweifellos verrückten Farmer für hundert Dollar abgekauft hatte, ein ganzes Stück mehr, als Gladys in ihrem heruntergekommenen Zustand wert war.

Aber dann wusste Billie nicht, wohin mit ihr.

Nell und Tig hatten allerdings Platz. Sehr viel Platz – viele Hektar! Was konnte es für Gladys Besseres geben (die ihre besten Zeiten hinter sich hatte, die zu dick war, die irgendwelche Atembeschwerden hatte, so dass sie keuchte und hustete), als auf die Farm zu kommen und dort zu bleiben? Natürlich nur, bis sich für sie eine Alternative fand.

Wie konnte Nell dazu nein sagen? Sie hätte sagen können, dass sie genug zu tun hatte, auch ohne ihrer langen, langen Liste noch ein Pferd hinzuzufügen. Sie hätte sagen können, dass sie kein Altersheim für Vierbeiner führte, die niemand haben wollte. Aber sie hatte nicht selbstsüchtig und grausam klingen wollen. Auch war Billie recht groß und entschlossen und konnte sehr überzeugend wirken.

»Ich kenne mich mit Pferden nicht aus«, lautete Nells schwacher Einwand. Sie fügte nicht hinzu, dass sie Angst vor ihnen hatte. Sie waren groß und nervös, und sie rollten unablässig mit den Augen. Nell hielt Pferde für labil und jähzornig.

»Oh, das ist leicht. Ich bring's dir bei«, sagte Billie. »Das ist gar kein Problem, wenn du's einmal begriffen hast. Du wirst Gladys lieben! Sie hat so ein nettes Wesen! Sie ist eine Süße!«

Als er von Gladys hörte, reagierte Tig zurückhaltend. Er sagte, dass Pferde viel Pflege brauchten. Sie brauchten auch viel Futter. Aber er hatte doch all diese anderen Tiere angesammelt – lauter Tiere, die er selbst ausgewählt und bezahlt hatte, keine, die einfach auf das Grundstück gestreunt oder dort geworfen oder ausgesetzt worden waren –, und Nell hatte bei diesen Entscheidungen kein Wort mitreden dürfen. Also ertappte sie sich dabei, dass sie die Aufnahme von Gladys verteidigte, als hätte sie selbst eine wohl überlegte und ethisch richtige Entscheidung getroffen, obwohl sie in Wirklichkeit ihre Laschheit und Rückgratlosigkeit schon bereute.

Gladys traf in einem gemieteten Pferdelaster ein und wurde ohne Schwierigkeiten rückwärts herausgeführt. »Komm schon, du altes Prachtstück«, sagte Billie. »Da! Ist sie nicht herrlich?« Gladys drehte sich gehorsam um und ließ sich betrachten. Sie hatte einen runden, dicken Leib mit Beinen, die für ihren Umfang zu kurz waren. Zum Teil Welsh Pony, zum Teil Araber, erklärte Billie. Deshalb sei sie so merkwürdig gebaut. Es hieß auch, dass sie viel fressen würde. Welsh Ponys neigten dazu. Billie hatte den Pferdelaster gefahren; sie hatte ihr auch ein neues Halfter gekauft.

Nun sollte Nell dieses Halfter bezahlen und auch die Miete für den Pferdelaster: Offenbar gehörte Gladys nun ihr. Das hatte mit der ursprünglichen Übereinkunft nichts mehr zu tun, aber Billie schien davon auszugehen. Sie schien das Gefühl zu haben, dass sie Nell einen Gefallen tat – dass sie ihr ein unbezahlbares Geschenk machte. Immerhin verzichtete sie auf die Erstattung der hundert Dollar Kaufpreis, und sie stellte ihre Zeit nicht in Rechnung. Sie hatte sich eine Woche freigenommen, um Gladys mit Nell vertraut zu machen. Das erwähnte sie ausdrücklich.

Gladys betrachtete Nell durch ihre langen krausen Stirnfransen. Sie hatte den müden, leeren, aber berechnenden Blick eines betrügerischen Vertreters: Sie machte sich einen Reim auf Nell, schätzte sie ein, überlegte, wie sie sie reinlegen konnte. Dann senkte sie den Kopf und schnappte nach einem Grasbüschel.

»Hör sofort auf, du böses Mädchen«, sagte Billie und riss Gladys Kopf mit dem Halfter hoch. »Man darf ihnen nichts durchgehen lassen«, ermahnte sie Nell. Sie führte Gladys ans Ende des Traktorschuppens, wo es einen eingezäunten Bereich gab, der ursprünglich für Ziegen gedacht war – die Ziegenidee hatte Nell erfolgreich abgewehrt –, und band sie an einem der Pfähle fest. »Wir stellen sie erst mal hier rein«, sagte sie.

Billie hatte sich bereit erklärt, auf der Farm zu bleiben, bis Gladys sich eingewöhnt hatte, und deshalb hatte Nell die vor kurzem gekaufte Schlafcouch im früheren hinteren Wohnzimmer zurechtgemacht. Letzten Sommer hatten Nell und Tig versucht, dort einige Eier in einem Brutschrank auszubrüten. Sie hatten die Eier immer wieder gedreht und mit Wasser besprüht, wie es in der Broschüre stand, die dem Brutschrank beigelegt war, aber irgendetwas war falschgelaufen, und die Küken kamen mit hervorquellenden Augen und geschwollenen, von blauen Adern durchzogenen unfertigen Bäuchen heraus, sie mussten mit einer Schaufel erschlagen und im hinteren Feld vergraben werden. Howl grub sie mehrfach wieder aus, wonach die Katzen sie auch noch in die Fänge kriegten, mit unappetitlichen Folgen. Nell fand an unerwarteten Orten immer wieder winzige Krallen, als wüchsen die Küken wie lästiges Unkraut aus dem Lehmboden des Scheunenhofes.

Nell war dann dazu übergegangen, im hinteren Wohnzimmer Tomaten unter einer Höhensonne zu ziehen, aber die hatte sie nun auf den Treppenabsatz im ersten Stock gebracht, um für Billies Sieben-Tage-Aufenthalt Platz zu machen.

Für Gladys musste viel getan werden. Sie benötigte eine richtige Ausrüstung. Billie steuerte einiges von ihren Pferdesachen bei – eine Bürste, einen Striegel, einen Hufauskratzer –, doch der Sattel musste gekauft werden. Er war zwar gebraucht, aber trotzdem – fand Nell – atemberaubend teuer.

»Du brauchst den englischen, nicht den Western«, hatte Billie gesagt. »Auf die Weise lernst du richtig reiten.« Wie sich herausstellte, meinte sie damit, dass man sich auf dem englischen Sattel mit den Knien festklammern musste – sonst fiel man runter. Nell hätte lieber den Western-Sattel gehabt – sie hatte nicht die geringste Lust, vom Pferd zu stürzen –, aber zumindest war es bei Gladys nicht weit bis zum Boden, weil sie diese kräftigen kurzen Beine hatte.

Man musste den Sattel gründlich mit Sattelseife einreiben und die Metallteile am Zaumzeug polieren. Man brauchte noch eine Pferdedecke, eine Gerte und ein paar alte Handtücher, um Gladys abzureiben. Gladys müsste man wie einen Boxer nach jeder Reitübung abreiben, sagte Billie, weil Pferde empfindliche Geschöpfe waren und eine schwindelerregende Zahl von Krankheiten bekommen konnten.

Nachdem das Zaumzeug zum Glänzen gebracht war, musste nun Gladys Zentimeter um Zentimeter gesäubert werden. Nell erledigte die Arbeit – denn das wollte sie doch lernen, oder? –, während Billie sie beaufsichtigte. Staub und altes Fell sanken wolkengleich von Gladys herunter, lange weiße Pferdehaare lösten sich aus Mähne und Schwanz und schwebten auf Nell herunter. Gladys ertrug das alles geduldig und genoss es vielleicht sogar. Billie sagte, sie genieße es – sie schien direkten Zugang zu Gladys Innenleben zu haben. Sie verbrachte einige Zeit damit, Nell dieses Pferdedenken zu erklären, damit Nell nichts tat, was Gladys erschrecken könnte und sie dazu brachte, in Panik zu verfallen und durchzugehen. Die Hühner stellten eine potenzielle Gefahr dar, genau wie die Wäsche. Nell hatte vor dem Haus zwischen zwei Apfelbäumen eine Wäscheleine gespannt, da durfte Gladys auf keinen Fall hin. »Sie hassen es, wenn irgendwas flattert«, sagte Billie. »Sie sehen mit beiden Auge jeweils ein anderes Bild, deshalb mögen sie keine Überraschungen. Das Leben kommt von allen Seiten auf sie zu. Das macht sie nervös. Kannst du dir vorstellen.«

Man rief einen Hufschmied – zum Glück kannte Billie einen –, und Gladys wurden die Hufe getrimmt, und sie bekam funkelnde neue Eisen. Sie sah jetzt lebhafter aus, sie nahm mehr Anteil. Ihre Ohren bewegten sich, wenn sie Nell hörte, die immer eine Möhre oder einen Zuckerwürfel dabeihatte – diesen heißen Tipp verdankte sie Billie.

»Es muss eine Bindung erzeugt werden«, sagte Billie. »Atme ihr in die Nüstern.«

Dann sollte Nell versuchen, Steine aus Gladys' Hufen herauszukratzen. Das müsse man mindestens zweimal am Tag machen, sagte Billie, und auch bevor man Gladys ritt und nachdem man Gladys geritten hatte, weil man nie wissen konnte, wann sie sich einen Stein in den Huf drückte. Nell hatte Angst, getreten zu werden, aber Gladys machte es nichts aus, sich die Hufe auskratzen zu lassen. »Sie weiß, dass es gut für sie ist«, sagte Billie und schlug Gladys auf die Hinterhand. »Nicht wahr, Dickerchen?« Gladys war auf Diät, trotz der Möhren. Wenn sie dünner würde – behauptete Billie –, würde das Keuchen abklingen. Man müsse Gladys jeden Tag reiten: Sie brauchte die Bewegung und auch die Aufregung. Pferde langweilten sich leicht, sagte Billie.

Schließlich war es an der Zeit, Gladys auszuprobieren. Der Sattel wurde ihr aufgelegt, der Gurt festgezogen. Gladys legte die Ohren zurück, warf ihnen einen verstohlenen Blick zu. Billie schwang sich in den Sattel und stieß die Hacken in Gladys' Flanken, und Gladys galoppierte den Weg hinunter zum hinteren Feld. Sie sahen ziemlich komisch aus – kopflastig. Die große Billie auf der dicken Gladys, und Gladys kurze Stampferbeine wirbelten darunter wie Schneebesen.

Nach einer Weile kamen Billie und Gladys zurück. Gladys atmete keuchend, Billy war rosa im Gesicht. »Sie wurde von zu vielen Leuten geritten«, sagte Billie. »Sie hat ein hartes Maul. Ich wette, sie haben sie fürs Kinderreiten benutzt.«

»Was meinst du damit?«, sagte Nell.

»Sie hat 'ne Menge Tricks drauf«, sagte Billie. »Schlechte Angewohnheiten. Sie wird sie bei dir ausprobieren, pass also auf!«

»Tricks?«

»Du musst einfach draufbleiben«, sagte Billie grimmig, als sie abstieg. »Wenn sie erst kapiert hat, dass du sie durchschaust, wird sie mit dem Affentanz aufhören. Du bist ein böses Mädchen«, sagte sie zu Gladys. Gladys hustete.

Nell fand heraus, welche die Tricks waren, als sie zum ersten Mal versuchte, Gladys zu reiten. Billie rannte neben ihnen her und rief ihr Anweisungen zu. »Lass sie nicht in die Nähe des Zauns, sonst versucht sie, dich dagegenzudrücken! Halt sie von den Bäumen weg! Lass sie nicht stehenbleiben, setz die Schenkel ein! Zieh ihren Kopf hoch, sie darf jetzt nicht fressen! Vergiss den Husten, sie macht das mit Absicht!«

Obwohl Gladys nicht sehr schnell lief, klammerte Nell sich mit den Knien fest, widerstand dem Impuls, sich vorzubeugen und Gladys Mähne zu packen. Sie hatte eine Vision vor Augen, wie Gladys sich auf die Hinterbeine erhob oder sogar auf die Vorderbeine, wie in Filmen, in beiden Fällen mit demselben Ergebnis – Nell würde kopfüber in die Büsche fliegen. Aber nichts dergleichen geschah. Am Ende des Pfades blieb Gladys ächzend und keuchend stehen, und Nell schaffte es tatsächlich, sie zu wenden. Dann – nachdem Gladys sie über die Schulter mit einem entgeisterten, aber resignierten Blick bedacht hatte – kehrte sie in ihrer merkwürdigen Gangart zurück zum Ausgangspunkt.

»Gut gemacht!«, sagte Billie. »Gutes Mädchen!« Das Lob galt Gladys. »Siehst du? Du musst nur streng sein«, sagte sie zu Nell.

Als die Woche vorbei war, reiste Billie ab. Sie war schlechter Laune, weil Gladys sich für ihre Rettung nicht dankbar genug zeigte – sie hatte Billie in den Hintern gebissen, als man ihren

Kopf eng an den Pfosten binden wollte, als Teil der Diätvorkehrungen. Kaum war Billie nicht mehr da, kamen Gladys und Nell zu einer Verständigung. Zwar begann Gladys jedes Mal zu keuchen, wenn Nell sich ihr mit dem Zaumzeug näherte, aber wenn der Sattel erst mal drauf war, fiel ihr ein, dass sie nach ihrer Tortur wohl eine Möhre kriegen würde, und sie beruhigte sich; dann konnte es losgehen, zum hinteren Feld runter – immer denselben Weg. Sie vermieden die Kiesnebenstraße – keine von beiden mochte Lastwagen – und auch die Vorderseite des Hauses, weil da die Wäsche hing; sie ritten nicht über die Felder, weil es da versteckte Murmeltierlöcher gab. Während dieser Ritte verbrachte Nell die meiste Zeit damit, Gladys dazu zu bringen, sich zu benehmen, die restliche Zeit durfte sie tun, was sie wollte, weil Nell genau darauf neugierig war.

Manchmal wollte Gladys mitten im leichten Galopp stehenbleiben, um zu sehen, ob Nell runterfallen würde. Manchmal wollte sie still stehen, mit dem Schwanz schlagen und seufzen, als wäre sie extrem müde. Manchmal wollte sie langsam im Kreis herumgehen. Manchmal wollte sie Unkraut und den Klee am Wegrand fressen – das ließ Nell nicht zu. Manchmal wollte sie zum Scheunenhofzaun rübergehen und den Schafen und Kühen zugucken und auch den Katzen, die sich angewöhnt hatten, auf ihrem breiten, bequemen Rücken zu schlafen.

Auf ihre Art verbrachten Nell und Gladys ihre Ausritte recht angenehm. Es war eine Verschwörung, ein doppeltes Rollenspiel: Nell tat so, als wäre sie eine Person, die ein Pferd ritt, und Gladys tat so, als wäre sie ein Pferd, das geritten wurde.

Manchmal machten sie sich gar nicht die Mühe zu traben oder zu galoppieren. Sie bummelten gemächlich daher, faul und ziellos. In diesen Momenten sprach Nell mit Gladys, immer noch besser, als mit Howl zu reden, der ein Idiot war, oder mit den Hühnern oder Katzen. Gladys musste zuhören: Sie konnte nicht weg. »Was meinst du, Gladys?«, sagte Nell. »Soll ich ein Baby kriegen?« Gladys, stapfend, seufzend, drehte ein Ohr in Richtung ihrer Stimme. »Tig weiß es nicht so recht. Er sagt, er ist noch nicht so weit. Soll ich's einfach machen? Würde er böse werden? Würde das alles ruinieren? Was meinst du?«

Gladys hustete.

Nell hätte es vorgezogen, diese Unterhaltung mit ihrer Mutter zu führen, aber ihre Mutter stand nicht zur Verfügung. Ohnedies hätte sie wahrscheinlich nicht mehr gesagt als Gladys. Sie hätte auch gehustet, weil sie das missbilligt hätte. Nell und Tig waren schließlich nicht verheiratet. Wie konnten sie auch verheiratet sein, wenn Tig es nicht schaffte, sich scheiden zu lassen?

Aber wenn Nells Mutter von Gladys wüsste, würde sie dann vielleicht mal auf die Farm kommen? Ihre Mutter war vor langer Zeit eine richtige Pferdenärrin gewesen. Sie hatte zwei eigene Pferde gehabt. War es denkbar, dass sie, wenn man ihr Gladys wie einen Köder vorhielt, ihre Vorbehalte überwand – gegen Tig, gegen Nell, gegen ihre unorthodoxen Lebensumstände? Würde sie nicht versucht sein? Würde sie sich nicht danach sehnen, einen kleinen idyllischen leichten Galopp zum hinteren Feld hinaus zu machen, um der alten Zeiten willen, auf Gladys' Ponybeinen, die wie Schneebesen wirbelten? Würde sie nicht wissen wollen, dass Nell jetzt – völlig unerwartet – einen Sport liebte, den sie selbst einst geliebt hatte?

Vielleicht. Aber Nell konnte sich darüber keine Gewissheit verschaffen. Sie und ihre Mutter sprachen genau genommen nicht miteinander. Sie sprachen genau genommen auch nicht *gar* nicht miteinander. Das Schweigen, das an die Stelle des Sprechens getreten war, hatte sich zu einer eigenen Form des Sprechens entwickelt. In diesem Schweigen war die Sprache aufgehoben. Es enthielt viele Fragen, aber keine definitiven Antworten.

Als der Frühling in den Sommer überging, bekamen Tig und Nell mehr und mehr Besuch, besonders am Wochenende. Die Besucher kamen meist zufällig vorbei, im Rahmen eines kleinen Ausflugs, sie wollten mal raus aus der Stadt, und sie schauten vorbei, um Guten Tag zu sagen, und dann wurden sie zum Mittagessen eingeladen – Tig liebte es, Mittagessen für eine größere Runde zu improvisieren, bei denen riesige Suppenbottiche und gewaltige Käsemengen und Nells selbstgebackenes Brot die Hauptrolle spielten. Nachmittags schlenderten die Besucher oft hinaus, um auf dem hinteren Feld einen Spaziergang zu machen. Es war ihnen nicht erlaubt, Gladys zu reiten – wegen ihrer schlechten Manieren Fremden gegenüber, sagte Nell, dabei wollte sie Gladys einfach nur für sich behalten, inzwischen war sie da etwas eigen. Danach forderte Tig die Besucher meist auf, gleich zum Dinner zu bleiben, und später war es zu dunkel oder sie waren zu betrunken, um in die Stadt zurückzufahren, und so landeten sie schließlich auf der Schlafcouch im hinteren Wohnzimmer; wenn es viele waren, lagen sie hier und dort verstreut, einige von ihnen auf Schaumgummimatratzen oder Sofas.

Am Morgen blieben sie nach dem Frühstück noch sitzen – Tigs Weizenkeimpfannkuchen standen stapelweise auf dem Tisch – und schwärmten davon, wie erholsam es auf dem Lande war, während Nell und Tig Geschirr spülten. Manchmal standen sie auch mit hängenden Armen herum und boten ihre Hilfe an – Nell konnte sich an Zeiten erinnern, als sie selbst so gewesen war –, und Nell schickte sie mit einem Korb, der mit Geschirrtüchern gepolstert war, in den Hühnerstall, um Eier einsammeln, was sie aufregend fanden. Oder sie ließ sie im Garten Unkraut jäten. Sie sagten dann, wie therapeutisch es sei, sich mal wieder die Finger dreckig zu machen; dann atmeten sie tief ein, als hätten sie gerade die Luft entdeckt; danach aßen sie wieder zu Mittag. Nachdem sie abgefahren waren, wusch Nell die Laken und die Handtücher und hing sie draußen auf die Wäscheleine, wo sie im Sonnenschein zwischen den Apfelbäumen flatterten.

Gewöhnlich waren diese Besucher Paare, aber Nells kleine Schwester, Lizzie, kam alleine. Die Häufigkeit ihrer Besuche hing mit den Schwierigkeiten in ihrem Leben zusammen: Wenn es viele Schwierigkeiten gab, kam sie zu Besuch, wenn es nicht viele Schwierigkeiten gab, kam sie nicht.

Die Schwierigkeiten hatten mit Männern zu tun, von denen es in ihrem Leben bereits eine Anzahl gegeben hatte. Die Männer benahmen sich schlecht. Nell hörte sich die Berichte über ihre Gedankenlosigkeit, ihren Trotz, ihren Verrat an, zusammen mit Beschreibungen von Lizzies eigenen Unzulänglichkeiten, Makeln und Fehlern. Sie half ihr bei der Aufgabe, die beiläufigen Bemerkungen der Männer zu deuten – Bemerkungen, die gewöhnlich einen gemeinen und verletzenden Unterton hatten, wie sie beide glaubten. Dann ergriff Nell Lizzies Partei und beschimpfte die Männer als ihrer nicht wert. An diesem Punkt machte Lizzie dann eine Kehrtwendung und verteidigte sie. Diese Männer waren außerordentlich – sie waren klug, talentiert und sexy. Eigentlich waren sie perfekt, nur dass sie Lizzie nicht genug liebten. Nell fragte sich manchmal, wie viel *genug* sein würde.

Lizzie wurde geboren, als Nell elf war. Sie war ein ängstliches Baby gewesen und dann ein ängstliches Kind und dann ein ängstlicher Teenager, aber jetzt war sie dreiundzwanzig. Nell hoffte, dass die Ängstlichkeit nun bald nachlassen würde.

Es war ihre Ängstlichkeit, die Lizzie dazu brachte, an den Männern herumzupicken, in dem Versuch, die gefühllosen und entstellten äußeren Schichten abzupellen und zu den unberührten Kernen durchzustoßen – zu den guten, menschenfreundlichen Herzen, von denen sie glaubte, dass sie irgendwo in ihnen verborgen waren wie Trüffel oder Ölquellen. Die Männer schienen den Prozess des Abpellens nicht gerade zu genießen, nicht auf längere Sicht. Aber niemand konnte Lizzie davon abhalten, das zu tun. Das lief immer so weiter, bis irgendein anderer Mann auftauchte, und dann wanderte der vorherige ins Archiv.

Lizzie und Nell hatten die gleichen Nasen. Sie kauten beide an den Fingernägeln. Davon abgesehen, gab es Unterschiede. Nell sah so alt aus, wie sie war, aber Lizzie hätte man für eine Vierzehnjährige halten können. Sie war dünn, sah zart aus, mit großen Augen, die die Farbe von blauen Hortensien hatten. Die Hortensie war eine ihrer Lieblingsblumen; sie hatte eine Liste mit weiteren Lieblingsblumen. Sie mochte die mit den kleinen Blütenblättern.

Lizzie meinte, Nell und Tig sollten ein paar Hortensien auf der Farm pflanzen. Sie hatte noch andere Pflanzvorschläge.

Lizzie liebte die Farm. Manches bezauberte sie geradezu – die Apfelblüten, die wilden Pflaumenbäume in den Hecken, die Schwalben, die auf den Teich herunterstießen. An einem schönen Tag saßen Nell und Lizzie vor der Hintertür und machten Eis. Das innere Blechgefäß wurde elektrisch gedreht; sie hatten eine Verlängerungsschnur vom Haus bis hierher gelegt. Das äußere Gefäß war vollgefüllt mit Eissplittern und Steinsalz. Einige der Katzen sahen aus der Ferne zu: Sie wussten, dass es dabei Rahm geben würde. Howl war vorbeigekommen, um zu sehen, was da los war, doch das sirrende Geräusch der Maschine hatte ihn erschreckt, und so hatte er jaulend das Weite gesucht.

Gladys hingegen behielt sie von der anderen Seite des Scheunenhofzaunes im Auge. Sie lebte jetzt im Scheunenhof, weil Nell fand, dass ihr die Schafe und Kühe Gesellschaft leisten könnten. Nach einer kurzen Phase, in der Gladys die Schafe terrorisiert hatte, indem sie sie mit entblößten Zähnen und steil erhobenem Schwanz durch den Scheunenhof trieb, hatte sie die Schafe zu ihrer Herde gemacht, offenbar hielt sie die Tiere für wollige Zwergpferde und kommandierte sie jetzt herum. Die Schafe wiederum hatten Gladys als riesiges kahles Schaf akzeptiert und folgten ihr überallhin. Mit den Kühen, die schwerfällig versuchten, alles Futter für sich zu beanspruchen, wurde sie fertig, indem sie sich an sie heranschlich und sie biss; Nell hatte sogar erlebt, wie sie eine Kuh getreten hatte. Diese Aktivitäten und die darin liegenden Ausdrucksmöglichkeiten hatten Gladys' Befindlichkeit deutlich verbessert. Sie war jetzt ganz fidel – wie eine verhärmte Hausfrau, die kürzlich verwitwet war und endlich die Freuden von Nagellack, Friseursalon und Bingospiel entdeckt hatte. Ihre Diät gehörte der Vergangenheit an, Nell hatte sich als zu schwach erwiesen, sie durchzusetzen.

»Ist das nicht *normal?*«, sagte Nell, womit sie das Eis meinte, die Katzen, den Hund, Gladys, die über den Zaun guckte – die ganze bukolische Szene. Was sie meinte, war *heimelig.*

»Die Luft ist so herrlich«, sagte Lizzie und atmete tief ein. »Ihr solltet für immer hierbleiben. Eigentlich brauchst du gar nicht mehr in die Stadt zu fahren. Wann werft ihr endlich diese rostige alten Maschinen weg?«

»Das ist eine Rasenskulptur. Das könnte *ihnen* so passen«, sagte Nell. »Dann wären sie mich für immer los.«

»Sie werden's überleben«, sagte Lizzie. »Sie leben sowieso im Mittelalter. Ist das eine Egge?«

»Vielleicht würden sie Gladys mögen«, sagte Nell hoffnungsvoll.

»Es geht nicht um Gladys«, sagte Lizzie.

Nell dachte darüber nach. »Das würde sie anders sehen«, sagte sie. »Ich glaub, das ist ein Scheibenpflug. Das andere ist eine Zugegge.«

»Howl würden sie bestimmt nicht mögen«, sagte Lizzie. »Weil er so feige ist. Was du brauchst, ist ein rostiger alter Wagen.«

»Den haben wir. Damit fahren wir«, sagte Nell. »Er ist nicht ganz richtig im Kopf. Ich kann sie aber verstehen. Inzwischen hat sich alles verändert. Daran sind sie nicht gewöhnt.«

»Das ist ihr Problem«, sagte Lizzie, die trotz ihrer Zerbrechlichkeit Härte zeigen konnte, wenn es um andere ging, insbesondere um andere, die Nell verletzten.

Wenn Lizzie und Nell sich unterhielten, ließen sie oft einen Teil ihrer Gedankenfolgen aus, in der Gewissheit, dass die andere die Lücke schon ausfüllen würde. *Sie* bedeutete ihre Eltern, nach deren Grundsätzen – veralteten, prüden Grundsätzen, Lizzies Ansicht nach – nur billige Flittchen sich darauf einließen, mit einem verheirateten Mann zusammenzuleben.

Lizzie war die Botin. Sie sah es als ihre Mission an, ihre Eltern dahingehend zu beruhigen, dass Nell nicht tödlich erkrankt war, und ihrer Schwester zu erläutern, dass die Zeit noch nicht reif war, eine Begegnung zwischen ihren Eltern und Tig herbeizuführen, den Lizzie mit Einschränkungen billigte. Zuerst müssten die Eltern im zwanzigsten Jahrhundert ankommen. Lizzie würde als Richterin darüber befinden, wann der Zeitpunkt gekommen war.

Es macht ihr Spaß, Richterin zu spielen, dachte Nell. Über sie war schon so oft geurteilt worden. Wahrscheinlich diskutiert sie mit ihnen über mich. Über mich und mein schlechtes Benehmen. Jetzt bin ich zur Abwechslung mal das Problemkind.

»Wie geht's Claude?«, sagte sie. Claude war Lizzies gegenwärtiger Mann. Er war oft unterwegs, auf Reisen, und äußerte sich nur vage zum jeweiligen Zeitpunkt seiner Rückkehr. Nun war er wieder unterwegs und schon eine Woche überfällig.

»Ich hab ein echtes Problem mit der Verdauung«, sagte Lizzie. Gemeint war: Ich mach mir Sorgen wegen Claude. »Ich glaub, es ist das Reizdarmsyndrom. Ich muss mal zum Arzt.«

»Er muss nur erwachsen werden«, sagte Nell.

»Ich meine, ihm könnte was zugestoßen sein«, sagte Lizzie. »Das ist ihm nicht klar.«

»Wovon redet ihr?«, sagte Tig, der um die Hausecke kam. »Ist das Eis fertig?«

»Von dir«, sagte Nell.

Lizzie kam am nächsten Wochenende wieder. »Was ist mit deinem Reizdarmsyndrom?«, fragte Nell.

»Der Doktor konnte nichts feststellen«, sagte Lizzie. »Er hat mich an einen Psychiater weitergereicht. Der denkt, es ist psychosomatisch.«

Nell fand das durchaus nachvollziehbar. Vielleicht würde der Psychiater etwas gegen die Ängste ausrichten können, die Krisen, die Schwierigkeiten mit Männern. Vielleicht würde er Lizzie helfen können, zu allem etwas Abstand zu gewinnen.

»Wirst du hingehen?«, fragte sie. »Zum Psychiater?«

»War schon da«, sagte Lizzie.

Ein paar Wochen später kam Lizzie wieder. Sie sprach wenig, schien beunruhigt. Morgens war sie kaum wachzukriegen. Sie war oft müde.

»Der Psychiater hat mich auf Pillen gesetzt«, sagte sie. »Das soll die Ängste bekämpfen.«

»Und tut es das?«, sagte Nell.

»Ich bin mir nicht sicher«, sagte Lizzie.

Sie sei in letzter Zeit nicht bei den Eltern gewesen, sagte sie. Sie war nicht dazu gekommen. Es schien ihr nun auch gleichgültig zu sein, was die Eltern von Nell und ihrem unmoralischen Lebensstil hielten, ein Thema, das sie früher brennend interessiert hatte.

Claude war weg, möglicherweise für immer. Lizzie zeigte sich wütend über ihn, aber auf merkwürdig unbeteiligte Art. Es gab keinen neuen Mann in ihrem Leben. Das schien ihr auch egal zu sein. Offenbar hatte sie die erst vor ein paar Wochen gefassten Pläne, im Herbst wieder aufs College zu gehen, aufgegeben. Dabei schien es sie so froh und zuversichtlich gestimmt zu haben. Es sollte ein ganz neues Kapitel werden.

Nell machte sich Sorgen, wollte aber zunächst abwarten.

Am Wochenende danach war Lizzie wieder da. Ihr Gang war steif, und sie sabberte ein bisschen. Ihr Gesicht war ausdruckslos. Sie sagte, sie fühle sich schwach. Auch habe sie ihren Aushilfsjob in einem Sportbekleidungsgeschäft aufgegeben.

»Ich mach mir ernsthaft Sorgen um Lizzie«, sagte Nell zu Tig. Sie fragte sich, ob im hinteren Wohnzimmer irgendwelche bösen Kräfte wirkten – die schon bei den Küken im Inkubator so eine Katastrophe ausgelöst hatten – und Lizzie hatten krank werden lassen. Die benachbarten Farmer hatten mal erwähnt, eher beiläufig, dass es im Farmhaus spuke: Deshalb sei es so lange nicht verkauft worden, erst als Nell und Tig kamen. Jeder halbwegs vernünftige Mensch habe davon gewusst.

Nell glaubte nicht so recht an diese Spukgeschichten und hatte dafür auch noch keine Anzeichen gesehen. Allerdings weigerte sich Howl standhaft, dieses Zimmer zu betreten, und bellte es manchmal an. Aber das wollte nichts heißen, er hatte so viele Phobien. Mrs Roblin erzählte, dass ein paar Kinder mal einen Marmorgrabstein vom Friedhof gestohlen und ins Haus getragen hätten, um darauf Karamellbonbons zu ziehen, ein unseliger Einfall: Vielleicht sei der Geist auf diese Weise reingekommen. Mrs Roblin galt als Autorität in sochen Fragen. Sie vermied es konsequent, dreizehn Gäste am Dinnertisch zu versammeln, und es hieß, sie könne Blut auf der Treppe riechen, wann immer es einen gewaltsamen Tod gegeben hatte – einen Verkehrsunfall, einen Blitzeinschlag, einen Traktor, der sich überschlug und den Fahrer zerquetschte.

Mrs Roblin hatte Nell geraten, über Nacht Speisen auf den Tisch zu stellen, um dem Geist zu signalisieren, dass er willkommen war. (So albern sich Nell dabei vorgekommen war, hatte sie genau das gemacht, mitten im vergangenen Winter, während eines Schneesturms, als ihr alles ein bisschen zu dunkel und unheilträchtig vorkam. Eine Scheibe Schinken und Kartoffelpüree – sie dachte sich, dass es dem Geist vielleicht schmecken würde. Aber dann hatte sich Howl irgendwie Zugang verschafft und dieses Gabe gefressen; das Glas Milch, das Nell danebengestellt hatte, hatte er umgestoßen, also dürfte die Aktion wahrscheinlich nicht viel ausgerichtet haben.)

Konnte die angebliche Spukwesenheit in Lizzie eingedrungen sein? Allein der Gedanke war lächerlich. Jetzt, im Sommer, wirkte das Haus ohnehin nicht unheimlich.

»Vielleicht sind's die Pillen«, sagte Tig.

Sie kannten sich beide nicht mit solchen Pillen aus. Nell beschloss, den Psychiater anzurufen, einen Dr. Hobbs. Sie hinterließ eine Nachricht bei der Sekretärin. Nach ein paar Tagen rief Dr. Hobbs zurück.

Das Gespräch war sehr verstörend.

Dr. Hobbs sagte, dass Lizzie an Schizophrenie leide, daher habe er sie auf antipsychotische Medikation gesetzt. Das würde die – zahlreichen – Symptome ihrer Geisteskrankheit in Schach halten. Einmal die Woche sollte sie zu ihm in die Sprechstunde kommen, allerdings nur nach vorheriger telefonischer Absprache, weil er sehr beschäftigt sei und sich kaum eine Terminlücke finden ließe. Lizzie sollte in die Stadt fahren, um diese Sitzungen wahrzunehmen, dort würden ihre Anpassungsprobleme im realen Leben behandelt. Ferner sagte Dr. Hobbs, dass Lizzie zurzeit nicht in der Lage sei, einer Arbeit nachzugehen, zu studieren oder selbständig zu handeln. Sie sollte bei Nell und Tig wohnen.

Warum nicht bei ihren Eltern?, fragte Nell, sobald sie wieder atmen konnte.

»Sie zieht es vor, bei Ihnen zu wohnen«, sagte Dr. Hobbs.

Nell wusste nichts über Schizophrenie. Lizzie war Nell nie verrückt vorgekommen, nur manchmal sehr traurig und mutlos, aber vielleicht lag das daran, dass Nell an sie gewöhnt war. Sie erinnerte sich daran, dass sie und Lizzie einige seltsame Onkel hatten, es konnte also genetisch sein. Andererseits hatte doch jeder seltsame Onkel. Zumindest viele.

»Woher wissen Sie, dass Lizzie schizophren ist?«, sagte Nell. Sie hätte sich gerne gesetzt – ihr war übel –, aber das Telefon hing an der Wand, und die Schnut war zu kurz.

Dr. Hobbs lachte herablassend. *Ich bin der Fachmann*, sagte sein Ton. »Es ist der Wortsalat«, sagte er.

»Was für ein Wortsalat?«, sagte Nell.

»Was sie sagt, ergibt keinen Sinn«, sagte der Doktor. Nell war das nicht aufgefallen.

»Sind Sie sicher?«, sagte sie.

»Sicher in welcher Hinsicht?«, sagte Dr. Hobbs.

»Dass sie das ist – was Sie sagen.«

Der Doktor lachte noch einmal. »Wenn sie nicht schizophren wäre, würden diese Pillen sie umbringen«, sagte er. Dann sagte er, Nell sollte Lizzie nichts über die Diagnose verraten. Das sei eine heikle Angelegenheit und müsse mit Vorsicht behandelt werden.

Nell rief ihn in der nächsten Woche wieder an. Es war schwer, durchzukommen – sie hinterließ mehrere Nachrichten –, aber sie war hartnäckig, weil Lizzies Zustand immer alarmierender wurde. »Wieso fällt ihr das Gehen so schwer?«, fragte sie. Sie hatte festgestellt, dass Lizzie inzwischen die Hände zitterten. Dr. Hobbs sagte, die Starre, das Speicheln und Zittern seien symptomatisch für Lizzies Krankheit – alle Schizoiden hätten diese Symptome. Lizzie sei einfach in dem Alter, in dem die Krankheit offen zutage trat. Viele wirkten vollkommen normal, bis gegen Ende der Pubertät oder mit Anfang zwanzig die Schizophrenie plötzlich zum Vorschein kam wie eine böse Blüte.

»Wie lange wird sie das haben?«, sagte Nell.

»Den Rest ihres Lebens«, sagte Dr. Hobbs.

Nell fror am ganzen Körper. Auch wenn Lizzie früher schlechte Zeiten durchgemacht hatte, hätte sich Nell so etwas niemals vorstellen können.

Sie besprach sich mit Tig, nachdem Lizzie zu Bett gegangen war. Wie würde er das aufnehmen, wenn sie ihm eine verrückte Verwandte aufbürdete?

»Wir werden damit schon fertig«, sagte er. »Vielleicht kommt sie da auch plötzlich wieder raus.« Nell war so dankbar, dass sie fast losheulte.

Im Laufe der nächsten Monate wollte Nell noch einiges mehr in Erfahrung bringen. Wie konnte Lizzie einen Wagen – Tigs alten Chevy – in die Stadt und wieder zurück fahren, wenn ihre Glieder so steif waren und ihr die Hände zitterten? Dr. Hobbs – dessen Ton immer feindseliger wurde, als fühlte er sich von Nell belästigt – meinte allerdings, das sei kein Problem, Lizzie sei durchaus in der Lage, Auto zu fahren.

Er sagte auch, er habe Lizzie die Diagnose nicht mitgeteilt, weil sie es noch nicht verkraften würde. Sie halluziniere von einem Mann namens Claude, sagte er; sie sei davon überzeugt, dass Claude tot sei. Auch habe sie anfänglich Selbstmordneigung gezeigt. Aber er stehe dafür ein, dass sie sich in nächster Zeit nicht umbringen werde.

»Wie kommen Sie darauf?«, sagte Nell. Sie hatte immer geglaubt, dass dieses *Dann bringe ich mich um* nur eine Redensart sei, für Lizzie genau wie für sie. Anscheinend hatte sie sich geirrt; trotzdem blieb sie erstaunlich ruhig. Allmählich gewöhnte sie sich an diese albtraumartigen Sätze, die aus Dr. Hobbs' Mund kamen.

Dr. Hobbs allerdings schien nicht so genau zu wissen, mit wem er es zu tun hatte: Offenbar hielt er Nell und Tig für Lizzies Eltern. Nell erkärte ihm geduldig die tatsächlichen Verwandtschaftsverhältnisse, aber sie musste ihn bei jedem Telefonat wieder daran erinnern.

Inzwischen waren Lizzies wirkliche Eltern – Nells Eltern – in einen Schockzustand verfallen. Immerhin sprachen sie wieder mit Nell, zumindest ihre Mutter. »Ich weiß nicht, was ich tun soll«, sagte sie. Es war ein Appell – *Schick sie nicht hierher zurück!* Es war, als hätte Lizzie eine beschämende unaussprechliche Schandtat begangen – eine Mischung aus Fauxpas und Verbrechen.

Dann fragte Nells Mutter in klagendem Ton: »Wann wird es ihr wieder besser gehen?« Als ob Nell das wüsste.

»Ich bin sicher, dass der Doktor das Richtige tut«, sagte Nell in diesen Fällen. Noch glaubte sie, dass ein medizinischer Doktortitel Kompetenz garantiere. Sie wollte das glauben: Sie gab sich alle Mühe. »Du solltest mal auf die Farm kommen und dir mein Pferd ansehen«, fügte sie hinzu. »Du magst doch Pferde. Ihr Name ist Gladys. Du könntest mal wieder reiten.« Aber ihre Mutter war zu bekümmert über Lizzies Unglück.

Nell selbst hatte Gladys kaum geritten, weil sie schwanger war. Sie wollte nicht abgeworfen werden und das Baby verlieren, wie es in Romanen geschah. Tig hatte sie es noch nicht anvertraut.

Wie sollte es erst werden, wenn das Baby zur Welt kam und es Lizzie nicht besser ging? Wie sollte sie das schaffen?

Inzwischen war es September geworden. Nell wollte Lizzie dazu bewegen, ihr beim Einmachen zu helfen, aber das war zwecklos: Lizzie war zu müde. Nell setzte ihr eine Schale mit roten Johannisbeeren vor die Nase und bat sie, die Stiele abzumachen – das war schließlich nicht zu anstrengend –, aber Lizzie schien es zu überfordern. Sie saß am Tisch, blickte ins Leere, ihr kläglicher kleiner Haufen gesäuberter Johannisbeeren zur Seite geschoben.

»Er mag mich nicht«, sagte sie. »Der Arzt.«

»Warum sollte er dich nicht mögen?«, sagte Nell.

»Weil es nicht besser wird«, sagte Lizzie.

Tig hatte inzwischen selbst ein bisschen nachgeforscht. »Der Typ redet doch Unsinn«, sagte er. »Diese Pillen bringen keinen um, selbst wenn man nicht schizophren ist – wie soll das gehen? Stell dir mal die Leichenberge vor.«

»Warum sagt er uns so was?«, sagte Nell.

»Weil er ein Spinner ist«, sagte Tig.

»Wir sollten eine zweite Meinung einholen«, sagte Nell.

Die neue Ärztin, die sie gefunden hatten, war eine Expertin auf dem Gebiet der Antipsychotika. »Die hätte man Lizzie nie verschreiben dürfen«, sagte sie. »Ich setz die ab.« Die Steifheit, das Zittern, die Schwäche – das waren keineswegs die Symptome einer Krankheit. Das brachten ebenjene Pillen hervor. Sobald Lizzie von den Pillen befreit war, würde sich alles wieder normalisieren.

Außerdem hätte Lizzie niemals Auto fahren dürfen, während sie unter dieser schweren Medikation stand, sagte die neue Ärztin. Jede Minute, die sie hinter dem Steuer verbracht hätte, sei lebensgefährlich gewesen.

»Wenn ich dem Schwein jemals begegne, würd ich ihn erschießen«, sagte Nell zu Tig. »Wenn ich eine Pistole hätte.«

»Ein Glück, dass du nicht weißt, wie er aussieht«, sagte Tig.

»Ich wette, der hielt uns für irgendwelche Hinterwäldler«, sagte Nell. »Weil wir auf einer Farm leben. Ich wette, er meinte, wir würden ihm alles abnehmen, was er erzählt.« Was ja der Fall gewesen war, sie hatten es ihm abgenommen. »Er muss uns für die letzten Deppen gehalten haben. Ich frag mich, ob er selbst geglaubt hat, was er da erzählte? Falls ja, dann ist er ein gemeingefährlicher Irrer!«

»Hinterwäldler?«, sagte Tig. »Wo hast du *dieses* Wort denn ausgegraben? Obwohl – zu unseren Farmmaschinen passt es!« Dann lachten sie beide und umarmten sich, und Nell erzählte ihm von dem Baby, und es war alles gut.

Nell empfand angesichts dieser Wendung eine enorme Erleichterung – sie würde also nicht den Rest ihres Lebens für eine sabbernde, torkelnde Lizzie sorgen müssen –, aber sie spürte auch eine gewisse Furcht. Lizzie würde nie wieder die Alte sein, die Person, die sie war, bevor sie Dr. Hobbs in die Hände fiel: Ihr Zwischenspiel als Zombie hatte sie gewiss verändert. Jetzt würde sie eine andere sein, eine noch Unbekannte. Auch wusste Nell ganz genau, dass Lizzie ihre Handlungsweise als Verrat betrachten würde. Und Lizzie hatte recht – es war Verrat gewesen. Wäre Nell an ihrer Stelle die vermeintlich Schizophrene gewesen – Lizzie hätte Dr. Hobbs und sein giftiges Hokuspokus keine zwei Sekunden hingenommen.

»Warum hast du mir nichts davon erzählt?«, sagte Lizzie zu Nell, sobald sie nicht mehr sediert war. Stattdessen war sie nun außer sich vor Wut. »Du hättest mich fragen sollen! Ich hätte dir sagen können, dass ich nicht schizophren bin!«

Es wäre sinnlos gewesen, einzuwenden, dass man den Worten von Leuten nicht so recht trauen kann, die man für verrückt hält, insbesondere dann nicht, wenn es ihren Geisteszustand betrifft. Also sagte Nell es nicht.

»Er sagte mir, du hättest Wortsalat«, sagte Nell schwach.

»Er sagte dir, ich hätte was?«

»Er sagte, du redest Unsinn.«

»Oh, Scheiße! Ich hab mit ihm geredet, wie ich mit dir rede!«, sagte Lizzie. »Wir lassen im Satz auch mal was weg, das weißt du doch. Er hatte einfach Schwierigkeiten, mir zu *folgen*. Er schaffte es nicht von A nach C! Ich musste ihm alles haarklein erklären. Er war schlicht und einfach dämlich!«

»Vielleicht war er selbst mit den Nerven am Ende«, sagte Nell. »Wenn er sich so – so unprofessionell verhält.« Und bösartig, hätte sie gerne hinzugefügt. Tig war der Meinung, dass Dr. Hobbs im Auftrag der CIA geheime Drogenexperimente durchführte, eine Vorstellung, die an den Haaren herbeigezogen schien, damals.

»Wie auch immer, er hat mein Leben zerstört«, sagte Lizzie grimmig. »Ich hab ein ganzes Stück *verloren*. Was für ein Arschloch!«

»Nicht ganz so viel«, sagte Nell beschwichtigend. Das war auf das ganze Stück Leben bezogen.

»Du hast gut reden«, sagte Lizzie. »Du hast es nicht erlebt.«

Nach gemeinsamem Beschluss sollte Lizzie auf der Farm bleiben, bis sich geklärt hatte, wie es weitergehen sollte. Zudem hatte sie überhaupt kein Geld. Es war zu spät, um in diesem Jahr noch aufs College zurückzukehren, wie sie es vor der Katastrophe mit Dr. Hobbs beabsichtigt hatte.

Einmal die Woche ging sie zu ihrer neuen Ärztin. Dort ging es immer um Familienfragen. Sie machte lange Spaziergänge auf der Farm und hob im Garten energisch Gruben aus. Sie redete nicht viel mit Nell und Tig, aber mit Gladys freundete sie sich an. Sie ritt sie nicht, sondern lief im Scheunenhof mit ihr herum. Die Kühe wichen zur Seite, um sie vorbeizulassen, und die Schafe folgten ihnen. Ihre sommerliche Trägheit war durch unbändige Energie ersetzt worden.

Nell, die nun sichtbar anschwoll, beobachtete sie durch das Fenster und verspürte ein bisschen Neid: Sie würde einige Zeit nicht herumgaloppieren können. Dann knetete sie wieder den Brotteig, ließ sich von sanften Rundungen, beruhigender Wärme, friedlichen Rhythmen tragen. Sie glaubte, die Gefahr sei gebannt; sie dachte, das gelte auch für Lizzie.

Später, an einem kühlen Oktoberabend, befestigte Lizzie den Schlauch des Staubsaugers am Auspuff des Wagens, führte ihn durchs Fenster herein und ließ den Motor an.

Als Tig den Motor laufen hörte, ging er hinaus. Lizzie habe den Motor schon abgeschaltet, bevor er kam, sagte er, und habe einfach nur dagesessen. Er sagte, das sei ein gutes Zeichen. Er hatte Nell aufwecken müssen, um ihr das mitzuteilen. Wie hatte sie überhaupt schlafen können?

Nachdem sich Nell wieder im Griff hatte, kam sie im Nachthemd herunter, sie hatte sich einen alten Pullover von Tig übergeworfen. Ihr war sehr kalt. Ihre Zähne klapperten.

Da saßen Lizzie und Tig schon am Küchentisch und tranken heiße Schokolade. »Wie konntest du das tun?«, sagte Nell zu Lizzie, sobald sie sprechen konnte. Sie bebte vor Schrecken, auch vor Zorn, wie sie viel später begreifen sollte.

»Ich will darüber nicht reden«, sagte Lizzie.

»Nein. Ich meine, wie konntest du *mir* das antun?«

»Du wärst damit fertig geworden«, sagte Lizzie. »Du wirst mit allem fertig.«

Gladys lief nicht in derselben Nacht weg, doch in Nells Erinnerung ist es dieselbe Nacht. Offenbar kann sie die beiden Geschehnisse nicht trennen. Sie erinnert sich, dass Howl bellte, obwohl er kaum etwas so Naheliegendes getan haben dürfte. Sie erinnert sich auch an einen Vollmond – einen frostigen weißen Herbstmond –, ein weiteres atmosphärisches Detail, das ihrer

Einbildung entsprungen sein konnte. Allerdings hätte ein Vollmond durchaus gepasst, weil Tiere dann aktiver sind.

Die Tragödie hatten die Kühe in Gang gesetzt, durch einen ihrer wiederkehrenden Fluchtversuche. Sie hatten den Zaun einmal mehr niedergewalzt und sich zur nächsten Kuhherde davongemacht. Gladys ihrerseits war zur asphaltierten Autostraße zwei Meilen weiter aufgebrochen. Ihr kleines Königreich musste sie gelangweilt haben, sie war es wohl müde geworden, über die Schafe zu herrschen. Auch hatte Nell ihr nicht genug Aufmerksamkeit geschenkt. Glady hatte sich nach Abenteuern gesehnt.

Sie wurde von einem Auto erfasst und getötet. Der Fahrer war betrunken, er fuhr schnell. Für ihn musste es ein Schock gewesen sein, als er den Hügel hinaufflog und ihm oben ein weißes Pferd gegenüberstand, vom Mondlicht beschienen. Der Fahrer kam mit ein paar Prellungen davon, aber sein Auto war ein Wrack.

Nell machte sich wegen Gladys schreckliche Vorwürfe. Sie gab sich die Schuld und war traurig. Aber sie wollte sich diesen Gefühlen nicht hingeben, weil dadurch gewisse chemische Verbindungen in ihren Blutkreislauf gelangen konnten, die dem Baby schaden würden. In dem Versuch, fröhlich zu bleiben, hörte sie viele Mozart-Streichquartette.

Im nächsten Herbst setzte sie zum Gedenken an Gladys Narzissen in den Boden, ganz vorn, gleich dort, wo ihr Grundstück begann. Die Narzissen kamen jedes Jahr wieder, gediehen prächtig und breiteten sich aus.

Sie sind noch da. Nell weiß das, weil sie vor ein paar Jahren an der Farm vorbeigefahren ist, um noch mal einen Blick darauf zu werfen. Wann war das genau? Kurz danach hatte Lizzie geheiratet. Sie widmete sich nun ganz der Kochkunst und hatte den Kummer aufgegeben. Es war jedenfalls im Frühjahr, und da sah sie die Narzissen, inzwischen waren es Hunderte.

Das Farmhaus hatte jede Schäbigkeit verloren. Es wirkte heiter und gastfreundlich und ein wenig vorstädtisch. Da flatterte keine Wäsche mehr zwischen den Apfelbäumen. Die rostenden Farmmaschinen waren verschwunden. Das Haus war frisch gestrichen, eine modische Farbe, pionierblau. Auf beiden Seiten der Haustür stand ein Pflanzbehälter mit einem Strauch darin – Rhododendron, dachte Nell. Wer immer jetzt dort lebte, hatte es gern ein wenig adretter.

DIE WESENHEITEN

Lillie war Immobilienmaklerin, obwohl sie nicht danach aussah. Sie hatte nichts Scharfkantiges oder Schickes oder Forsches an sich, und sie war zwanzig Jahre älter als der älteste Immobilienmakler, den sie persönlich kannte. Ihr Auto – ein weißes Auto, eine Ford-Limousine, immer makellos sauber – war kein neueres Modell. Sie fuhr vorsichtig, spähte über das Lenkrad hinweg, als befinde sie sich im Turm eines Panzers.

Sie wurde langsam rundlich, und ihre Füße begannen ihr wehzutun; sie keuchte ein bisschen, wenn sie Treppen rauf- und runterging. Trotz dieser Beschwerden stieg sie die Treppen jedes Hauses, das sie Kunden zeigte, hinauf und hinab. »Puh«, sagte sie, wenn sie, halb zur Seite gedreht, in den Keller hinunterstieg. »Gucken Sie nicht, das ist nur ihre Wäsche. Die Heizung – Sie können neu kriegen. Sie erneuern elektrische Leitungen, da drücken wir den Minimumpreis ein paar Tausend, zumindest ist er trocken.« Sie erklomm die Treppe zum Dachboden, hielt an, um Atem zu schöpfen und um die Risse im Putz zu inspizieren. »Sie setzen da ein Dachfenster rein, Sie nehmen die Wände raus, hören Sie, das wird ein Raum. Gucken Sie da nicht rein, ist Müll. Die Tapete – ist nur Tapete, Sie wissen, was ich meine?«

Sie sagte öfter: »Die Art, wie manche Menschen leben – wie Schweine! Dies sind keine netten Menschen. Aber Sie werden es neu machen – ein anderes Haus, Sie werden nicht wiedererkennen!« Sie glaubte wirklich daran – dass man mit einem bisschen

Mühe und einer Menge Zuversicht einen Schweinestall in etwas Wundervolles verwandeln konnte oder zumindest in etwas Bewohnbares. Etwas viel Besseres als zuvor.

Sie hatte sich auf kleinere Häuser in vernachlässigten Straßen im Stadtzentrum spezialisiert – alte viktorianische Reihenhäuser oder dunkle, schmale Doppelhaushälften, die aussahen wie Backsteinkästen und von portugiesischen Familien bewohnt wurden, die schmiedeeiserne Verandabrüstungen angebracht hatten, vor ihnen wohnten Russen oder Ungarn dort, und wer weiß, wer davor. Diese Gegenden waren Zwischenstationen – für Leute, die direkt vom Schiff kamen und da wohnten, bevor sie etwas zustande brachten und weiterzogen. So war es jedenfalls früher gewesen. Jetzt waren solche Häuser – solche billigen Häuser – unter jungen Paaren begehrt. Unter Künstlern.

Solche Menschen – Lillie sagte *Mänschen* – solche Menschen brauchten jemanden, der sie an die Hand nahm, der ihnen half, diese Häuser zu einem vernünftigen Preis zu kaufen, denn sie waren nicht praktisch veranlagt, sie kannten sich mit Heizungen nicht aus, die Verkäufer zogen sie über den Tisch. Lillie handelte den Preis herunter, obwohl das ihre eigene Provision verminderte, aber was zählte das Geld schon? Wenn der Vertrag unterschrieben war, überreichte sie den jungen Künstlern zur Feier des Tages ein Geschenk, eine Schale voller selbstgebackener Plätzchen – harter, beigefarbener europäischer Plätzchen –, und dann verfolgte sie die Verwandlung des Hauses, wenn die künstlerischen jungen Menschen an die Arbeit gingen. Diese Leute hatten so viel Energie, sie hatten ihre eigenen Vorstellungen; es war eine Freude, zu sehen, wie sie die düsteren Tapeten runterrissen und den Schimmel und die hartnäckigen Gerüche und Flecken der Vergangenheit loswurden und dann etwas anderes aufbauten – ein Atelier, so was brauchten sie immer, falls es eine Garage gab, nahmen sie die – und dann die Wände strichen, nicht gerade in Farben, die Lillie ausgesucht hätte, oft ein bisschen grell, aber sie ließ sich gern überraschen. Wenn es sich um angenehme Überraschungen handelte. »Man weiß nie«, sagte sie gerne. So eine Freude.

Nicht, dass sie sich selbst mit einem Haus dieser Sorte abgegeben hätte. Solche Häuser waren zu eng, zu dunkel, zu alt. Sie hatte ein modernes Haus, weiter im Norden, mit großen lichten Fenstern und einer Sammlung von pastellgetönten Porzellanfiguren und einer breiten Auffahrt.

Lillie war erst spät zum Immobiliengeschäft gekommen. Vor langer Zeit war sie ein junges Mädchen gewesen, und sie hatte einen guten Mann geheiratet, und dann hatte sie ein Baby bekommen; das alles geschah in einer anderen Zeit, auf der anderen Seite des Ozeans. Aber danach kamen die Nazis, und sie war in ein Lager gekommen und ihr Mann in ein anderes, und das Baby ging verloren und wurde nie wieder gefunden. Doch Lillie war durchgekommen, anders als die meisten, und wie durch ein Wunder hatte sie, nachdem der Krieg vorbei war, herausgefunden, wo ihr Mann sich aufhielt, er war auch durchgekommen, es war ein Segen; danach bekamen sie noch zwei Babys, und dann waren sie nach Kanada gegangen, nach Toronto, wo man nicht mit Erinnerungen konfrontiert wurde. Welch ein Name für eine Stadt, Toronto – es klang italienisch, obwohl es gar kein italienisches Wort war, und die Winter konnten lang sein; aber daran gewöhnte man sich, und Lillie hatte sich daran gewöhnt.

Die Babys wuchsen heran, liebe Kinder, man hätte sich keine besseren wünschen können, sie verwöhnten Lillie, und dann starb ihr Mann. Lillie sprach nicht von ihm, aber seine Anzüge hingen noch im Schrank; sie brachte es nicht über sich, sie wegzugeben. In ihren Augen war der Tod nichts Absolutes. Einige Menschen waren toter als andere, und letztlich war es eine Frage der Auffassung, wer tot war und wer lebendig, also sprach man am besten gar nicht darüber. Ebenso wenig sprach sie von dem Lager, in dem sie gewesen war, und auch nicht von dem Baby, das sie verloren hatte. Warum reden? Was würde das bewirken? Wer wollte so etwas schon hören? Außerdem hatte sie mehr Glück gehabt als die meisten anderen. Sie hatte so viel Glück gehabt.

Sie machte ihren jungen Paaren Mut und hörte sich ihre Probleme an, sie munterte sie auf und sagte ihnen, wen sie anrufen mussten, wenn verstopfte Dachrinnen oder Trockenfäule oder Holzameisen ihnen aufs Gemüt schlugen, und sie schützte sie vor schlecht verlegten Leitungen. Sie nahm Anteil an ihren Kindern, wenn sie welche hatten, und an ihren Scheidungen, wenn es welche gab. Sie hielt den Kontakt. Wenn es für die jungen Paare an der Zeit war, zu verkaufen und etwas Neues zu kaufen – wenn sie die nächste Sprosse der Leiter erklommen, vielleicht ein größeres Atelier wollten –, war Lillie stets diejenige, von der sie sich beraten ließen.

Zu den Einweihungsfesten ging sie aber nie. Partys konnte sie nicht ertragen. Sie machten sie traurig. Stattdessen schickte sie ihre Schale Plätzchen mit einem netten Glückwunsch auf geblümtem Briefpapier. Sie hätten ein solches Haus verdient, schrieb sie dann. Sie seien gute Menschen. Sie sollten es genießen. Sie freue sich für sie. Sie wünsche ihnen nur das Beste.

Als Nell und Tig vom Land wieder in die Stadt ziehen wollten, erbten sie Lillie von einer Freundin. Lillie wurde von einem jungen Paar zum nächsten weitergereicht. »Sie versucht nicht, dir was anzudrehen, was du nicht bezahlen kannst«, hieß es. »Du kannst ihr ganz genau sagen, was du willst. Sie versteht das.«

Bei ihrem ersten Treffen stellte Nell fest, dass sie Lillie viel zu viel erzählte. Es lag an Lillies freundlichem Gesicht, ihrer positiven Art. Sosehr sie die Farm liebten, sagte Nell, wobei sie etwas verallgemeinerte, mussten sie wirklich umziehen, es wurde Zeit, sie waren zu lange da gewesen, die Dinge hatten sich verändert, die alten Familien waren weg, all die Leute, die sie kannten. An dieser Stelle nickte Lillie. Nicht nur das, es hatte auch viele Einbrüche gegeben, ein Haus auf der anderen Straßenseite, praktisch gegenüber – es gehörte einem pensionierten Lehrer –, war von zwei Männern mit einem Möbelwagen total ausgeräumt worden. Man fühlte sich nicht mehr sicher.

»Dies sind keine netten Mänschen«, sagte Lillie.

»Sie beobachten dein Haus«, sagte Nell. »Sie wissen, wann du weg bist.« Außerdem hatten Nell und Tig ein Kind, das bald in die Schule kam und dann jeden Tag zwei Stunden im Bus zubringen müsste; das Haus war ziemlich dunkel, die Ortsansässigen behaupteten, es spuke darin, nicht dass Nell das je selbst festgestellt hätte, aber unheimlich war es doch, und im Winter war es so kalt, es war hundertfünfzig Jahre alt, es war nie richtig isoliert worden, auf der Auffahrt türmte sich der Schnee.

»Dies kann man nicht gebrauchen«, sagte Lillie. Sie bezahlte einen Mann, der ihre Auffahrt freischaufelte. Sie war immer geräumt. Man musste in der Stadt leben, um einen Mann zu haben, der Schnee schaufelte.

Und Tig war nicht mehr ganz der Alte, sagte Nell, gesundheitlich. Es lag an der schlechten Isolierung, er kriegte Husten, es war Nell alles zu viel geworden, sie schaffte das einfach nicht mehr. »Die Kühe laufen weg«, sagte sie. »Sie wollen mit anderen Kühen zusammen sein. Und wenn Tig nicht da ist, bin ich ganz allein.«

Lillie nickte verständnisvoll: Von einer jungen und vielbeschäftigten Mutter wie Nell konnte man nicht auch noch erwarten, dass sie sich um weglaufende Kühe kümmerte. »Sie sollen sich keine Sorgen machen«, sagte sie. »Wir werden vollkommen richtig finden.« Und Nell fühlte sich sofort besser. Lillie würde das schon regeln.

Damals war der Immobilienmarkt gerade in einer heißen Phase, aber Lillie tat ihr Bestes, und so landeten Nell und Tig in einem recht ansehnlichen Reihenhaus in der Nähe der Gemäldegalerie, am Rand von Chinatown. Das Haus war schon renoviert, da fiel die Entscheidung leicht, unter den Umständen besonders leicht, denn gemeint waren die finanziellen Umstände: Dieses Haus konnten sie sich leisten. Es war eigentlich ganz schön, nur dass von beiden Nachbarhäusern Kakerlaken hereinkamen. Nell legte Gurkenschalen und Borax die Wandleisten entlang: Ausräuchern hatte keinen Sinn, vom Gift ganz abgesehen, weil die Kakerlaken wieder einsickern würden, wenn die Wirkung abgeklungen war.

Nach ein paar Jahren in diesem Haus befand Lillie, dass es für Nell und Tig an der Zeit war, wieder umzuziehen. »Ihr braucht größer«, sagte sie ihnen, und sie hatte recht. Sie verkaufte ihr Haus zu einem guten Preis und schob sie weiter nach Norden. Der orangefarbene Noppenteppichboden, der noch aus den Siebzigern stammte, sei doch nur Teppich, sagte sie, als sie ihnen das Haus zeigte. Sie sollten die allgegenwärtigen Tellerhalter gar nicht beachten, die kamen weg, und die Lampen waren auch egal. Es gab drei offene Kamine, ein Kamin war nicht zu verachten, und die Wände waren dick, das Haus war so geräumig, andere Leute würden dafür einen Mord begehen, und ein Teil der Holztäfelung war echt, solche Details zählten.

Nell und Tig waren froh: Jetzt würden sie einen Garten hinter dem Haus haben und einen ausgebauten Keller – na ja, halb ausgebaut, und die vergammelte Gummiauflage auf dem Zementfußboden würde sowieso rausfliegen – und Fenster rundum: In dem Reihenhaus gab es nur vorne und hinten Fenster. An dem Tag, als der Kaufvertrag abgeschlossen wurde, schenkte ihnen Lillie eine blau-orangene Schale mit ihren eigenen Plätzchen.

Als Nell feststellte, dass sie ein Problem hatte – ihrem Gefühl nach ein ungewöhnliches Problem –, war Lillie die einzige Person, mit der sie darüber sprechen konnte. Dieses Problem hatte mit Häusern zu tun, aber auch mit der menschlichen Natur. Mit Tig konnte sie das nicht besprechen – es setzte ihm zu, und etwas von der menschlichen Natur, um die es hier ging, war die seine. Lillie hingegen musste in ihrem Leben eine Menge Keller und Dachböden und viel menschliche Natur erlebt haben. Bestimmt wusste sie um die Macht, die Häuser ausübten, eine Macht, die manche Menschen beunruhigte, aus ihnen höchst unerwartete Gefühle herauskitzelte. Nichts von dem, was Nell ihr anvertrauen wollte, würde sie schockieren oder bestürzen: Sie hatte das – sicherlich – alles schon erlebt. Oder Ähnliches. Oder Schlimmeres.

Nell lud Lillie zum Tee ein. Tee war die einzige Form geselligen Beisammenseins, auf die Lillie sich nach einiger Überredung einließ: Sie würde nie zum Dinner kommen. Nell servierte ein paar von Lillies strengen Plätzchen – sie hielten Ewigkeiten –, um zu zeigen, dass sie sie zu schätzen wusste; was sie auch tat, wenn auch nicht unbedingt in ihrer Eigenschaft als Plätzchen.

Den Tee tranken sie in Nells kürzlich erworbener Küche. »Solch ein Blick«, sagte Lillie und sah zum Garten hinaus.

Nell stimmte zu. Für beide war es ein Ausblick auf die Zukunft: Im Garten war gegenwärtig nichts außer ein paar dünnen Gräsern, einem verrosteten Blechschuppen und einer Anzahl von Löchern im Erdboden. Die Vorbesitzer – die mit den Tellerhaltern und Teppichböden – hatten einen Hund gehabt. Aber Nell hatte Großes vor – auf jeden Fall Narzissen –, sobald sie die Zeit fände. Eine ihrer New-Age-Freundinnen, die sich mit Feng-Shui und Pendeln beschäftigte, war im Garten herumgegangen und auch im Haus, um die Winkel und Himmelsrichtungen zu prüfen, und hatte Haus und Garten für gutartig befunden, besonders den Garten, also hatte Nell keine Zweifel, dass dort vieles gut gedeihen würde.

»Ich dachte, vielleicht ein paar Narzissen«, sagte Nell.

»Narzissen sind gut«, sagte Lillie.

»Für den Anfang«, sagte Nell.

Lillie tauchte ihr Plätzchen in den Tee. Aha, überlegte Nell, so ist das gedacht. »Also«, sagte Lillie und blickte Nell von der Seite an, mit erhobenen Augenbrauen. Das hieß: Du hast mich doch nicht kommen lassen, um ein Feld anzugucken.

»Oona will ein Haus«, sagte Nell.

»Das wollen viele«, sagte Lillie gelassen.

»Aber hier geht's um Oona.«

»Und?«, sagte Lillie. Sie wusste, wer Oona war: Sie war Tigs erste Frau. Erste Frau, zweite Frau – eine alte Geschichte.

»Sie will, dass ich das Haus kaufe, damit sie darin wohnen kann.«

Lillies Teetasse hielt in der Luft inne. »Sie hat es gesagt?« Das war neu.

»Nicht laut«, sagte Nell. »Nicht zu mir. Aber ich weiß es.«

Lillie nahm noch ein Plätzchen und tauchte es in ihren Tee, dann lehnte sie sich zurück, um zuzuhören.

Ausgangspunkt war, dass Oona in einer schweren Krise steckte, sagte Nell. Als sie sich das erste Mal begegneten, hatte Oona eine ungeheure Strahlkraft besessen. Sie war nicht nur attraktiv gewesen – auf eine wollüstige Art, dachte Nell missbilligend –, sie hatte auch einen starken Willen gehabt und starke Meinungen und die Entschlossenheit, das zu kriegen, was sie wollte. Zumindest war das der Eindruck, den die meisten Leute von ihr bekamen. Dabei neigte sie durchaus auch zu Depressionen, aber dann legte sie sich ins Bett, und deshalb blieb diese Seite von Oona verborgen. Man bekam nur das heitere, ruhige, leicht spöttische Gesicht zu sehen, das sie nach außen zeigte. Sie war bekannt dafür, effizient zu sein, den Herausforderungen gewachsen, eine Macherin. Sie arbeitete als Managerin. Sie wurde von kleinen Firmen angestellt – kleinen Zeitschriften, kleinen Theatergesellschaften, gefährdeten Zeitschriften, gefährdeten Theatergesellschaften –, denen sie neue Strukturen und neuen Schwung verpasste.

Als Tig auszog, hatte ihr Umfeld überrascht reagiert. Alles schien zum Besten zu stehen. Man wusste um das Arrangement der beiden und dass vor allem Oona eine Reihe von Liebschaften durchlaufen hatte, aber die Situation wirkte trotzdem stabil. Die Wut – auf beiden Seiten berechtigt, fügte Nell fairerweise hinzu, denn es braucht immer zwei, nicht wahr? –, diese Wut war begraben worden; aber wie so viele begrabene Dinge weigerte sie sich, für immer unter der Erde zu bleiben.

Nach der Trennung ließ Oona alle wissen, dass sie damit sehr zufrieden sei. Sie sei diejenige gewesen, die Tig aufgefordert habe zu gehen: Es schien besser so. Den Kindern gehe es gut; sie würden die Wochenenden und Ferien bei Tig auf dem Lande verbringen. Sie selbst habe mehr Handlungsfreiheit gebraucht, mehr Raum, mehr Zeit für sich selbst. Das war die Botschaft, die Oona im ersten Jahr verbreitete.

Dass Nell sich als fester Bestandteil von Tigs Leben erwies, nahm Oona gelassen hin – warum auch nicht, da sie es selbst eingeleitet hatte. Sie habe Tig und Nell miteinander bekannt gemacht, sie habe ihnen ihr – wie sollte man das nennen? –, ihr Ding ja erst ermöglicht. »Tig und sein Harem«, sagte Oona gern. »Natürlich ist Nell sehr jung.« Ihr Gesichtsausdruck besagte: *jung und dumm.* Damit wollte sie andeuten, dass Nell nur eine vorübergehende Erscheinung war: Nell würde Tig verlassen, weil er zu alt war, oder Tig würde Nell verlassen, weil sie zu oberflächlich war. Wenn die beiden da draußen in der tiefsten Provinz verfaulen wollten, in diesem gemieteten Schuppen mit der verfallenen Scheune und dem Unkraut – an dieser Stelle lächelte Oona und zuckte mit den Schultern –, na dann viel Spaß. Die meisten Menschen würden dort wahnsinnig werden, sie eingeschlossen. Unterdessen genossen die Kinder ab und zu das Landleben, und Oona hatte dadurch mehr Spielraum, den Spielraum, den sie sich immer gewünscht hatte.

Diesen Spielraum nutzte sie oft in letzter Minute. Irgendwas ergab sich – zum Beispiel die Gelegenheit, mit ihrem gegenwärtigen Gefährten eine Reise zu machen. Dann rief sie Nell an und verkündete, was zu geschehen habe: wann die Kinder abgeholt werden mussten, wann sie wieder abgeliefert werden mussten, was sie essen sollten. Ihr Ton war herzlich, sogar leicht amüsiert. Was sollte Nell, die auf dem schrägen Fußboden der zugigen Farmküche stand, anderes sagen als ja und ja?

»Ja, Madam – das ist es, was sie eigentlich hören will«, sagte Nell zu ihren Freundinnen. »Sie behandelt mich wie ein Dienstmädchen.« Das war Nells Sicht der Dinge, auch wenn sie Tig nicht dazu bringen konnte, diese Sicht zu teilen. Sobald es um die Kinder ging, bekam Tig glasige Augen und verwandelte sich in eine Art Roboter. Also war es die beste Methode – sagte Nell –, sich auf die Zunge zu beißen und nichts zu sagen.

Nicht, dass sie diese Methode sehr rigoros angewendet hatte. Aber sie hatte es versucht.

»So ein guter Vater«, sagte Lillie. »Er will das Beste für seine Kinder.«

»Ich weiß«, sagte Nell.

»Ein Kind – das kommt zuerst«, sagte Lillie.

»Ich weiß«, sagte Nell. Sie wusste es wirklich, jetzt, da sie selbst eins hatte. Aber all das war einige Jahre zuvor geschehen.

So lief es also, sagte Nell, das erste Jahr oder so. Dann hatten Nell und Tig das Wohnen zur Miete aufgegeben und sich eine eigene Farm gekauft, eine, die etwas weniger verfallen war; obwohl der Unterschied nicht groß war, weil sie nicht viel Geld hatten.

Oona nahm allerdings an, dass sie viel mehr Geld hatten als in Wirklichkeit, erzählte Nell Lillie. Sie forderte von Tig mehr, als sie bisher bekommen hatte– für die Kinder. Aber wenn Tig ihr mehr gegeben hätte, sagte Nell, dann wären sie nicht mehr in der Lage gewesen, ihre Hypothekenzahlungen zu leisten. Ohnedies bestritt Nell schon die Hälfte ihrer gemeinsamen Lebenshaltungskosten. Mehr als die Hälfte. Nicht, dass Nell Tig daraus einen Vorwurf machte. Aber zwei und zwei ergab nun mal nicht fünf.

Die Mathematik war Oona gleichgültig. Sie begann gemeinsamen Bekannten in der Stadt zu erzählen, was für ein schrecklicher Mensch Nell sei und dass sie nun auch Tig in einen schrecklichen Menschen verwandelt habe. Nell hörte davon, genau wie Oona es beabsichtigt hatte: Die Leute scheuten sich nie, solche Dinge weiterzutratschen.

Oona wechselte den Anwalt – Tig und Oona waren inzwischen dabei, eine Scheidungsvereinbarung abzufassen –, und als auch der neue Anwalt nicht mehr Geld aus Tig herauspressen konnte, wechselte sie wieder.

»Mehr Geld hatte er nicht«, sagte Nell. »Was sollte er tun? Man kann aus einem Stein kein Wasser drücken.«

»Aber du hattest was«, sagte Lillie.

»Eigentlich nicht«, sagte Nell. »Sie schrieb Tig ein paar ziemlich bösartige Briefe. Inzwischen tat sie so, als ob er sie verlassen hätte – wie irgend so ein viktorianischer Schuft. Tig sagte aber nie ein böses Wort über sie – wegen der Kinder.«

»Sie war die Mutter«, sagte Lillie. »Wenn es die Mutter ist, und es sind Jungen, dann ist nichts zu machen.«

»Kurz und bündig«, sagte Nell. Lillie sah sie verwirrt an, deshalb fügte sie hinzu: »Genau.«

Die neue Farm war schließlich keine Villa, wie die Jungen Oona prompt berichteten – da gab es zum Beispiel Ratten, im Frühling lief der Lehmbodenkeller voll Wasser, und im Winter wehte der Wind direkt durch die Mauern –, also beruhigte sich Oona mit der Zeit ein wenig. Sie unternahm mit den wechselnden Gefährten Ferienreisen in subtropische Länder, aber Tigs Hoffnung, einer dieser Gefährten würde zu einer dauerhaften Einrichtung werden, erfüllte sich nicht.

Zeit verging, und Tig und Nell zogen in die Stadt zurück – in das Reihenhaus in Chinatown, das mit den Kakerlaken, was für Oona keine echte Bedrohung darstellte. Die Jungen waren jetzt groß; sie lebten nicht mehr bei Oona. Tig konnte seine Treffen mit ihnen selbst organisieren, er brauchte Oona nicht mehr einzuschalten. Damit war diese Reibungsquelle beseitigt. Nell fühlte sich leichter und weniger zum Schweigen verurteilt.

Aber dann passierten zwei Dinge. Oona sah sich gezwungen, ihre große, bequeme Wohnung zu verlassen, und erlebte als Untermieterin ein Desaster nach dem anderen, gerade nachdem sie ihren letzten Job aufgegeben hatte; währenddessen bezogen Tig und Nell ihr neues Haus, das Haus, in dem sie und Lillie jetzt saßen und Tee tranken.

»Das kann sie nicht ertragen«, sagte Nell. »Sie glaubt, wir leben in einem Palast. Wir haben nur Glück gehabt, wir haben zur richtigen Zeit verkauft und gekauft, aber sie denkt, wir schwimmen im Geld. Das treibt sie die Wände hoch.«

»Man versteht es«, sagte Lillie. »Dies geschieht. Aber sie ist eine Erwachsene. Einige haben, einige haben nicht.«

»Ja«, sagte Nell. »Aber es geht ihr auch nicht gut.«

Oonas Krankheit hatte sich seit Jahren an sie herangeschlichen. Sie hatte stark zugenommen, und während sie an Fleisch gewann, verlor sie an Substanz. Außerdem hatte sie ihre Entschlossenheit verloren. Das Selbstvertrauen, das sie überall durchgebracht hatte, löste sich in Luft auf: Sie war zögerlich, unsicher geworden. Sie hatte Angst vor allem Möglichen. Sie mochte nicht mehr aus dem Haus gehen oder in irgendeine Art von Tunnel wie zum Beispiel die U-Bahn.

Oona war von einem Arzt zum anderen gewandert: Keiner von ihnen konnte Licht in das Dunkel ihres Befindens bringen. Es könnte dies sein, es könnte jenes sein. Dann und wann brach sie zusammen – das letzte Mal direkt auf dem Gehsteig –, und dann wurde sie ins Krankenhaus verfrachtet und bekam noch ein Medikament, das nicht wirkte. Zurzeit lebte sie in einer Wohnung mit lauten Nachbarn, die herumbrüllten und nachts Partys veranstalteten; morgens fand man dann Spritzen auf dem Rasen. Alles war schwierig und verwahrlost, und es machte Oona Angst. Dass Oona echte Angst verspüren konnte, war für Nell eine ungewohnte Vorstellung.

Tig sagte, wenn er Geld hätte, würde er ein Haus kaufen, in dem Oona wohnen könnte, um der Jungen willen. Er sagte es so vor sich hin und sah Nell dabei nicht an. Er sagte, dass die Jungen sich große Sorgen machten.

Tig seinerseits machte sich Sorgen um die Jungen, und Nell blieb schließlich nichts anderes übrig, als sich Sorgen um Tig zu machen.

»Sie sind gute Jungen«, sagte Lillie, die sie kennengelernt hatte. »So gute Manieren. Sie wollen ihrer Mutter helfen.«

»Ich weiß«, sagte Nell. »Sowohl Oona als auch die Jungen glauben, dass es ihr in einem eigenen Haus besser ginge, ohne andere Mieter. Das wäre ruhiger. Aber sie kann sich das nicht leisten.«

»Und Tig – was denkt er?«

»Tig will darüber nicht reden.«

Lillie warf Nell einen listigen Blick zu. »Was kannst du tun?«, sagte sie.

Nell wusste, was sie tun konnte. Sie war unerwartet zu etwas Geld gekommen, eine kleine Erbschaft, nicht viel, aber genug. Sie hatte das auf der Bank, in einer sicheren Anlageform. Es lag anklagend da und wurde nicht erwähnt.

Lillie half Nell, das Haus zu finden. Der Immobilienmarkt war gerade in einer Phase glühender Gefräßigkeit, die Häuser wechselten so schnell den Besitzer, dass einem schwindlig werden konnte, sagte Lillie, also war es nicht leicht. Es wär besser gewesen, wenn Oona ein Haus gewollt hätte, als der Markt noch ein Käufermarkt war, aber so war das Leben. Außerdem hatte Oona ein Liste von Anforderungen: Keine ärmliche Gegend, vor Armut hatte sie schreckliche Angst. Nicht zu dunkel. Nicht zu viele Treppen. Eine Straßenbahnhaltestelle in der Nähe. Ein Laden, den man zu Fuß erreichen konnte. Ein Garten.

Anfangs fuhr Lillie Oona herum, einer der Jungen war immer dabei; aber sie berichtete Nell, dass es sinnlos sei. »Sie will ein Schloss«, sagte sie. »Die Jungen sagen ihr, solche Häuser sind zu groß. Sie leiden, die Jungen, sie wollen, dass ihre Mutter glücklich ist, sie sind gute Söhne. Aber sie will groß. Sie will größer als deins.«

»Das kann ich mir nicht leisten«, sagte Nell.

Lillie zuckte mit den Schultern. »Hab ich ihr gesagt. Aber sie glaubt nicht.«

Danach war es Nell, die mit Lillie suchte, in Lillies weißem Auto. Lillie fuhr nach vorn gebeugt, als liefe sie Ski. Einige der engeren Auffahrten machten ihr Probleme; Lillie fuhr über ein Beet. Nell fragte sich, ob sie noch gut genug sah. Dennoch fanden sie ein Objekt, das den Kriterien entsprach, mehr oder weniger: eine zweistöckige Haushälfte mit einem winzigen Garten und einer Holzveranda, einer verglasten Frühstücksnische und drei kleinen Zimmern im ersten Stock.

Die Verkäufer, zwei jüngere Männer, saßen auf dem Sofa und sahen zu, wie die potenziellen Käufer ihre Treppe hinauftrampelten. Sie hatten ein paar Topfpflanzen vor das große Fenster gestellt – eine Geranie, ein, zwei kümmernde Begonien –, aber das war ihr einziges Zugeständnis. Sie hatten nicht mal Staub gesaugt. Wozu die Mühe, bei dieser Marktlage?

»Puh«, sagte Lillie im Keller. »Dieser Müll kommt raus. Zumindest ist er trocken. Wenn eine Person groß wär, ist es ein Problem, aber wer ist groß? Für die Wäsche ist er nicht so schlecht. Oben kann sie eine Wand rausnehmen, ein Dachfenster einsetzen, für eine Person ist es geräumig, es könnte charmant sein, du weißt, was ich meine?«

Nell und Lillie stürzten zum Maklerbüro zurück und machten ihr Angebot gerade noch rechtzeitig. Einen halben Tag später, und es wäre weg gewesen, sagte Lillie. Oona wollte Miete zahlen: sie bestand darauf, sagten die Jungen. Sie wollte nicht, dass Nell sie unterstützte. Die Miete würde nicht ausreichen, um alles abzudecken, aber das wusste Oona nicht.

Oona und Nell sprachen nicht mehr miteinander, schon seit einiger Zeit. Die Jungen fungierten als Vermittler.

Für die Jungen war es hart gewesen, das wusste Nell. Sie taten ihr leid. Sogar Oona tat ihr leid, auch wenn sie das etwas Mühe kostete. Sie sagte sich, dass sie selbst im Kern kein großzügiger Mensch war. Die etwas abgedrehteren unter ihren Freundinnen – die mit den Kristallen und dem anderen Kram – würden ihr erklären, dass Oona die Strafe für etwas war, was Nell in einem früheren Leben verbrochen hatte. Sie würden sagen, es sei ihr nun als Pflicht auferlegt, Oona gut zu behandeln. So konnte man das sehen, dachte Nell. Man konnte aber auch der Ansicht sein, dass sie sich zum Fußabtreter machte.

Nell schloss den Kauf ab, ohne Tig etwas davon zu sagen. Als sie es ihm erzählte, sagte er zwei Dinge: *Du bist verrückt. Danke.*

»Du bist eine gute Person«, sagte Lillie. Sie schickte zwei Schalen mit harten Plätzchen und zwei Glückwunschnotizen auf dem geblümten Briefpapier: eine an Nell und eine an Oona.

Für eine kurze Weile war alles ruhig. Nell fühlte sich tugendhaft, Oona fühlte sich sicherer und hörte auf, sich darüber zu beklagen, wie schrecklich Nell und Tig waren, Tig war weniger besorgt, die Jungen fühlten sich frei. Nell sagte ihren Freundinnen, dass sie die richtige Entscheidung getroffen habe. Sie genoss deren Ungläubigkeit: Nach allem, was Oona über Nell gesagt hatte – und die Freundinnen wussten, dass Nell Bescheid wusste, schließlich hatten sie ihr alles hinterbracht –, kauft Nell Oona ein Haus? Hielt sie sich für eine Heilige oder was?

Es fielen Reparaturen an: Bei einem Haus fallen immer Reparaturen an, worauf Lillie stets hinwies. Die vordere Veranda, die Klimaanlage, die Wände, die gestrichen werden mussten – dabei halfen die Jungen. Das Dach; so ein Dach wurde nicht kostenlos gemacht. Aber Oona hatte einen ausgezeichneten Geschmack, schon immer, und dies war eine ihrer Gaben, die sie nicht verloren hatte. Als sie sich erst mal eingerichtet hatte, war das Haus nicht wiederzuerkennen. »Sie hat es wie neu gemacht«, berichtete Lillie Nell; denn wie alle hatte Oona eine Zuneigung zu Lillie gefasst und sie zum Tee eingeladen.

Dieser harmonische Zustand hielt allerdings nicht lange vor. Oonas Gesundheit hatte sich anfangs gebessert, aber jetzt ging es wieder bergab. Ihre Beine zitterten; sie hatte Schwierigkeiten, die Treppen rauf- und runterzukommen; sie hatte das Gefühl, es nicht mehr zum Laden an der Ecke zu schaffen. Es wurde ihr zu anstrengend, die großen Blumenkästen, die sie auf die Veranda gestellt hatte, zu wässern. Sie hörte nachts Geräusche – wahrscheinlich Waschbären, obwohl man bei Geräuschen, wie Lillie sagte, nie wusste –, und sie machten ihr Angst. Die Jungen bauten eine Alarmanlage ein, aber sie ging versehentlich los, und das verängstigte Oona noch mehr, also bauten sie die Anlage wieder aus.

Vielleicht machten ihre Medikamente sie so furchtsam, sagten die Jungen. Sie hatte ein neues Präperat verschrieben bekommen oder zwei oder drei. Sie wollte diese Tabletten nicht nehmen, sie glaubte, sie machten alles nur schlimmer. Überdies war sie überzeugt, dass sie als heruntergekommene Obdachlose auf der Straße enden würde, dass sie ihr Aufgespartes verbrauchen, kein Geld mehr haben und dass Nell – die ja eigentlich die Hausbesitzerin war – sie rauswerfen würde.

»Das würd ich nie tun«, sagte Nell. Aber Oona ging vom Gegenteil aus.

Hinter Oonas Ängsten stand der Wunsch, dass Nell die Miete, die sie zahlte, reduzieren oder ganz erlassen möge. Einer der Jungen deutete das an. Aber Nell streckte sich bereits nach der Decke, finanziell gesehen. Außerdem ging ihr das jetzt eine Spur zu weit. Ich habe mich genug verbogen, dachte sie. Noch etwas mehr Druck, und ich breche.

Die Jungen wollten, dass Oona in eine Wohnung zog – eine, die sie sich leisten konnte, eine mit Fahrstuhl. Oona konnte sich nicht entscheiden; sie konnte keine Treppen steigen, andererseits waren Fahrstühle beengend, wie Tunnel. Sie regte sich über alles zu sehr auf, sagten die Jungen. Sie klagte über Schlaflosigkeit. Aber nachdem sie mehrere Makler eingesetzt und viele falsche Fährten verfolgt hatten, fanden sie schließlich etwas Passendes. Es war ein Apartment mit nur einem Schlafzimmer, klein, aber pflegeleicht; es würde sicherer sein; Oona konnte das bewältigen. Oona stimmte widerwillig zu. Sie wollte nicht umziehen, aber sie wollte auch nicht da bleiben, wo sie war.

Nell wandte sich an Lillie, um das Haus zu verkaufen.

»Mit Möbeln, es ist immer besser«, sagte Lillie. »Eine Person kann die Möglichkeiten sehen. Und diese Möbel sind charmant.« Sie wollte einen Besichtigungstag veranstalten, und Oona stimmte schließlich zu. Einer der Jungen würde da sein und helfen; der andere würde den Tag mit Oona woanders verbringen, um sie vor dem Ansturm potenzieller Käufer zu schützen. Für die war Lillie zuständig.

Nell und Tig hingegen fuhren nach Europa – nach Venedig. Sie waren noch nie dort gewesen, sie wollten schon immer dorthin. Durch den Verkauf des Hauses – Oonas Haus, wie es jeder inzwischen nannte – wurde wieder Geld flüssig, so konnten sie sich die Reise leisten.

Es war Zeit für solch eine Reise, dachte Nell. Sie mussten sich beide dem trägen grauen Strudel entziehen, der sich um Oona drehte.

Lillie manövrierte ihren weißen Wagen in die Auffahrt, parkte, stemmte sich heraus. Sie nahm die Eingangsstufen langsam, eine nach der anderen: Ihre Füße schmerzten zunehmend. Sie klingelte an der Tür. Oona sollte da sein, um sie einzulassen, damit Lillie alles überprüfen und die Besichtigung vorbereiten konnte, aber niemand öffnete.

Während Lillie auf der vorderen Veranda stand und sich fragte, was sie tun sollte, kamen die Jungen vorgefahren. Sie klingelten auch. Dann kletterte einer von ihnen – der ältere – den Zaun hinauf und auf der anderen Seite mit Hilfe der Pflanzbehälter wieder hinunter und sah durch die hohen Fenster der Frühstücksnische hinein. Oona lag auf dem Fußboden.

Der Sohn trat ein Fenster ein und schnitt sich dabei eine Ader im Bein auf. Oona war tot. Der Arzt sagte später, dass sie schon einige Stunden tot gewesen sei. Es war ein Schlaganfall. Eine

Tasse Tee stand noch auf dem Küchentisch. Der Sohn humpelte mit der Hand am Bein zur Haustür und ließ die anderen herein. Sie riefen eine Ambulanz; der ältere Sohn lag mit gehobenem Bein auf dem Fußboden, und der jüngere versuchte die Blutung mit Geschirrhandtüchern zu stoppen. Lillie saß auf dem Sofa im Wohnzimmer, weiß wie ein Laken und zitternd. »Ich hab noch nie etwas so Schreckliches gesehen«, sagte sie immer wieder.

Was für Nell, als sie später davon hörte, das erste Anzeichen war, dass mit Lillie etwas ernsthaft nicht in Ordnung war; Lillie hatte durchaus schon Schrecklicheres gesehen. Weitaus Schrecklicheres.

Der Besichtigungstag fiel natürlich aus. Solange noch so viel Blut am Boden klebte, konnte man das Haus nicht verkaufen. Später aber – Wochen später, als die Möbel abtransportiert worden waren – versuchte Lillie es noch einmal. Allerdings war sie nicht mehr mit dem Herzen dabei, das wurde Nell klar. Ihr fehlte die alte Begeisterung, die Überzeugung, dass auch aus Schlimmem Gutes kommen konnte. Nicht nur das, das Haus selbst machte ihr Angst.

»Das Haus ist dunkel«, sagte sie zu Nell. »Niemand will in solcher Dunkelheit leben.« Sie schlug vor, die Büsche zu beschneiden.

Nell und Tig fuhren zum Haus hinüber. Es war nicht dunkel. Wenn überhaupt, war es ein bisschen zu hell: Hell konnte im Sommer heiß bedeuten. Trotzdem kappten sie ein paar Zweige.

»Der Keller – er ist voll Wasser«, sagte Lillie am Telefon. Sie war bestürzt. Tig fuhr sofort hinüber. »Der Keller ist knochentrocken«, sagte er Nell.

Nell lud Lillie zum Tee ein. Die Narzissen blühten; Lillie betrachtete sie durchs Fenster. »Wie nennt man die?«, sagte sie.

»Lillie«, sagte Nell, »du brauchst das Haus nicht zu verkaufen. Das kann jemand anders machen.«

»Ich möchte es gerne, für dich«, sagte Lillie. »Du hast es schwer gehabt.«

»Du glaubst, das Haus ist dunkel«, sagte Lillie.

»Ich hab noch nie etwas so Schreckliches gesehen«, sagte Lillie. »Schrecklich. Da war solches Blut.«

»Das war nicht Oonas Blut«, sagte Nell.

»Es war Blut«, sagte Lillie.

»Du glaubst, Oona ist da noch drin«, sagte Nell.

»Du verstehst alles«, sagte Lillie.

»Ich erledige das«, sagte Nell. »Ich kenn Leute, die das übernehmen können.«

»Du bist ein guter Mensch«, sagte Lillie, und Nell begriff, dass Lillie aufgab, dass sie ihr das Haus überließ. Sie wollte nicht mehr diejenige sein, die alles verstand, die sich um alles kümmerte. Nell würde das jetzt für Lillie tun müssen.

Nell rief ihre Feng-Shui-Freundin an, die ihr eine Expertin für Kristalle und Reinigung empfahl. Die verlangte Honorar: Bar wäre am besten, sagte die Freundin. »Gut«, sagte Nell. »Erzähl ihr nichts von Oona und dass sie da gestorben ist. Ich will, dass sie da ganz frei rangeht.« War Oona noch im Haus? Verhinderte sie aus Rachsucht, dass das Haus verkauft wurde? Nell glaubte es nicht. Sie konnte sich nicht vorstellen, dass Oona etwas so Banales tun würde. Andererseits hatten sie sich beide etwa gleichwertiger Banalitäten schuldig gemacht. Die erste Frau, die zweite Frau – sie hatten beide dem Klischee entsprochen.

Tig fuhr Nell zu dem Haus, blieb aber draußen im Wagen. Er wollte damit nichts zu tun haben. Nell schloss auf und ging hinein, und dann ließ sie die Kristallfrau rein, die Susan hieß. Susan war nicht gerade der zierliche Frauentyp; sie sah athletisch aus, geschäftsmäßig, nüchtern. Sie nahm den Umschlag mit ihrer Bezahlung in bar und schob ihn in ihre Handtasche. »Wir fangen oben an«, sagte sie.

Susan ging durch das ganze Haus – sie ging in jedes Zimmer, in den Keller hinunter, hinaus auf die Holzveranda. In jedem Bereich stellte sie sich reglos hin, den Kopf auf die Seite gelegt. Schließlich ging sie in die Küche.

»Gerade ist niemand hier«, sagte sie, »aber da ist ein Kanal, durch den die Wesenheiten kommen und gehen.« Sie wies auf die Frühstücksnische.

»Ein Kanal?«, sagte Nell.

»So was wie ein Tunnel. Eine Verbindung«, erklärte Susan geduldig. »Sie kommen in unsere Welt, und dann gehen sie wieder raus, genau hier.«

»Hier ist auch jemand gestorben«, sagte Nell.

»Dann sind sie ganz bewusst hergekommen, weil sie einen schnellen Übergang wollten«, sagte Susan.

Nell dachte darüber nach. »Sind die Wesenheiten gut oder böse?«, sagte sie.

»Sie können beides sein«, sagte Susan. »Es gibt alle möglichen Arten.«

»Wenn Sie böse im Haus hätten, was würden Sie tun?«

»Licht um sie herum setzen«, sagte Susan.

Nell fragte nicht, wie man so etwas am besten bewerkstelligte. »Glauben Sie, dass es den Wesenheiten was ausmachen würde, wenn wir den Kanal schlössen oder woandershin bewegten?«, sagte sie. Das war ja wie in diesen Kinderspielen, in denen ein imaginärer Freund vorkam. Wenn's hilft, sagte sie sich.

»Ich frag sie«, sagte Susan. Sie stand still da, lauschte. »Sie haben nichts dagegen, aber sie wollen, dass wir den Kanal in den Garten hinaus bewegen. Sie wollen nicht, dass er zu weit weg bewegt wird. Die Gegend gefällt ihnen.«

»Einverstanden«, sagte Nell. Also hatten selbst die Wesenheiten ihre Vorlieben in Bezug auf die Wohngegend. »Was machen wir als Nächstes?«

Als Nächstes machten sie eine Art Kreistanz, begleitet von Glockenklingeln; Susan hatte die Glöckchen in ihrer Handtasche dabei. »So«, sagte sie. »Der Kanal ist geschlossen. Aber um ganz sicher zu gehen …« Sie zog ein paar Bündel Salbei hervor und legte sie in die Küchenschubladen. »Das sollte sie eine Weile in Schach halten«, sagte sie.

»Vielen Dank«, sagte Nell.

»Jetzt ist alles wieder gut«, sagte Nell zu Lillie.

»Du bist so gut«, sagte Lillie.

Aber es war nicht alles gut. Lillie hatte immer noch Angst vor dem Haus. Da war etwas drin, wenn auch nicht Oona. Etwas Älteres, Dunkleres, Schrecklicheres. Etwas, das aufgestört worden war; es war erwacht, es war an die Oberfläche gekommen. Da war Blut.

Später sollte Nell Bekannten erzählen, dass dies wohl die erste Phase der Alzheimer-Erkrankung gewesen war oder was immer dazu führte, dass ihnen Lillie geraubt wurde, aus jener Welt verschwand, die sie gekannt hatte. Sie gelangte an einen besseren Ort; einen Ort ohne Vergangenheit oder zumindest ohne manche Teile der Vergangenheit. An diesem Ort befanden sich einige Menschen, die Lillie vor langer Zeit gekannt hatte, und sie lebten noch. Ihr Mann lebte noch. Er wartete darauf, dass sie nach Hause kam, sagte Lillie. Er mochte es nicht, wenn sie allein unterwegs war, er hatte sie lieber bei sich im Wohnzimmer mit den vertrauten Porzellanfiguren, besonders nach Einbruch der Dunkelheit.

Lillies erwachsene Kinder trafen Vorkehrungen. Sie stellten eine Pflegerin ein, damit Lillie in ihrem Haus bleiben konnte. Sie dachten, es würde ihr guttun. Lillie begann, Aquarelle zu malen, das hatte sie nie zuvor getan. Die Bilder, die sie malte, waren hell und fröhlich, voller Sonnenlicht; es waren hauptsächlich Bilder von Blumen. Wenn Nell sie besuchte, lächelte sie glücklich. »Ich habe ein paar Plätzchen gebacken, nur für dich«, sagte sie dann. Aber sie hatte keine gebacken.

Oonas Haus ist von zwei Schwulen gekauft worden – zwei Künstlern, Freunden von Nell und, wie sich herausstellte, früheren Klienten von Lizzie. Sie lieben das Licht, das im ersten Stock von hinten hereinkommt. Sie haben aus dem Zimmer ein Atelier gemacht. Sie haben ein paar Wände eingerissen und was angebaut und ein Dachfenster eingesetzt und das Haus neu eingerichtet. Für ihre Katze haben sie eine ungewöhnliche Vorrichtung – eine Katzenbox, die in die Wand eingelassen ist und herausgleitet, wenn die Katze sie mit einem Sensor aktiviert. Die Katze benimmt sich seltsam, wenn sie in der verglasten Frühstücksnische ist, erzählen die Freunde Nell: Sie sitzt da und starrt aus dem Fenster, als beobachtete sie etwas.

»Sie beobachtet die Wesenheiten«, sagt Nell, die zum Tee gekommen ist und das Ergebnis der Renovierung bewundert. »Wir haben sie in den Garten verlegt. Sie wollten ihren Kanal dort haben.«

»Was?«, sagen die schwulen Männer. »Verwesungen. Erzähl uns nicht, dass hier was verwest!« Sie lachen.

»Nein, die Wesenheiten«, sagt Nell.

Dann erzählt Nell ihnen die Geschichte von Oona und Tig und sich selbst und von Susan, der Kristalldame – besonders angetan sind die beiden von der Vorstellung, wie Nell mit Glöckchen im Kreis herumgetanzt ist – und auch die Geschichte von Lillie. Sie wandelt die Geschichte natürlich ein bisschen ab. Sie macht sie witziger, als sie zu der Zeit schien. Auch sind alle darin netter, als sie es in Wirklichkeit waren. Außer Lillie; Lillie konnte man gar nicht besser machen, als sie war.

Den schwulen Männern gefällt die Geschichte: Sie ist bizarr, und sie mögen's bizarr. Außerdem betrifft die Geschichte auch sie, weil es ihr Haus betrifft. Eine solche Geschichte verleiht einem Haus Charakter. »Wir haben Wesenheiten!«, sagen sie. »Wer hätte das gedacht? Wenn wir das Haus jemals verkaufen, setzen wir die in die Anzeige. Zauberhaftes Atelier. Eingebaute Katzenbox. Wesenheiten.«

Aber was hätte ich sonst mit alldem machen sollen?, denkt Nell, als sie sich auf den Nachhauseweg begibt. All den Ängsten und all der Wut, diesen zweifelhaften guten Absichten, diesem verknäulten Leben, dem Blut. Ich kann davon erzählen, oder ich kann es begraben. Letztlich werden wir alle zu Geschichten. Oder zu Wesenheiten. Vielleicht ist es dasselbe.

DAS LABRADOR-FIASKO

Es ist Oktober, aber welcher Oktober? Einer von diesen Oktobern mit dem rasch vergehenden, besonders intensiven Licht, den Diminuendos, den roten und orangenen Blättern. Mein Vater sitzt in seinem Lehnstuhl am Feuer. Er trägt seinen schwarzweiß karierten Bademantel über seiner sonstigen Kleidung und seine alten Lederpantoffeln, die Füße ruhen auf einem Fußkissen. Also muss es Abend sein.

Meine Mutter liest ihm etwas vor. Sie fummelt an ihrer Brille herum und beugt sich über die Seite; so sieht es jedenfalls aus. In Wirklichkeit hat sie jetzt einen krummen Rücken.

Mein Vater grinst, also muss dies eine Stelle sein, die er besonders mag. Sein Grinsen ist auf der linken Seite höher als auf der rechten: Vor sechs Jahren hatte er einen Schlaganfall. Wir alle tun so, als hätte er sich davon erholt; und das hat er auch, zum größten Teil.

»Was passiert gerade?«, sage ich, während ich den Mantel ausziehe. Ich kenne die Geschichte, ich habe sie schon mal gehört.

»Sie sind gerade aufgebrochen«, sagt meine Mutter.

Mein Vater sagt: »Sie haben die falschen Lebensmittel mitgenommen.« Das freut ihn: Er hätte nicht die falschen Lebensmittel mitgenommen. Überhaupt hätte er eine so schlecht durchdachte Expedition gar nicht erst mitgemacht, zumindest ist er heute dieser Ansicht – obwohl er früher kühner, draufgängerischer war, mit genug Selbstvertrauen, um dem Schicksal zu trotzen und keine Gefahr zu scheuen. »Verdammte Narren«, sagt er, unablässig grinsend.

Aber welche Lebensmittel hätten sie mitnehmen sollen, abgesehen von den falschen? Weißer Zucker, weißes Mehl, Reis, das war's, was man damals mitnahm. Erbsenmehl, geschwefelte Äpfel, Zwieback, Speck, Schweineschmalz. Schwere Dinge. Man konnte damals nichts gefriertrocknen, es gab keine handlichen Suppenpackungen; es gab keine Nylonwesten, keine Schlafsäcke, die man in die Hosentasche stecken konnte, keine Leichtgewichtzeltplanen. Ihre Zelte waren aus Ballonseide, die eingeölt wurde, um sie wasserdicht zu machen. Ihre Decken waren aus Wolle. Die Rucksäcke waren aus Leinen, mit Lederriemen und Tragriemen, die über die Stirn gezogen wurden, um den Druck auf den Rücken zu vermindern. Die werden nach Teer gerochen haben. Hinzu kamen zwei Gewehre, zwei Pistolen, zwölfhundert Schuss Munition, eine Kamera, ein Sextant; und dann die Kochutensilien und die Kleidung. Jedes einzelne Pfund musste über jede einzelne Portage getragen oder im Kanu den Fluss hinaufgeschleppt werden. Einem Kanu, das sechs Meter lang war, mit Holzrahmen und segeltuchbespannt.

Trotzdem ließen sich die Abenteurer von alldem nicht abschrecken, zumindest nicht am Anfang. Es waren zwei, zwei junge Amerikaner; sie waren schon öfter auf Expeditionen in der Wildnis gewesen, wenn auch in wärmeren Breiten, mit aromatischen Pfeifen, die abends an einem fröhlichen Feuer geraucht wurden, während eine frisch gefangene Forelle in der Pfanne brutzelte und die Sonnenuntergänge im Westen verblassten. Jeder von ihnen wäre in der Lage gewesen, gleich Kipling einen oder zwei gelungene Absätze über die Lockung der Wildnis, die Herausforderung des Unbekannten, zu Papier zu bringen. Man schrieb das Jahr 1903, da Entdeckungstouren als Männlichkeitsbeweis noch *en vogue* waren, als Männlichkeit an sich noch *en vogue* war und man noch glaubte, dass Männlichkeit sich ganz selbstverständlich mit dem Begriff *rein* verband. Männlichkeit, Reinheit, die Wildnis, in der man sich frei fühlen konnte. Mit Gewehr und Angelrute natürlich. Man konnte sich selbst versorgen.

Der Führer der Expedition, dessen Name Hubbard war, arbeitete für eine Zeitschrift, die sich dem Leben in der freien Natur widmete. Es war seine Idee, dass er und sein Freund und Vetter – dessen Name Wallace war – in die letzte unkartografierte Wildnis von Labrador vorstoßen sollten und er eine Serie von Artikeln über ihre Abenteuer schreiben und sich so einen Namen machen würde. (Das waren genau seine Worte: »Ich werde mir einen Namen machen.«) Vor allem wollten sie dem Nascaupee River flussaufwärts folgen, von dem es hieß, er entspringe einem legendären Inlandsee, Lake Michikamu, in dem es vor Fischen wimmeln sollte. Von dort aus konnten sie sich zum George River durchschlagen, wo sich die Indianer in jedem Sommer zur Karibujagd sammelten, und von dort zu einem Handelsposten an der Hudson Bay und von da wieder hinaus zur Küste. Während sie sich unter den Indianern aufhielten, wollte sich Hubbard auch ein wenig als Amateur-Anthropologe betätigen und über sie schreiben. Dazu ein paar Fotos – ein zottelhaariger Jäger mit einem altmodischen Gewehr, den Fuß auf dem Kadaver; ein abgetrennter Kopf mit breitem Geweih; Frauen mit Glasperlenketten und glänzenden Augen, die auf dem Fell herumkauten oder es zusammennähten oder was immer sie damit machten. *Die letzten Wilden*. Etwas in der Art. Solche Themen stießen auf großes Interesse. Er würde auch schildern, was sie aßen.

(Aber diese Indianer kamen von Norden. Niemand nahm je die Flussroute von Westen oder Süden.)

In Geschichten wie dieser gibt es immer – angeblich immer – einen alten Indianer, der vor die weißen Männer tritt, als sie gerade aufbrechen wollen. Er kommt, um sie zu warnen, weil er ein gutes Herz hat und sie unwissend sind. »Geht da nicht hin«, sagt er. »Das ist ein Ort, an den wir niemals gehen.« Die Indianer in diesen Geschichten bedienen sich einer eigentümlichen Ausdrucksweise.

»Warum nicht?«, sagen die weißen Männer.

»Böse Geister leben dort«, sagt der alte Indianer. Die weißen Männer lächeln und danken ihm und ignorieren seinen Rat. Der Aberglaube der Eingeborenen, denken sie. Also gehen sie dahin, wohin sie nach der Warnung des Indianers nicht hätten gehen dürfen, und dann, nach vielen Entbehrungen, sterben sie. Der alte Indianer schüttelt den Kopf, als er davon hört. Törichte weiße Männer, aber was soll man ihnen sagen? Sie achten nichts und niemanden.

In diesem Buch gibt es keinen alten Indianer – er wurde irgendwie vergessen –, also übernimmt mein Vater diese Rolle. »Sie hätten da nicht hingehen sollen«, sagt er. »Die Indianer nahmen diese Route nie.« Er sagt aber nichts von »bösen Geistern«. Er sagt: »Nichts zu essen.« Für die Indianer wäre es dasselbe gewesen, denn wo kommt Essen her, wenn nicht von den Geistern? Es ist nicht einfach da, es wird einem gegeben oder auch verweigert.

Hubbard und Wallace versuchten ein paar Indianer anzuheuern, sie sollten sie zumindest auf der ersten Etappe der Reise begleiten und beim Schleppen helfen. Niemand wollte mitgehen; sie sagten, sie wären »zu beschäftigt«. In Wirklichkeit wussten sie zu viel. Sie wussten, dass man unmöglich alles tragen konnte, was man in diesem Gebiet an Nahrung brauchen würde. Und was man nicht trug, musste man erlegen. Aber meistens war dort nichts zu erlegen. »Zu beschäftigt« hieß, zu beschäftigt, um zu sterben. Es hieß auch: zu höflich, um auf das Offensichtliche hinzuweisen.

Die beiden Forscher machten eines richtig. Sie heuerten einen Führer an. Sein Name war George, und er war ein Cree-Indianer oder zum Teil; was man damals einen Mischling nannte. Er kam von der James Bay, zu weit weg von Labrador, um die ganze böse Wahrheit über diesen Landstrich zu kennen. George reiste nach Süden, um seine Auftraggeber zu treffen, er legte den langen Weg nach New York zurück, wo er noch nie zuvor gewesen war. Er war noch nie in den Vereinigten Staaten gewesen oder auch nur in einer Stadt. Er blieb ruhig, er blickte sich um; er bewies seine Findigkeit, indem er rauskriegte, was ein Taxi war und wie man eines rief. Seine Fähigkeit, Dinge zu durchdenken, sollte sich später als sehr nützlich erweisen.

»Dieser George war ein guter Junge«, sagt mein Vater. George ist in dieser Geschichte seine Lieblingsfigur.

Im Haus gibt es irgendwo ein Foto von meinem Vater – vielleicht steckt es zusammen mit anderen Fotos, die noch nicht eingeklebt sind, hinten in einem Fotoalbum. Auf dem Bild ist er dreißig Jahre jünger, auf irgendeiner Kanutour – wenn man diese Daten nicht auf die Bildrückseite schreibt, werden sie vergessen. Er überquert offenbar gerade eine Portage. Er ist unrasiert, wegen der Moskitos und Stechfliegen hat er sich ein Tuch um den Kopf gebunden, und er trägt einen schweren Rucksack mit dem breiten Tragriemen über der Stirn. Sein Haar ist dunkel, sein glänzendes Gesicht ist tief gebräunt und nicht gerade sauber. Er sieht leicht schurkisch aus; wie ein Pirat oder tatsächlich wie ein Führer in den nördlichen Wäldern, die Sorte, die plötzlich über Nacht mit dem besten Gewehr verschwindet, kurz bevor die Wölfe auftauchen. Er sieht aber auch aus wie jemand, der genau weiß, was er tut.

»Dieser George wusste, was er tat«, sagt mein Vater jetzt.

Sobald er New York verlassen hatte, heißt das; dort war George keine große Hilfe, weil er nicht wusste, wo man einkaufen konnte. In New York kauften die Männer die notwendige Ausrüstung außer einem Netz zum Fischen. Sie glaubten, das könnten sie auch im Norden kriegen. Sie kauften auch keine Ersatzmokassins. Womöglich war das ihr schwerwiegendster Fehler.

Dann brachen sie auf, erst mit dem Zug, dann per Schiff und schließlich mit einem Boot. Die Details sind langweilig. Das Wetter war schlecht, die Mahlzeiten ungenießbar, und kein Transportmittel war jemals pünktlich. Sie verbrachten viele Stunden und sogar Tage damit, auf Kaimauern zu warten und sich zu fragen, wann ihr Gepäck auftauchen würde.

»Das reicht für heute Abend«, sagt meine Mutter.

»Ich glaub, er ist eingeschlafen«, sage ich.

»Er ist früher nie eingeschlafen«, sagt meine Mutter. »Nicht bei dieser Geschichte. Sonst schreibt er immer seine Liste.«

»Seine Liste?«

»Seine Liste von allem, was er mitnehmen würde.«

Während mein Vater schläft, blättere ich in der Geschichte weiter. Die drei Männer haben es schließlich geschafft, von der trostlosen nordöstlichen Küste Labradors landeinwärts vorzustoßen, sie haben ihren letzten Absprungsort hinter sich gelassen, und nun wird es Ernst. Es ist Mitte Juni, aber der kurze Sommer wird bald vorbei sein, und sie haben fünfhundert Meilen vor sich.

Jetzt müssen sie den Grand Lake befahren, der lang und schmal ist; am äußersten Ende, das haben sie jedenfalls gehört, fließt der Nascaupee in ihn herein. Die einzige Landkarte, die sie zu sehen bekommen haben, ist die eines früheren weißen Reisenden, vor fünfzig Jahren grob skizziert, und sie zeigt den Grand Lake mit einem einzigen Zufluss. Auch die Indianer haben immer nur von einem Fluss geredet: dem einen, der an ein Ziel führt. Warum über die anderen reden, wen interessierte das überhaupt? Es gibt viele Pflanzen, die keinen Namen haben, weil man sie nicht essen kann und sie zu nichts zu gebrauchen sind.

Aber in Wirklichkeit sind da vier weitere Flüsse.

Am ersten Morgen sind sie begeistert, das hält zumindest Wallace fest. Sie sind voller Hoffnung, das Abenteuer ruft. Der Himmel ist tiefblau, die Luft ist frisch, die Sonne ist hell, die Baumwipfel scheinen sie herbeizuwinken. Sie sind nicht erfahren genug, um sich vor lockenden Baumwipfeln in Acht zu nehmen. Zu Mittag essen sie Pfannkuchen mit Sirup und fühlen sich prächtig. Sie wissen, dass sie auf Gefahren zusteuern, aber sie wissen auch, dass sie unsterblich sind. Im Norden kommen solche Stimmungen schon mal auf. Mit ihrer Kamera machen sie Fotos: von ihrem Kanu, von ihren Rucksäcken, voneinander: schnurrbärtig, im Pullover, mit wickelgamaschenartigen Stoffbändern an den Beinen und einem Ding auf dem Kopf, das wie ein Bowler-Hut aussieht. Sie lehnen vergnügt auf ihren Paddeln. Ein herzzerreißender Anblick, aber nur, wenn man das Ende kennt. Noch geht es ihnen so gut wie nie.

Es gibt noch ein Foto von meinem Vater, vielleicht von derselben Portage-Tour, oder er trägt nur dasselbe Tuch. Dieses Mal grinst er in die Kamera, während er so tut, als rasierte er sich mit einer Axt. Zwei für eine Lügengeschichte typische Dinge werden hier angedeutet: dass die Axt so scharf ist wie ein Rasiermesser und seine Stoppeln so hart sind, dass nur eine Axt da durchkommt. Das ist Spaß, ein Kanutrip-Witz. Obwohl er früher natürlich beides insgeheim geglaubt hat.

Am zweiten Tag fahren die Männer an der Mündung des Nascaupee vorbei, die hinter einer Insel versteckt liegt und wie ein Ufer wirkt. Sie ahnen nicht einmal, wo sie sind. Sie fahren zum Ende des Sees weiter und von dort in den Fluss, den sie sehen. Sie haben die falsche Abbiegung genommen.

Ich kehre erst nach über einer Woche nach Labrador zurück. Als ich wiederkomme, ist es Sonntagabend. Das Feuer lodert, und mein Vater sitzt davor. Er wartet auf das, was als Nächstes geschieht. Meine Mutter sucht noch schnell die Backpulverkekse und den entkoffeinierten Tee. Ich forsche nach den Plätzchen.

»Wie läuft denn alles so?«, sage ich.

»Gut«, sagt sie. »Aber er sollte sich mehr bewegen.« *Alles* bedeutet mein Vater, in ihrer Perspektive.

»Du musst ihn dazu zwingen, spazierenzugehen«, sage ich.

»Ihn *zwingen*«, sagt sie.

»Na ja, es ihm nahebringen.«

»Er sieht nicht ein, warum man bloß um des Gehens willen gehen soll«, sagt sie. »Wenn man gar kein richtiges Ziel hat.«

»Du kannst ihn doch was holen schicken«, sage ich. Das ist ihr keine Antwort wert.

»Er sagt, ihm tun die Füße weh«, sagt sie. Ich denke an die Reihe fast neuer Stiefel und Schuhe im Schrank; Stiefel und Schuhe, die in letzter Zeit dazugekommen sind. Er kauft sich immer wieder andere. Er denkt wohl, wenn er nur die richtigen findet, dann wird er die Schmerzen los, was immer ihm diese Schmerzen in den Füßen verursacht.

Ich trage die Teetassen hinein, teile die Teller aus. »Also, wie kommen Hubbard und Wallace zurecht?«, sage ich. »Seid ihr schon an der Stelle, wo sie die Eule essen?«

»Da ist nicht viel dran«, sagt er. »Sie haben den falschen Fluss genommen. Selbst wenn sie den richtigen gefunden hätten, war es zu spät, um loszufahren.«

Hubbard und Wallace und George arbeiten sich mühsam den Fluss hinauf. Die Mittagshitze ist drückend. Fliegen quälen sie, kleine Fliegen, wie Stecknadelköpfe, riesige Fliegen, so groß wie ein Daumen. Der Fluss ist kaum befahrbar: Sie müssen das voll beladene Kanu über seichte Stellen mit Kiesgrund schleppen oder um Stromschnellen herumtragen, durch einen Wald, der unzugänglich ist, von Menschen unberührt und voller Unterholz. Vor ihnen öffnet sich der Fluss, hinter ihnen schließt er sich wie ein Labyrinth. Die Flussufer werden steiler; Hügel auf Hügel, im Umriss sanft, hart in ihrem Kern. Es ist eine öde Landschaft: Krüppelkiefern, Birken, Espen, alles dürftig, an einigen Stellen verbrannt, der Weg nach vorn wird von verkohlten und umgestürzten Baumstämmen verstellt.

Wie lange dauert es, bis sie begreifen, dass sie den falschen Fluss hinaufgefahren sind? Viel zu lange. Sie bauen ein Versteck für einen Teil der Lebensmittel, damit sie nicht so viel tragen müssen; einiges werfen sie weg. Es gelingt ihnen, ein Karibu zu schießen, das sie essen, sie lassen den Kopf und die Hufe zurück. Ihre Füße schmerzen; ihre Mokassins sind schon fast durchgelaufen.

Schließlich steigt Hubbard auf einen hohen Hügel, von dort oben sichtet er Lake Michikamau; aber der Fluss, dem sie gefolgt sind, führt nicht dahin. Der See ist zu weit weg: Sie können ihr Kanu unmöglich so weit durch den Wald schleppen. Sie werden umkehren müssen.

Abends drehen sich ihre Gespräche nicht mehr um Entdeckung und Erforschung. Stattdessen reden sie darüber, was sie essen werden. Was sie morgen essen werden und was sie nach ihrer Rückkehr essen werden. Sie stellen Speisepläne zusammen, Festgelage, Fressorgien. George gelingt es, dies und das zu schießen oder zu fangen. Eine Ente hier, ein Waldhuhn da. Ein Kaninchen. Sie fangen sechzig Forellen, mühsam, Stück für Stück mit Haken und Schnur, weil sie kein Netz haben. Die Forellen sind sauber und frisch wie Eiswasser, aber nur zwanzig Zentimeter lang. Nichts davon ist auch nur annähernd genug. Die Arbeit des Vorankommens verbraucht mehr Energie, als sie aufnehmen können; sie lösen sich langsam auf, werden immer dünner.

Unterdessen werden die Nächte länger und länger und dunkler und dunkler. Eis bildet sich am Rand des Flusses. Wenn sie das Kanu über die flachen Stellen ziehen, durch das dahinschießende eiskalte Wasser, zittern und keuchen sie. Die ersten Schneeschauer fallen.

»Das Land ist rau«, sagt mein Vater. »Keine Elche. Nicht mal Bären. Immer ein schlechtes Zeichen, wenn es keine Bären gibt.« Er ist dort gewesen oder in der Nähe; dasselbe Terrain. Davon spricht er mit Bewunderung und Wehmut und einer Art Trauer. »Jetzt kann man natürlich hinfliegen. Ihre ganze Route legt man in ein paar Stunden zurück.« Er winkt ab: Was haben Flugzeuge schon für einen Wert.

»Was ist mit der Eule?«, sage ich.

»Was für eine Eule?«, sagt mein Vater.

»Die sie gegessen haben«, sage ich. »Ich glaube, das passiert, als das Kanu umkippt und sie ihre Streichhölzer retten, indem sie sie in die Ohren stecken.«

»Ich glaub, das waren die andern«, sagt mein Vater. »Die dasselbe später noch mal probierten. Ich glaub nicht, dass diese drei eine Eule gegessen haben.«

»Wenn sie eine gegessen hätten, welche Art von Eule wär das gewesen?«, sage ich.

»Virginia-Uhu oder Raufußkauz«, sagt er, »wenn sie Glück hatten. Die haben mehr Fleisch auf den Knochen. Aber es kann auch was Kleineres gewesen sein.« Er gibt eine Folge von spitzen, etwas unheimlichen bellenden Lauten von sich, wie ein Hund in der Ferne, und dann grinst er. Dort oben erkennt er jeden Vogel am Ruf; das kann er immer noch.

»Er schläft nachmittags zu lang«, sagt meine Mutter.

»Vielleicht ist er müde«, sage ich.

»So müde dürfte er nicht sein«, sagt sie. »Müde und gleichzeitig rastlos. Er verliert den Appetit.«

»Vielleicht braucht er ein Hobby«, sage ich. »Etwas, was ihn geistig beschäftigt.«

»Früher hatte er so viele«, sagt meine Mutter.

Ich frage mich, wo die alle geblieben sind, diese Hobbys. Die Werkzeuge und Materialien sind noch da: der Hobel und die Wasserwaage, die Federn zum Fliegenbinden, der Fotovergrößerungsapparat, die Spitzen, um Pfeile anzufertigen. Dieser Krimskram kommt mir jetzt wie die Gegenstände vor, die bei archäologischen Grabungen ans Licht kommen, die dann geprüft und klassifiziert werden, weil man aus ihnen schließen kann, wie die einstigen Besitzer mal gelebt haben.

»Früher hat er immer gesagt, er wollte mal seine Memoiren schreiben«, sagt meine Mutter. »Eine Art Bericht. All die Orte, wo er gewesen ist. Er hat ein paarmal angefangen, aber jetzt hat er das Interesse daran verloren. Er sieht nicht mehr so gut.«

»Er könnte das mit einem Tonbandgerät machen«, sage ich.

»Um Gottes willen«, sagt meine Mutter. »Noch mehr Technik!«

Der Wind heult, und dann ist es wieder ruhig, der Schnee fällt, und dann hört er auf. Die drei Männer haben das Kanu zu einem anderen Fluß hinübergetragen, in der vergeblichen Hoffnung, dass es besser wird. Eines Nachts hat George einen Traum: Gott erscheint ihm, strahlend und hell und umgänglich, er spricht freundlich, aber bestimmt: »Ich kann keine von diesen Forellen mehr entbehren«, sagt er, »aber wenn ihr diesem Fluss folgt, kommt ihr wohlbehalten zum Grand Lake. Bleibt auf diesem Fluss, dann hole ich euch unversehrt heraus.«

George erzählt den anderen von seinem Traum. Die glauben nicht daran. Die Männer lassen das Kanu zurück und beginnen über Land zu wandern, sie hoffen, ihren alten Pfad wiederzufinden. Nach viel zu langer Zeit erreichen sie ihn und stolpern auf ihm entlang, bis sie in das Tal des Flusses kommen, den sie zuerst hinaufgefahren sind. Sie durchsuchen ihre alten Lagerplätze nach Lebensmitteln, die sie vielleicht weggeworfen haben. Sie rechnen nicht mehr in Meilen, sondern in Tagen; wie viele Tage sie noch haben und wie viele sie brauchen werden. Aber das hängt vom Wetter ab und von ihren Kräften: davon, wie schnell sie vorankommen. Sie finden einen Klumpen schimmelnden Mehls, ein wenig Schweineschmalz, ein paar Knochen, Karibuhufe, die sie kochen. Eine kleine Büchse Senfpulver: Sie rühren es in die Suppe und schöpfen neuen Mut.

In der dritten Oktoberwoche steht es so:

Hubbard ist inzwischen zu schwach, um weiterzugehen. Man hat ihn zurückgelassen, in Decken eingewickelt liegt er im Zelt, mit einem brennenden Feuer. Die anderen beiden sind weitergezogen; sie hoffen, wieder durchzukommen und ihm Hilfe schicken zu können. Er hat ihnen den Rest Erbsenmehl mitgegeben.

Es schneit. Zum Abendessen trinkt er starken Tee und isst Knochenbrei und etwas gekochte Tierhaut aus den Überbleibseln seiner Mokassins; er schreibt in sein Tagebuch, dass es wahrhaft köstlich schmeckt. Jetzt hat er kein Schuhwerk mehr. Er ist voller Hoffnung, dass die anderen es schaffen und zurückkommen und ihn retten werden, jedenfalls schreibt er das. Trotzdem beginnt er einen Abschiedsbrief an seine Frau. Er schreibt, dass er ein Paar Handschuhe aus Rindsleder hat und dass er sich darauf freut, sie am nächsten Tag zu kochen und zu essen.

Danach schläft er ein, und danach stirbt er.

Nach einigen Tagen den Pfad hinunter muss auch Wallace

aufgeben. Er und George trennen sich: Wallace hat vor, mit den letzten Hinterlassenschaften, die sie aufgestöbert haben – ein paar Handvoll schimmeliges Mehl –, zurückzugehen. Er wird Hubbard finden, und zusammen werden sie auf Rettung warten. Aber er gerät in einen Schneesturm und weiß nicht mehr, wo er ist; im Moment befindet er sich in einem Unterstand, den er aus Baumästen gemacht hat, und wartet darauf, dass es zu schneien aufhört. Er ist unglaublich schwach und spürt keinen Hunger mehr, was, wie er weiß, ein schlechtes Zeichen ist. Jede seiner Bewegungen ist langsam und überlegt und zugleich unwirklich, als wäre sein Körper etwas Eigenständiges, das er nur beobachtet. Im weißen Licht des Tages oder im roten Flackern des Feuers – denn Feuer hat er noch – erscheinen ihm die Rillen an seinen Fingerkuppen auf einmal wie etwas Wunderbares. Eine solche Klarheit im Kleinsten; er verfolgt das Muster der gewebten Decke, als lese er eine Landkarte.

Seine tote Frau ist ihm erschienen und hat ihm, was seine Schlafvorkehrungen angeht, praktische Ratschläge erteilt: Eine dickere Schicht Fichtenzweige als Unterlage, hat sie gesagt, wäre bequemer. Manchmal hört er sie nur, manchmal sieht er sie auch; sie trägt ein blaues Sommerkleid, ihr langes Haar hat sie zu einem schimmernden Kranz hochgesteckt. Sie wirkt, als wäre sie hier ganz zu Hause; durch ihren Rücken hindurch sieht man die Stangen des Unterstandes. Wallace hat aufgehört, sich darüber zu wundern.

Noch ein Stück den Fluss hinunter läuft George immer weiter; er läuft, um hinauszugelangen. Er weiß mehr oder weniger, wohin er geht; er wird Hilfe holen und zurückkommen. Aber noch ist er nicht draußen, er ist noch drin. Schnee umgibt ihn von allen Seiten, der einförmige graue Himmel umfängt ihn; an einem Punkt stößt er auf seine eigenen Spuren und stellt fest, dass er im Kreis gelaufen ist. Er ist auch dünn und schwach, aber er hat es geschafft, ein Stachelschwein zu schießen. Er hält inne, um es zu durchdenken: Er könnte umkehren, auf seinen Spuren zurückgehen, das Stachelschwein mitbringen und es mit den anderen teilen; oder er könnte es allein essen und weiterlaufen. Er weiß, dass wahrscheinlich keiner von ihnen lebendig rauskommt, wenn er zurückgeht; wenn er aber weiterläuft, besteht zumindest eine Möglichkeit, zumindest für ihn. Er geht weiter, er hortet die Knochen.

»Dieser George hat das Richtige gemacht«, sagt mein Vater.

Eine Woche später, er sitzt gerade am Esstisch, hat mein Vater einen zweiten Schlaganfall. Dieses Mal zerstört er die Hälfte seiner Sehkraft in beiden Augen und das Kurzzeitgedächtnis und die Orientierung. Von einer Minute auf die nächste weiß er nicht mehr, wo er ist. Er tastet sich durch das Wohnzimmer, als wäre er nie zuvor an solch einem Ort gewesen. Die Ärzte sagen, diesmal sei es unwahrscheinlich, dass er sich davon erholt.

Zeit vergeht. Jetzt blühen die Veilchen vor dem Fenster, und er kann sie sehen, zumindest teilweise. Trotzdem glaubt er, es wäre Oktober. Aber im Kern ist er noch da. Er sitzt in seinem Lehnsessel, versucht herauszufinden, wo er ist. Ein Sofakissen sieht so ziemlich aus wie das andere, wenn man sie nicht mehr unterscheiden kann. Er beobachtet, wie das Sonnenlicht auf dem Holzfußboden schimmert; nach seiner Einschätzung ist das ein Fluss. In extremen Situationen muss man den Verstand gebrauchen.

»Ich bin da«, sage ich und küsse ihn auf die trockene Wange. Er ist nicht kahl, kein bisschen. Er hat silberweiße Haare, wie ein gefrorener Reiher.

Er blickt mich suchend an, aus dem linken Augenwinkel, anders geht es nicht.

»Es kommt mir so vor, als wärst du auf einmal sehr alt geworden«, sagt er.

Soweit wir wissen, hat er die letzten vier oder fünf Jahre aus dem Gedächtnis verloren und verschiedene Zeitblöcke aus den Jahren davor. Er ist von mir enttäuscht: Nicht weil ich irgendwas getan habe, sondern weil ich etwas nicht getan habe. Ich bin nicht jung geblieben. Hätte ich das geschafft, hätte ich ihn retten können; dann hätte er auch der bleiben können, der er war.

Ich wollte, ich könnte zu seiner Unterhaltung beitragen. Ich habe es mit Aufnahmen von Vogelstimmen versucht, aber die sagen ihm nicht zu: Sie erinnern ihn an etwas, was er früher einmal kannte, worauf er sich aber nicht mehr besinnen kann. Geschichten taugen auch nichts, nicht mal kurze, weil er schon auf der zweiten Seite den Anfang vergessen hat. Wo bleiben wir, wenn uns niemand durch die Handlung führt?

Musik ist besser; die läuft Tropfen um Tropfen ab.

Meine Mutter weiß nicht, was sie tun soll, also räumt sie um: Tassen und Teller, Aktenordner, Schreibtischschubladen. Gerade ist sie draußen, reißt in einer verzweifelten wilden Anstrengung Unkraut im Garten heraus. Erde und Quecken fliegen durch die Luft: zumindest das wird jetzt erledigt! Es ist windig, ihr Haar ist zerzaust, es steht ihr um den Kopf wie Federn.

Ich habe ihr gesagt, dass ich nicht lange bleiben kann. »Wirklich nicht?«, hat sie gesagt. »Aber wir können doch Tee trinken, ich könnte ein Feuer machen …«

»Heute nicht«, habe ich entschieden gesagt.

Er kann sie da draußen sehen, mehr oder weniger, und er will, dass sie wieder reinkommt. Er mag es nicht, wenn sie auf der anderen Seite der Scheibe ist. Wenn er sie entschlüpfen lässt, außer Sicht, wer weiß, wo sie dann hingeht? Sie könnte für immer verschwinden.

Ich halte seine gute Hand. »Sie kommt bald rein«, sage ich; aber *bald* könnte ein Jahr sein.

»Ich will nach Hause«, sagt er. Ich weiß, es ist sinnlos, ihm zu sagen, dass zu Hause dort ist, wo er jetzt ist, weil er etwas anderes meint. Er meint sein früheres Ich.

»Wo sind wir jetzt?«, sage ich.

Er wirft mir einen wachsamen Blick zu: Versuche ich etwa, ihn reinzulegen? »In einem Wald«, sagt er. »Wir müssen zurück.«

»Uns geht's gut hier«, sage ich.

Er überlegt. »Nicht genug zu essen.«

»Wir haben die richtigen Vorräte mitgenommen«, sage ich.

Er ist beruhigt. »Aber es ist nicht genug Holz da.« Das macht ihm Sorge. Er sagt das jeden Tag. Er hat kalte Füße, sagt er.

»Wir können uns mehr Holz besorgen«, sage ich. »Wir können was hacken.«

Da ist er sich nicht so sicher. »Ich hätte nie gedacht, dass so was passiert«, sagt er. Er meint nicht den Schlaganfall, weil er nicht weiß, dass er einen gehabt hat. Er meint, er hätte nie gedacht, dass er sich verirrt.

»Wir wissen, was zu tun ist«, sage ich. »Wir kommen schon zurecht.«

»Wir kommen zurecht«, sagt er, aber es klingt zweifelnd. Er traut mir nicht und das mit gutem Grund.

DIE JUNGS VOM LABOR

Die Jungs vom Labor waren keine Jungs. Sie waren junge Männer, aber nicht übermäßig jung: Bei einigen lichtete sich bereits das Haar über den Schläfen. Sie waren wohl zwischen zwanzig und dreißig. Einzeln hätte man keinen von ihnen als Jungen bezeichnet. Doch in der Gruppe waren sie Jungs. Sie waren »die Jungs« mit Anführungszeichen drumherum, sie standen alle zusammen auf der Anlegebrücke, einige hatten das Hemd ausgezogen. Sie waren sonnengebräunt: Das Sonnenlicht war damals dünner, die Ozonschicht war dicker, aber trotzdem waren sie braun.

Die Jungs hatten Muskeln und ein Grinsen, wie man es auf Männergesichtern nicht mehr sieht. Gesichter wie die ihren gehören in die Kriegszeit; sie passten gut zu Pfeifen und zu Schnurrbärten. Ich glaube, die Jungs hatten Pfeifen – ich scheine mich an die eine oder andere Pfeife zu erinnern –, und einer von ihnen hatte einen Schnurrbart. Man kann es auf dem Bild erkennen.

Ich fand die Jungs sehr glamourös. Oder nein: Für Glamour war ich zu jung. Ich fand sie magisch. Sie waren das Ziel einer Sehnsucht, das Objekt einer Gralssuche. Ihnen zu begegnen war – zumindest im Vorgefühl – ein strahlendes Ereignis.

Die Jungs trafen jedes Frühjahr im Labor ein, etwa um die Zeit, als das junge Laub und die Stechfliegen und Moskitos auftauchten. Sie kamen aus vielen Himmelsrichtungen; es waren jedes Jahr andere; sie arbeiteten bei meinem Vater. Ich wusste nicht genau, worum es bei dieser Arbeit ging, aber sie muss aufregend gewesen sein, denn das Labor war an sich schon aufregend.

Wir fuhren in einem schweren Holzruderboot zum Labor, das in dem eine halbe Meile entfernten Dorf gebaut worden war, das Dorf bestand aus fünf Häusern. Unsere Mutter ruderte, sie konnte das recht gut. Oder wir folgten einem krummen, gewundenem Pfad, über umgestürzte Bäume und Baumstümpfe und um Felsen herum, über feuchte Stellen, wo ein paar schlüpfrige Bretter über das Sumpfmoos gelegt worden waren und man den Modergeruch feuchten Holzes und langsam verrottender Blätter einatmete. Für uns war das zu weit, unsere Beine waren zu kurz, also fuhren wir meistens in dem Ruderboot.

Das Labor war aus Baumstämmen gebaut; es erschien uns riesig, obwohl es auf den beiden Fotos, die überlebt haben, aussieht wie eine Hütte. Es hatte aber eine Veranda mit Fliegengitter und einem Baumstammgeländer. Drinnen waren Dinge, die wir nicht anfassen durften – Flaschen, die eine gefährliche Flüssigkeit enthielten, in der weiße Larven schwammen, ihre sechs winzigen Vorderbeine zusammengelegt wie betende Finger, und Korken, die nach Gift rochen und Gift waren, und Tabletts mit getrockneten Insekten, die mit langen dünnen Nadeln festgesteckt waren, jede mit einem winzigen lockenden schwarzen Knopf obendrauf. All das war so verboten, dass es uns schwindlig machte.

Im Labor konnten wir uns im Eishaus verstecken, einem dunklen und geheimnisvollen Ort, der drinnen immer größer war als draußen und in dem Stille herrschte und es eine Menge Sägemehl gab, um die Eisblöcke kühl zu halten. Manchmal war da eine Büchse verdunsteter Milch zu sehen, mit Löchern, die jemand oben hineingestanzt und dann mit Wachspapier abgedichtet hatte; manchmal war da ein sorgfältig gehortetes Stück

Butter oder Schinken; manchmal ein oder zwei Fische, Barsch oder Seeforelle, schon filetiert auf einem angeschlagenen Emailteller ausgelegt.

Was machten wir da drin? Es gab da eigentlich nichts zu tun. Wir taten so, als wären wir verschwunden – als wüsste niemand, wo wir waren. Dies war schon an sich seltsam erregend. Dann kamen wir heraus, ließen die Stille hinter uns, traten zurück in den Kiefernnadelduft und das Geräusch der ans Ufer pochenden Wellen und die Stimme unserer Mutter, die uns rief, weil es Zeit war, ins Boot zu steigen und nach Hause zu rudern.

Die Jungs vom Labor hatten die Eishausfische gefangen und würden sie zum Abendessen braten. Sie kochten für sich selbst – das war auch ungewöhnlich –, denn da waren keine Frauen, die für sie hätten kochen können. Sie schliefen in Zelten, großen Leinenzelten, zu zweit oder zu dritt in einem Zelt; sie hatten Luftmatratzen und schwere Kapokschlafsäcke. Sie machten viel Quatsch, jedenfalls stelle ich mir das gerne vor. Es gibt ein Foto von ihnen, auf dem sie so tun, als schliefen sie, die nackten Füße gucken aus dem Zelt heraus. Die Namen der Jungen mit den Füßen waren Cam und Ray. Sie sind die einzigen mit Namen.

Wer hat diese Fotos aufgenommen? Und warum? Mein Vater? Oder, was interessanter wäre, meine Mutter? Ich nehme an, sie lachte, als sie es tat; ich nehme an, die Jungs spielten einfach nur Theater, zum Spaß. Vielleicht war da irgendein harmloser Flirt von der Sorte, die es früher häufiger gab, weil jeder wusste, dass daraus nichts werden konnte. Es war meine Mutter, die die Jungs in ihr Fotoalbum klebte und mit Bildunterschriften versah: »*Die Jungs*«. »*Die Jungs vom Labor*«. »*Cam und Ray, schlafend*«.

Meine Mutter liegt im Bett, seit einem Jahr tut sie nichts anderes. In gewisser Weise ist das ein Willensakt. Ihre Sehkraft hatte immer weiter nachgelassen, und dann konnte sie nicht mehr allein spazieren gehen, weil sie manchmal hinfiel, und deshalb brauchte sie Begleitung, eine ihre ältlichen Freundinnen; aber selbst wenn sie dann zusammen losgingen, eingehakt, stolperte sie manchmal, und dann bestand die Gefahr, dass sie beide hinfielen. Sie holte sich erst ein oder zwei blaue Augen, und schließlich brach sie sich eine Rippe – sie fiel auf den Nachttisch neben ihrem Bett, und sie muss viele Stunden auf dem Fußboden verbracht haben, wo sie unter Schmerzen immer wieder versuchte, ins Bett zurückzukommen, sich hochzuziehen, und immer wieder zurückfiel, wie ein Käfer in einem Glas, bis sie von der Frau gefunden wurde, die – gegen ihren erklärten Willen – angestellt worden war, um sich tagsüber um sie zu kümmern.

Dann bekam sie Angst vor dem Gehen, auch wenn sie das nie äußerte, und dann wurde sie böse über ihre eigene Furcht. Schließlich wurde sie rebellisch. Sie rebellierte gegen alles: die Blindheit, die Einschränkungen, das Hinfallen, die Verletzungen, die Furcht. Sie wollte mit diesen Quellen des Elends nichts mehr zu tun haben, und deshalb zog sie sich unter die Bettdecke zurück. Es war eine Art, das Thema zu wechseln.

Jetzt könnte sie nicht mehr gehen, selbst wenn sie wollte: Ihre Muskeln sind zu schwach geworden. Aber ihr Herz ist immer stark gewesen, und das hält sie am Leben. Sie wird bald zweiundneunzig.

Ich setze mich an ihre rechte Seite, wo ihr gutes Ohr ist: Auf dem anderen ist sie taub wie ein Stein. Das Gehör in diesem guten Ohr und ihr Tastgefühl sind ihre letzten zwei Kontaktmöglichkeiten zur Außenwelt. Eine Zeitlang glaubten wir, dass sie noch riechen könne: Wir brachten ihr Blumensträuße – nur duftende Sorten, Rosen und Freesien und Phlox und Ackerwinden – und hielten sie ihr unter die Nase.

»Da«, sagten wir. »Riecht das nicht gut?«

Sie sagte meist nichts. Ihr Leben lang hat sie weniger gelogen als die meisten Leute, sehr viel weniger: man könnte sogar sagen, nie. Bei Gelegenheiten, die eine Lüge erfordern mochten, sagte sie einfach gar nichts. Eine andere Mutter hätte vielleicht gesagt: »Ja, das ist schön, vielen Dank.« Aber das sagte sie nicht.

»Du riechst überhaupt nichts, oder?«, sagte ich schließlich.

»Nein«, sagte sie.

Sie liegt zusammengekrümmt auf der Seite, die Augen geschlossen, aber sie schläft nicht. Die grüne Wolldecke hat sie bis zum Kinn heraufgezogen. Die Fingerspitzen gucken heraus: runzlige Finger, fast nur noch Knochen, zu einer kleinen Faust zusammengeballt. Ihre Hände müssen geöffnet und massiert werden, und das ist nicht einfach, weil sie ihre Finger so fest zusammenzieht. Es ist, als hielte sie sich an einem unsichtbaren Seil fest. Es ist ein Seil auf einem Schiff, ein Seil an einer Klippe – ein Seil, das sie unbedingt festhalten muss, damit sie nicht über Bord fällt, damit sie hinaufklettern kann.

Ihr gutes Ohr liegt auf dem Kissen, so dass nichts zu ihr dringt. Ich drehe ihren Kopf sanft zur Seite, damit sie mich hören kann.

»Ich bin's«, sage ich. In ihr Ohr zu sprechen ist so, als spräche man in einen langen Tunnel hinein, der durch die Dunkelheit an einen Ort führt, den ich mir nicht wirklich vorstellen kann. Was macht sie den ganzen Tag da drin? Den ganzen Tag, die ganze Nacht. Langweilt sie sich, ist sie traurig, was geht da in Wirklichkeit vor? Ihr Ohr ist die einzige Verbindung zu einer ganzen Welt verborgener Tätigkeit; es ist wie ein Pilz, ein kurzes blasses Signal, das von unterhalb der Erde an die Oberfläche ergeht, um zu zeigen, dass darunter ein großes Geflecht miteinander verbundener Fäden atmet und gedeiht.

»Weißt du, wer ich bin?«, sage ich zu dem Ohr. Es sieht sogar aus wie ein Pilz.

»Ja«, sagt sie, und ich weiß, dass es stimmt: Wie gesagt, sie lügt nicht.

Bei diesen Anlässen ist es meine Aufgabe, ihr Geschichten zu erzählen. Die Geschichten, die sie am liebsten hören will, sind Geschichten von ihr selbst, als sie jünger war; von ihr, als sie viel jünger war. Über die lächelt sie; gelegentlich stimmt sie sogar mit ein. Sie ist nicht mehr redselig; sie kann keine Geschichte mehr zusammenhängend erzählen, zumindest nicht ohne Hilfe, aber sie weiß, was da passiert oder einst passiert ist, und sie bringt einen oder zwei Sätze zustande. Was mich bei meiner Aufgabe behindert, ist die Tatsache, dass ich ihr nur die Geschichten wiedergeben kann, die sie mir selbst einmal erzählt hat, und die Auswahl ist begrenzt. Die aufregenden Geschichten mag sie am liebsten oder diejenigen, die sie als starke Frau zeigen – wie sie ihre selbstgesteckten Ziele erreicht und Widerstände überwindet –, oder auch die lustigen.

»Erinnerst du dich noch an die Jungs vom Labor?«, sage ich.

»Ja«, sagt sie. Das bedeutet, dass sie sich wirklich an sie erinnert.

»Sie hießen Cam und Ray. Sie wohnten in einem Zelt. Es gibt ein Foto von ihnen, da gucken ihre Füße raus. Erinnerst du dich an die? An den Sommer?«

Sie sagt ja.

Ich kann mir nur schwer vorstellen, wie meine Mutter damals aussah. Nein: wie ihr Gesicht aussah. Über ihr Gesicht haben sich so viele spätere Versionen gelegt, Sedimentschichten gleich, dass ich offenbar nicht mehr in der Lage bin, jenes andere, frühere Gesicht freizulegen. Selbst die Fotos von ihr entsprechen keinem Bild, das ich mir ins Gedächtnis rufen kann. Ich erinnere mich jedoch an das Wesentliche: an ihre Stimme, wie sie roch, was für ein Gefühl es war, sich an sie zu lehnen, das beruhigende

Geklapper, das sie in der Küche veranstaltete, sogar an den Klang ihrer Stimme, wenn sie sang, denn sie sang viel. Früher hatte sie im Kirchenchor gesungen; sie hatte eine schöne Stimme.

Ich erinnere mich sogar noch an einige ihrer Lieder, zumindest in Teilen:

Der Wind, der Wind, das himmlische Kind,
Der Wind, der von Westen kam, tam, tam,
Über dies oder das, tam tam,
Bring ihn wieder her, her zu mir,
Wenn meine Kleinen, wenn meine Süßen schlafen …

Ich dachte immer, sie hätte vor Freude gesungen, aber in Wirklichkeit hat sie wohl nur gesungen, damit wir einschliefen. Manchmal schlief ich gar nicht ein, ich tat nur so. Dann hob ich den Kopf heimlich vom Kissen und spähte durch ein Astloch in der Wand. Ich liebte es, meine Eltern zu beobachten, wenn sie nicht wussten, dass ich es tat. »Ich behalt sie im Auge«, sagte meine Mutter oft, wenn sie Eier kochte oder Plätzchen backte oder sogar über uns, ihre Kinder. Einfach beobachtet zu werden musste also eine schützende Wirkung haben, und deshalb behielt ich meine Eltern im Auge. Dann waren sie sicher.

Mein älterer Bruder war ein ruheloser Junge; er hatte immer Pläne, er wollte immer was tun, er musste sägen und hämmern. Er brauchte was zu trinken, ein Glas Wasser, und dann wollte er wissen, wie spät es war und wie lange noch bis zum Morgen. Meine Mutter muss ihre Lieder aus einer milden Verzweiflung heraus gesungen haben, in der Hoffnung, einen kleinen Teil des Abends für sich selbst zu retten. Wenn sie das schaffte, saß sie im Licht der Petroleumlampe am Tisch und spielte mit meinem Vater Karten.

An manchen Abenden war er nicht da. Er arbeitete spät im

Labor und kam erst zurück, als es dunkel wurde, oder er war wochenlang auf Sammelexpeditionen unterwegs. Dann war sie allein. Sie verbrachte die Abende lesend, während draußen die Eulen schrien und die Eistaucher ihre Trauer hinausheulten. Oder sie schrieb Briefe an ihre fernen Eltern und Schwestern, in denen sie das Wetter schilderte und was in dieser Woche passiert war, aber nichts von ihren Gefühlen preisgab. Ich weiß das, weil ich von ihr ähnliche Briefe bekommen habe, als ich erwachsen war und von zu Hause wegzog.

Oder sie trug etwas in ihr Tagebuch ein. Wozu sich die Mühe machen, Tagebuch zu führen? Sie und ihre Schwester machten am Abend vor ihrer Doppelhochzeit ein Freudenfeuer aus ihren Tagebüchern, und das war eine Gewohnheit, die sie ihr Leben lang aufrechterhielt. Warum etwas hinschreiben, nur um es dann zu zerstören? Vielleicht bewahrte sie die Tagebücher bis Weihnachten auf, damit sie die wichtigsten Ereignisse des Jahres in ihre Weihnachtsbotschaften aufnehmen konnte. Zu Neujahr löschte sie das alte Jahr aus und fing wieder von vorn an. Sie verbrannte auch Briefe.

Ich habe sie nie gefragt, warum sie das tat. Sie hätte wohl auch nur gesagt: »Ich will nicht so viel Krimskrams«, was durchaus einem Teil der Wahrheit entsprochen hätte – sie machte gern reinen Tisch, wie sie es ausdrückte –, aber nicht der ganzen Wahrheit.

Ich weiß noch, wie ihr Hinterkopf aussah, während sie schrieb, die Silhouette gegen das weiche Licht der Lampe; ihr Haar, die abfallende Schulterlinie. Aber ich weiß nicht mehr, wie ihr Gesicht aussah.

Ihre Beine jedoch – von denen habe ich ein klares Bild, in der grauen Flanellhose, aber nur zu einer Tageszeit: am späten Nachmittag, die Sonne steht schon niedrig, das Licht fällt in gelben Strahlenbündeln durch die Bäume und glitzert auf dem Wasser. Wir gingen den Hügel entlang, mit Blick über den See, bis wir zu einem ungewöhnlichen Gegenstand kamen. Es war ein kleiner, rot gestrichener Sockel. Es war nur ein Grenzstein, aber damals hatte ich das Gefühl, er wäre mit übermenschlichen Kräften aufgeladen – wie ein Altar.

Genau dort warteten wir darauf, dass mein Vater vom Labor zurückkam. Wir saßen auf dem warmen Felsen, wo ein Flecken Rentiermoos wuchs, das bei trockenem Wetter spröde war und nach Regen weich, und horchten auf das Geräusch des Motorbootes – dafür mussten wir ganz still sein –, und ich lehnte mich an die graue Flanellhose meiner Mutter. Auch an ihre Lederstiefel. Es kann sein, dass ich mich an die Einzelheiten dieser Stiefel – die Falten, die Schnürsenkel – besser erinnere als an ihr Gesicht, weil sich die Stiefel nicht änderten. Zu irgendeinem Zeitpunkt verschwanden sie – sie muss sie weggeworfen haben –, aber bis dahin blieben sie, wie sie waren.

Bestimmt war es dieses Ritual – der Spaziergang den Hügel entlang, der unheimliche rote Sockel, das Warten, das Anlehnen, das Stillsein –, das meinen Vater schließlich auftauchen ließ, im Gegenlicht zunächst nur als Silhouette erkennbar, dann größer und größer werdend, während das Boot sich unserer Anlegebrücke näherte.

Ab und zu begleiteten ein paar Jungs vom Labor meinen Vater nach Hause und aßen mit uns zu Abend. Sehr wahrscheinlich war der Hauptgang Fisch. Sonst kamen nur Dosenfleisch oder Corned Beef oder Schinkenspeck in Frage – oder, wenn wir Glück hatten, eine Speise aus Eiern und Käse. Es war Krieg, Fleisch jedweder Sorte war rationiert, aber Fisch war leicht zu beschaffen. Als meine Mutter die Geschichte noch selbst erzählte, sagte sie immer, dass sie, wenn Gäste erwartet wurden, einfach die Angel auf die Anlegebrücke mitnahm und ein- oder zweimal auswarf. Das reichte meist. In einer halben Stunde hatte sie genug Barsche fürs Abendessen gefangen.

»Dann gab ich ihnen eins über den Kopf«, erzählte meine Mutter ihren späteren Freunden und Freundinnen – ihren Stadtbekanntschaften –, »und zwar presto! Danach warfen wir die Innereien in den See, damit die Bären sie nicht riechen konnten.« Sie gab an, nur ein bisschen: Die Freundinnen dachten, dass sie verrückt gewesen sein müsse, mit zwei kleinen Kindern da oben ins Niemandsland zu ziehen. Sie sagten aber nicht *verrückt*, sie sagten *mutig*. Da lachte sie. »Oh, mutig!«, sagte sie dann, womit sie andeuten wollte, dass sie nicht hatte mutig sein müssen, weil sie gar keine Angst gehabt hatte.

Vielleicht kamen auch Cam und Ray zum Dinner, und es gab Fisch. Ich hoffe das jedenfalls. Die beiden sind Gestalten aus einem Roman, einem Roman, den ich nie gelesen habe. Ich kann mich kaum an sie erinnern, aber mit zwölf oder dreizehn hatte ich mich in ihre Bilder verliebt. Cam und Ray waren viel besser als Filmstars, weil sie realer waren oder zumindest ihre Fotos. Ich hatte damals noch kein Wort für *sexy*, aber das waren sie auch. Sie sahen so lebenslustig aus, so abenteuerlich und amüsiert, diese beiden.

Die Fotos sind jetzt oben in meinem Haus. Ich habe sie zusammen mit dem Rest des Albums in meine Obhut genommen, als meine Mutter vollständig erblindet ist.

Alle Fotos sind schwarzweiß, auch wenn die früheren eine bräunliche Tönung haben; sie halten die Jahre zwischen 1909, als meine Mutter geboren wurde, und 1955 fest, als sie das Fotografieren und das ganze Drumherum offenbar aufgegeben hat. In dieser Zeitspanne war sie indessen äußerst penibel. Trotz ihrer Briefverbrennerei und Tagebuchzerstörung, trotz der Art, wie sie alle Spuren verwischte, muss auch sie eine Art Zeugenschaft gewollt haben – ein Testament ihres leichtfüßigen Schreitens durch die Zeit. Oder ein paar Hinweise, hier und dort am Pfad entlang verstreut, für jeden, der vielleicht versuchte, ihr zu folgen und sie zu finden.

Unter jedem Foto findet sich in schwarzer Tinte die präzise Handschrift meiner Mutter auf den grauen Seiten. Namen, Orte, Daten. Vorne stehen meine Großeltern im besten Sonntagsaufzug neben ihrem ersten Auto, einem Ford, stolz vor ihrem weiß gestrichenen Haus in Nova Scotia. Dann folgen verschiedene alternde Großtanten in Kattunkleidern, die Schatten der Sonne vertiefen ihre Augenhöhlen und Stirnfalten und legen kleine Schnurrbärte unter ihre Nasen. Meine Mutter tritt zuerst als mit Borten und Bändern bedecktes Baby auf, verwandelt sich dann in ein kleines Mädchen mit Ringellocken in einem Kleid mit Spitzenkragen, dann in einen Wildfang im Overall. Die Schwestern und Brüder sind da schon aufgetaucht und werden auch größer. Mein Großvater trägt plötzlich die Uniform eines Militärarztes.

»Hattest du die Grippe von 1919?«, frage ich das Ohr meiner Mutter.

Eine Pause. »Ja.«

»Hat deine Mutter sie gekriegt? Deine Schwestern? Deine Brüder? Hat dein Vater sie gekriegt?« Sie schienen sie alle gehabt zu haben.

»Wer hat euch gesund gepflegt?«

Wieder eine Pause. »Vater.«

»Das hat er wohl ziemlich gut hingekriegt«, sage ich, weil keiner von ihnen gestorben ist, damals.

Ein Moment des Schweigens, während sie darüber nachdenkt. »Ich glaube, ja.«

Sie hatte viele Auseinandersetzungen mit ihrem Vater, den sie nichtsdestoweniger liebte. Er war ein sturer Mann, sagte sie immer. Er hatte einen starken Willen. Einmal vertraute sie mir an, sie gleiche ihm zu sehr.

Jetzt ist meine Mutter ein Teenager, sie steht in einer Reihe von übermütigen Mädchen am Strand. Alle tragen Badeanzüge mit langen Hosenbeinen und gestreiften Tops, die Arme haben sie einander um die Schultern gelegt. *Süße Sechzehn*, sagt diese Mädchengruppe am Meer. Meine Mutter ist in der Mitte. Die Namen stehen darunter: *Jessie, Helene, »Ich«, Katie, Dorothy.* Dann ein ähnliches Bild, diesmal Winter, die Mädchen in Schals und Jacken, meine Mutter mit Ohrenschützern: *Joyce, »Ich«, Kae, dem Unwetter trotzend.* In diesen frühen Jahren des Foto-Einklebens bezeichnet sie sich selbst immer als »Ich« in Anführungszeichen, als zitierte sie irgendeinen schriftlichen Beleg dafür, dass sie ist, wer sie ist.

Ein anderes Bild: Dieses Mal steht sie Nase an Nase mit einem Pferd, das Halfter haltend. Darunter steht: *Dick und »Ich«.* Die Geschichten mit Pferden liebt sie jetzt, ich kann sie wieder und wieder erzählen. Die Pferde hießen Dick und Nell. Nell war sehr schreckhaft, einmal biss sie auf die Stange und ging mit meiner Mutter durch, die aus dem Sattel rutschte und zu Tode hätte geschleift werden können, und dann wäre ich nie geboren worden. Aber das trat nicht ein, weil sie sich festklammerte – wie der grimme Tod selbst, sagte sie immer.

»Erinnerst du dich an Dick?«

»Ja.«

»Erinnerst du dich an Nell?«

»Nell?«

»Sie ist mit dir durchgegangen. Du hast dich festgeklammert wie der grimme Tod, weißt du noch?«

Jetzt lächelt sie. Da drinnen – am Ende des langen dunklen Tunnels, der sie von uns trennt – ist sie wieder auf diesem wilden Galopp, über Weiden, durch Obstgärten mit blühenden Apfelbäumen, sie kämpft um ihr Leben, hält sich an den Zügeln und dem Sattelknoff fest, ihr Herz rast wie wahnsinnig in einer Mischung aus Jubel und Schrecken. Kann sie die Apfelblüten riechen, da drinnen, wo sie jetzt ist? Kann sie die Luft an ihrem Gesicht spüren, während sie hindurchrast?

»Lass nie die Stalltür offen«, hatte ihr Vater gesagt. »Wenn das Pferd durchgeht, läuft es zum Stall zurück, und du kannst gegen den Türrahmen knallen, wenn ihr da durchkommt.« Und tatsächlich, sie hat aufgepasst, sie hat die Tür nicht offen gelassen, denn Nell kommt vor dem Stall zum Stehen, bebend und schwitzend, mit Schaum vor dem Maul und rollenden Augen. Meine Mutter hört auf zu klammern, lässt die Zügel los, steigt ab. Beide beruhigen sich. Ein gutes Ende.

Meine Mutter mag Geschichten, die gut ausgehen. In ihrem früheren Leben – in meinem früheren Leben – sortierte sie jede Geschichte, die nicht so endete, so schnell wie möglich aus. Ich versuche, keine von den traurigen Geschichten zu wiederholen. Aber es gibt ein paar, die gar kein Ende haben oder keines, das mir erzählt wurde, und wenn ich in dem unsichtbaren Archiv, das ich mit mir herumschleppe und bei meinen Besuchen darbiete, auf eine solche Geschichte stoße, wird meine Neugier unwiderstehlich, und ich plage sie damit, weil ich wissen will, was da passiert ist. Sie hält aber dicht. Sie sagt es nicht.

Viele Menschen, die sie geliebt hat – Menschen in ihrem Alter –, sind schon gestorben. Die meisten sind schon gestorben. Sie will sofort wissen, wenn jemand gestorben ist, aber dann erwähnt sie ihn nie wieder. Bestimmt bewahrt sie diese Menschen auf, irgendwo in ihrem Kopf, in einer Form, die sie vorzieht. Sie ordnet sie der Zeitschicht zu, der sie angehören.

Hier ist sie wieder, in Winterkleidung – Topfhut, hochgeschlagener Pelzkragen, Flapper-Stil: *»Ich«, einen Doughnut essend.* Irgendeine Freundin muss das in ihren College-Jahren aufgenommen haben. Sie hatte sich diese Jahre verdient, sie hatte dafür gearbeitet, gespart. Die Wirtschaftskrise war in vollem Gange, also kann das nicht leicht gewesen sein. Sie wählte ein College, das weit weg war, damit sie nicht von ihrem Vater überwacht und eingeschränkt wurde, der ohnedies der Meinung gewesen war, es fehle ihr am nötigen Ernst, um ein Institut höherer Bildung zu besuchen. Dann hatte sie schreckliches Heimweh. Was sie nicht darin hinderte, Eisschnelllauf zu machen.

Dann kommt eine Lücke von einigen Jahren, und jetzt heiratet sie. Die Hochzeitsgesellschaft steht geschlossen auf der vorderen Veranda des großen weißen Hauses, die mit Blumengirlanden geschmückt ist. Sie stammen von ihrer Schwester, der jüngsten der drei. Die Schwester weinte die ganze Feier hindurch. Die zweite Schwester ist Teil der Hochzeit, weil sie zur selben Zeit heiratet. Mein Vater, die Haare über den Ohren und am Hinterkopf abrasiert, steht breitbeinig da, er macht sich auf etwas gefasst; er sieht nachdenklich aus. Tanten und Onkel und Eltern und Brüder und Schwestern drängen sich zusammen. Sie sehen feierlich drein. Es ist 1935.

An diesem Punkt hört meine Mutter auf, in den Bildunterschriften »Ich« zu sein, und identifiziert sich mit ihren Initialen – ihren neuen Initialen. Oder sie lässt ihren Namen ganz weg.

Jetzt folgt ihr Eheleben. Einige der Schlüsselereignisse fehlen. Die Flitterwochen waren eine Eskapade mit dem Kanu, einem Wasserfahrzeug, das sie nicht kannte, aber bald meisterte; doch davon gibt es keine Bilder. Bald erscheint mein Bruder als Bündel, und dann sind alle drei in der Wildnis. Sie leben in einem Zelt, während mein Vater ihnen in seiner Freizeit, wenn er nicht im Labor ist, ein Blockhaus baut. Meine Mutter macht das Essen über einem Lagerfeuer und die Wäsche im See, und in ihrer freien Zeit übt sie Bogenschießen – wie auf diesem Bild – oder füttert Grauhäher aus der Hand oder ist nur als verschwommener Fleck zu erkennen, während sie in den eiskalten See platscht.

Das Blockhaus war schon fertig, als ich zur Welt kam. Die Wände waren mit Brettern ausgekleidet, und der Fußboden bestand aus Holzdielen, und es hatte drei Schlafzimmer, eines für meine Mutter und meinen Vater, ein kleines für meinen Bruder und mich – wir hatten aus Balken gebaute Kojenbetten – und eines für Gäste. Die meisten Eindrücke, die ich in meinem Kopf gespeichert habe, sind vom Fußboden, denn dort muss ich den Großteil meiner Zeit zugebracht haben: auf oder dicht über ihm. Ich habe auch ein Audio-Archiv in meinem Kopf: den Wind in den Rotkiefern, ein fernes Motorboot, das näher kommt. Neben der Haustür hing ein Stück Metall: Meine Mutter schlug immer mit einem Bolzen dagegen, um zu verkünden, dass das Essen auf dem Tisch stand. Ich kann das Geräusch jederzeit heraufbeschwören.

Das Blockhaus ist jetzt weg. Es wurde abgerissen; irgendjemand hat ein viel feineres Haus an die Stelle gesetzt.

Doch hier ist wieder meine Mutter, sie steht vor dem Haus und füttert einen Grauhäher. Von der Welt der Pferde und Fords und der Tanten mit ihren geblümten Kleidern ist sie inzwischen weit weg. Das Blockhaus ist nur mit einer Schmalspureisenbahn oder über die neugebaute einspurige Schotterstraße zu erreichen und dann mit dem Boot oder zu Fuß. Im weiten Umkreis ist nur Wald, rau und riesig und voller Bären. Draußen auf dem See – dem kalten und gefährlichen See – sind die Eistaucher. Manchmal heulen Wölfe, und wenn sie es tun, jaulen und kläffen die Hunde in dem winzigen Dorf.

Das Labor ist jetzt auch fertig. Es wurde vor dem Blockhaus gebaut. Das Wichtige zuerst.

Cam und Ray müssen etwas Besonderes an sich gehabt haben, denn von ihnen gibt es eine ganze Reihe Fotos. Man sieht sie auf der Anlegebrücke des Labors, in ihrem Zelt und auf den Stufen des Laborblockhauses. Auf einem anderen Bild haben sie Fahrräder. Sie müssen die Fahrräder im Zug mitgebracht haben, aber warum sollten sie das getan haben? Im Wald konnte man nicht Fahrrad fahren.

Vielleicht radelten sie die raue neue Schotterstraße hinunter zum Dorf. Das wäre eine echte Leistung gewesen. Oder vielleicht sind sie gerade auf einer Sammelexpedition, irgendwo, wo es ebene Pfade gibt, denn ihre Fahrräder sind vollbeladen – Rucksäcke, Bündel, Seesäcke, rußgeschwärzte Essnäpfe hängen an den Seiten. Sie stehen da und halten ihre kopflastigen Fahrräder in Balance, sie grinsen ihr Kriegszeitgrinsen. Sie tragen keine Hemden, und sie stellen ihre Sonnenbräune und ihre Muskeln zur Schau. Wie gesund sie aussehen!

»Cam ist gestorben«, sagte meine Mutter einmal, als sie diese Fotos mit mir betrachtete, damals, als sie noch sehen konnte. »Er ist ziemlich jung gestorben.« Sie hatte ihre Regel gebrochen, über Geschichten mit schlechtem Ausgang Stillschweigen zu bewahren, also muss dieser Tod sie sehr getroffen haben.

»Woran?«, sagte ich.

»Er hatte irgendeine Krankheit, ich weiß nicht.« Sie ist, was Krankheiten angeht, nie sehr genau gewesen: Sie zu benennen hieß, sie heraufzubeschwören.

»Und Ray?«

»Irgendwas ist ihm zugestoßen«, sagte meine Mutter.

»War er im Krieg?«

Eine Pause. »Ich bin nicht sicher.«

Ich konnte nicht widerstehen. »Ist er gefallen?« Wenn er zu früh gestorben war, schien mir dies das Passende. Ich wollte, dass er ein Held war.

Aber sie verstummte. Sie wollte nichts mehr sagen. Ein toter Junge war genug für diesen Tag.

Als meine Mutter zum letzten Mal im Fotoalbum blätterte – das letzte Mal, dass sie die Fotos noch sehen konnte –, war sie neunundachtzig. Mein Vater war seit fünf Jahren tot. Sie wusste, dass sie erblindete; ich glaube, sie wollte noch einen letzten Blick auf alles werfen – auf sich, auf ihn, auf jene Jahre, die ihr jetzt so fern erscheinen mussten, so sorgenfrei, so lichterfüllt.

Sie musste sich vorbeugen, um nah genug an die Seite heranzukommen: Nicht nur ihre Augen wurden schwächer, auch die Fotos. Sie verblassten, verblichen. Meine Mutter pflügte durch ihre frühesten Jahre, lächelte über sich inmitten der Mädchen im Badeanzug, lächelte auf andere Weise über ihr Hochzeitsfoto. Beim Foto der Jungs vom Labor, die zusammen auf der Anlegebrücke standen, verweilte sie länger. »Da sind die Jungs«, sagte sie. Sie blätterte um: Mein Vater sah zu ihr auf, hielt die Schnur hoch, an der eine riesige Seeforelle hing.

»Es machte mir nichts aus, sie zu fangen«, sagte meine Mutter. »Aber sie auszunehmen, da war für mich Schluss. Das war so abgesprochen: Er nahm immer die Fische aus.« Sie hatten wirklich solche Absprachen – wer was machte. Ich wuchs mit der Vorstellung auf, dass diese Absprachen Naturgesetze waren. Es war mir neu, dass sie einige dieser Absprachen durchgesetzt hatte.

Dann erwähnte sie etwas, was sie mir noch nie erzählt hatte.

»In einem Sommer«, sagte sie mir, »kam ein Inder ins Labor.«

»Ein Indianer? Du meinst, einer von den Indianern vom See?« Dort gab es welche; sie stellten Fallen und fischten und zogen dann und wann in Kanus vorbei. Im Krieg hatten die Leute kaum Benzin. Jetzt haben die Indianer Motorboote.

»Nein«, sagte meine Mutter. »Ein Inder aus Indien.«

Es hätte zu meinem Vater gepasst, einen derart exotischen Assistenten anzunehmen. Er hätte für den Inder keine Schwierigkeiten vorausgesehen, weil er selbst keine gehabt hätte. Jeder, der Käfer ernst nahm, war sein Freund. Aber was, wenn der

Inder ein vegetarischer Hindu war? Was, wenn er ein Muslim war? Es gab immer Schinkenspeck, hier in der Wildnis. Wenn er geräuchert war, hielt er sich lange und war sehr nützlich, um alles Mögliche zu braten: Eier, wenn es welche gab, und Dosenfleisch und Fisch. Danach konnte man mit dem Fett die Stiefel einschmieren. Was hätte ein Muslim mit dem Speck gemacht?

»War er nett?«, sagte ich. »Der Inder?« Von dem gab es keine Fotos, da war ich mir sicher.

»Ich glaub schon«, sagte meine Mutter. »Er hatte seinen weißen Tennisanzug mitgebracht. Und einen Schläger.«

»Warum das denn?«

»Ich weiß es nicht«, sagte meine Mutter.

Aber ich wusste es. Dieser junge Mann aus Indien muss gedacht haben, er fahre aufs Land – im altmodischen kontinentalen Sinn. Er hatte sich ein englisches Landhaus vorgestellt, wo man ein wenig jagen und reiten konnte und wo Tee auf dem Rasen serviert wurde und man durch die Blumenrabatte schlenderte und etwas Tennis spielte.

Er muss eine gute Ausbildung genossen haben, um sich als einer der Jungs vom Labor zu qualifizieren, also stammte er wahrscheinlich aus einer wohlhabenden und geachteten indischen Familie mit einer Menge Bediensteten. Die Familie wird ihn für exzentrisch gehalten haben, weil er sich dem Studium der Insekten zugewandt hatte, aber andererseits hatten viele Engländer aus guter Familie – etwa Darwin – diesen Weg eingeschlagen.

Allerdings hatten sie das nicht in einer Wildnis dieser Art getan. Wie war dieser junge Inder dahin geraten, über das Meer zu einem neuen Kontinent und dann bis an den Rand der bekannten Welt?

»Welches Jahr war das?«, sagte ich. »War es während des Krieges? War ich schon geboren?« Aber meine Mutter konnte sich nicht erinnern.

Es war um diese Zeit – als sie noch gehen konnte, aber schon anfing hinzufallen –, dass sie mir noch etwas erzählte, was sie mir nie zuvor erzählt hatte. Sie habe einen wiederkehrenden Traum, sagte sie, immer wieder denselben Traum. Das ängstigte sie und machte sie traurig, obwohl sie das nicht sagte.

In dem Traum war sie allein in der Wildnis, sie lief allein an einem kleinen Fluss entlang. Sie hatte sich nicht wirklich verirrt, aber niemand war in der Nähe – keiner von den Menschen, die eigentlich hätten da sein sollen. Unser Vater nicht, mein Bruder nicht, ich nicht; keiner von ihren Brüdern und Schwestern oder von ihren Freunden und Eltern. Sie wusste nicht, wo die abgeblieben waren. Alles war vollkommen still: keine Vögel, kein Geräusch vom Wasser her. Über ihr nichts als leerer blauer Himmel. Sie kam zu einer Stelle des Flusses, wo die treibenden Baumstämme sich hoch aufgetürmt hatten; sie blockierten den Pfad. Sie musste auf rutschige Stämme steigen und sich mit den Händen hinaufziehen, immer weiter hinauf, der Luft entgegen.

»Und was dann?«, sagte ich.

»Das ist schon alles«, sagte sie. »Ich wach davon auf. Aber dann hab ich denselben Traum gleich noch mal.«

Eine offensichtliche Frage hätte dem Traum an sich gegolten – warum hatte sie ihn? Das fragte ich mich oft. Aber die andere Frage – eine, die mir erst jetzt eingefallen ist – müsste lauten: Warum erzählte sie mir davon?

Noch eine seltsame Sache. In einem Umschlag mit einigen losen Fotos vom See und dem Ruderboot und dem Labor – solchen, die nicht zum Einkleben ausgesucht worden waren – fand ich ein paar Seiten aus einem ihrer Tagebücher. Sie hatte also nicht jede einzelne Seite verbrannt; sie hatte ein paar aufbewahrt. Sie hatte sie ausgewählt, ausgerissen, vor der Zerstörung bewahrt. Aber warum diese? Ich sah sie mir sorgfältig an, aber ich konnte es nicht herauskriegen. Es hatte keine dramatischen

Vorfälle gegeben, keine nennenwerte Reaktion. War das als Botschaft für mich bestimmt? Hatte sie die Seiten übersehen? Warum sollte sie eine Seite aufbewahren, auf der nichts stand außer: *Ein vollkommen schöner Tag!!!*?

Jetzt, vier Jahre später, ist meine Mutter viel älter. »Wir leben lange«, sagte sie einmal und meinte damit die Frauen in ihrer Familie. Dann sagte sie: »Wenn man erst mal neunzig ist, wird man mit jedem Jahr zehn Jahre älter.« Sie sah voraus, dass sie immer schwächer werden würde, immer papierartiger, flüsternder, und genau das ist eingetreten. Sie lächelt aber immer noch. Und sie kann noch hören, mit ihrem guten Ohr.

Ich drehe ihren Kopf vom Kissen weg, damit ich mit ihr reden kann. »Ich bin's«, sage ich. Sie lächelt. Sie sagt nicht mehr viel.

»Erinnerst du dich an Dick und Nell?«, beginne ich. Die beiden Pferde, in der Regel ein verlässliches Thema.

Keine Reaktion. Ihr Lächeln erstirbt langsam. Ich muss eine andere Geschichte aussuchen. »Erinnerst du dich an den Inder?«

Eine Pause. »Welchen Inder?«

»Den Inder, der in dem einen Jahr ins Labor kam. Als du oben im Norden gelebt hast, weißt du noch? Er hatte einen Tennisschläger. Du hast mir von ihm erzählt.«

»Hab ich das?«

Keine Chance für den Inder. Er wird nicht auferstehen, heute nicht. Ich versuche etwas anderes. »Erinnerst du dich an Cam und Ray? Du hast in deinem Fotoalbum ein paar Bilder von ihnen. Sie hatten Fahrräder. Kannst du dich an die erinnern?«

Eine lange Pause. »Nein«, sagt meine Mutter schließlich. Sie lügt nie.

»Sie schliefen in einem Zelt«, sage ich, »und ihre Füße guckten raus. Du hast das aufgenommen. Cam ist jung gestorben. Er hatte irgendeine Krankheit.«

Sie legt den Kopf auf das Kissen, verschließt ihr gutes Ohr. Sie macht die Augen zu. Das ist das Ende der Unterhaltung. Sie ist wieder in ihrem Tunnel, weit weg, in der Zeit, in dem alle Geschichten spielen. Was macht sie? Wo ist sie? Galoppiert sie auf ihrem Pferd zwischen den Bäumen hindurch, kämpft sie gegen den Sturm an? Ist sie wieder sie selbst?

Das Schicksal der Jungs ist nun mir überlassen. Auch das des jungen Mannes aus Indien. Ich stelle mir vor, wie er aus dem kleinen Zug steigt, einen riesigen Lederkoffer hinter sich herschleppend, mit dem Tennisschläger im Spanner unter dem Arm. Was wäre in dem Koffer gewesen? Schöne Seidenhemden. Großartige Kaschmirjacketts. Zwanglos elegante Schuhe.

Er knirscht auf dem Schotter den Hügel hinunter, auf das Dorf zu. Dann steht er da. Sein Entsetzen – das mit jeder zurückgelegten Meile wächst, durch Wälder und noch mehr Wälder, an Sümpfen vorbei, wo tote Fichten knietief im Wasser standen, schwarz und nackt wie verbrannt, durch Schluchten, die in den Granitgrund gesprengt wurden, an Seen vorbei, die so blau und blank waren wie verschlossene Fenster, dann durch noch mehr Wälder und mehr Sümpfe und an noch mehr Seen vorbei –, dieses Entsetzen legt sich über ihn wie ein Netz. Seine Seele spürt den Sog des leeren Raums vor ihm: der Bäume und Bäume und Bäume, der Felsen und Felsen und Felsen, des bodenlosen Wassers. Er läuft Gefahr zu verdunsten.

Wolken von Stechfliegen und Moskitos attackieren ihn bereits. Er will sich umdrehen und dem davonfahrenden Zug hinterherlaufen, will rufen, ihn aufhalten, damit er ihn rettet, ihn nach Hause bringt oder zumindest in die Stadt, aber das kann er nicht tun.

Vom Labor aus – noch weiß er gar nicht, wo das Labor ist – bricht ein Motorboot auf. Keine Barkasse, nichts Feines. Ein grobes Holzboot, handgemacht. Er hat solche Boote schon gesehen, aber nicht da, wo die Reichen wohnen. Das Boot mahlt durchs flache Wasser, das vom Licht der untergehenden Sonne grell getönt wird, auf ihn zu. In dem Boot sitzt ein Mann, offensichtlich ein Bauer: untersetzt, mit einem schäbigen Filzhut auf dem Kopf, einer alten Kakijacke und – wie er jetzt erkennt – mit dem breiten, aber listigen Grinsen des Bauern. Dies ist der Dienstmann, der ihm den Koffer abnehmen soll. Vielleicht ist das Landhaus mit den Rasenflächen und den Tennisplätzen im Wald verborgen, hinter diesem Hügel oder dem nächsten, dem anderen, der diesem mehr oder weniger gleicht.

Der Mann im Boot ist mein Vater. Er hat Holz gehackt und dann – nachdem er Wasser aus dem leicht leckenden Boot geschöpft hat – ist er als Sieger aus dem kurzen erbitterten Ringkampf mit dem Motor hervorgegangen, den man anwirft, indem man an einem schmierigen Stück Seil zieht. Er trägt einen Zweitagebart; Baumharz und Öl schwärzen seine breiten Hände und beflecken seine Kleidung. Er stellt den Motor ab, springt auf die Anlegebrücke, vertäut mit einem Griff das Boot, geht dann, die schmutzige Hand ausgestreckt, auf den Inder zu.

Der Inder steht da wie gelähmt: Er weiß einfach nicht, wie man sich in diesem Fall korrekt verhält. Sicher kann niemand von ihm erwarten, dass er diesem einfachen Arbeiter die Hand gibt, der ihn nun willkommen heißt und seinen Koffer in das dreckige Boot hievt und seinen Tennisschläger hinterherwirft und ihn zum Abendessen einlädt und ihm einen Fisch verspricht. Einen Fisch? Was meint er mit einem Fisch? Jetzt sagt mein Vater, dass die Jungs ihn bestimmt noch bequem in ihrem Zelt unterbringen können. Einem Zelt? Was für einem Zelt? Wer sind diese Jungs? Was passiert hier?

Ich denke manchmal an diesen Inder und seine Qualen dort im Norden. Er muss nach Indien zurückgegangen sein. Sicherlich ist er Hals über Kopf nach Hause aufgebrochen, sobald er auf halbwegs anständige Weise wegkommen konnte. Er würde da die eine oder andere Geschichte zu erzählen gehabt haben, von den Stechfliegen und dem Labor in der Blockhütte und den beiden jungen Barbaren, deren nackte Füße aus dem Zelt heraussahen.

Ich weise Cam und Ray die Rolle der Barbaren zu, weil ich will, dass es über sie mehr zu erzählen gibt – mehr zu erzählen, als ich weiß, und mehr, als in Wirklichkeit geschehen ist. Ich gebe ihnen die Aufgabe, den entwurzelten, aber gebildeten Inder bei Laune zu halten, ihm vielleicht auf die Schulter zu klopfen und ihm zu sagen, dass es schon gut gehen, dass alles bestens laufen wird. Sie werden ihn zum Angeln mitnehmen, ihm etwas zum Einreiben gegen die Mücken geben, ihm ein paar Bärengeschichten erzählen. Vielleicht richten sie ihm einen Schlafplatz im Labor ein, damit er sich beruhigt: Der erste Schrei eines Eistauchers bei Nacht kann einem durchaus einen Schock versetzen. Sie werden ihm ihre Pfeifen zeigen; dann zeigen sie ihm auch ihre Fahrräder, wobei sie ausdrücklich auf die Verrücktheit hinweisen, solche praktisch nutzlosen Vehikel mit in den Wald gebracht zu haben, damit der Inder sich wegen seines Tennisschlägers nicht wie ein Idiot vorkommt.

All das wird sie auf Trab halten. Ich will, dass sie aus den Reihen der Komparsen hervortreten. Ich will, dass sie die Hauptrollen übernehmen. Ich will, dass sie glänzen.

Da sind sie nun, in Aktion. Die beiden springen den Hügel hinunter zur Anlegebrücke des Labors; sie begrüßen den Inder, ergreifen seine Hand, um ihm beim Aussteigen zu helfen. Die Sonne steht niedrig, die Wolken im Westen färben sich orangerosa: Morgen wird das Wetter gut, obwohl es möglicherweise – sagt mein Vater, der den Lederkoffer aus dem Boot hievt, dann auf die Brücke klettert und mit zusammengekniffenen Augen in den Himmel blickt – etwas Wind geben wird.

Cam nimmt den Koffer, Ray entzündet seine Pfeife. Einer hat einen Witz gemacht. Worüber? Ich höre nichts. Jetzt gehen alle drei – Cam, Ray und der elegante Inder – über die Brücke. Mein Vater folgt ihnen, er trägt – aus irgendeinem Grund – einen roten metallenen Benzinkanister. Das Rot hebt sich strahlend vom dunklen Grün des Waldes ab.

Der Inder blickt über die Schulter zurück: Er spürt als Einziger, dass ich sie beobachte. Aber er weiß nicht, dass ich es bin: Weil er nervös ist, weil er an einem unbekannten Ort ist, denkt er, es wäre der Wald oder der See. Dann steigen sie alle den Hügel hinauf, auf das Labor zu und verschwinden zwischen den Bäumen.

Mein Dank gilt allen, die mir bei diesem Buch geholfen haben, einschließlich der frühen Leser einiger Geschichten wie Jess Atwood Gibson und Graeme Gibson; ich danke meinen Agentinnen Phoebe Larmore, Vivienne Schuster und Diana McKay; meinen Lektorinnen Nan Talese von Doubleday, U.S.A., Liz Calder von Bloomsbury, U.K., und Ellen Seligman von McClelland & Stewart, Canada; Heather Sangster, der unermüdlichen Korrektorin; Lucia Cino und Laura Stenberg von O.W. Toad; Penny Kavanaugh; Sarah Cooper und Michael Bradley; Coleen Quinn, John Notarianni und Scott Silke, Gene Goldberg und Joel Rubinovich und Sheldon Shoib; Alice Lima; und wieder einmal Eileen Allen und Melinda Dabaay.

Ich möchte außerdem Ruth, Harold und Lenore danken, Matthew und Graeme junior; Max, Bonnie und Finn; Xandra Bingley; und Paulette Jiles, die eine Pferdeflüsterin ist, aber ganz bestimmt keine Figur in diesem Buch.

Einige dieser Geschichten sind in folgenden Zeitschriften erschienen:
»Die schlechten Nachrichten«: *The Guardian*, 2005; *Playboy*, 2006.
»Die Kunst des Kochens und Auftragens«: *Toronto Life*, 2005; *New Statesman*, 2005.
»Die Wesenheiten«: *Toronto Life*, 2005; *New Statesman*, 2005.

»Das Labrador-Fiasko« erschien zuerst in leicht abweichender Form als ein *Bloomsbury Quid* im Jahre 1996. Die wahre Geschichte, die in diese Geschichte eingegangen ist, ist in der Originalfassung nachzulesen in *The Lure of the Labrador Wild* von Dillon Wallace, das 1905 von Fleming H. Revell Company veröffentlicht und von Breakwater Books, Newfoundland, 1977 neuaufgelegt wurde.
»Die Jungs vom Labor«: *Zoetrope: All-Story*, 2006.

Der Titel dieses Buches, *Moralische Unordnung*, war der Titel des Romans, den Graeme Gibson 1996 schrieb, als er beschloss, keine Romane mehr zu verfassen. Ich gebrauche ihn hier mit seiner freundlichen Genehmigung.